北京文物与考古系列丛书

北京市考古研究院 编著

通州将军坟村

通州文化旅游区C3、C4、D1地块考古发掘报告

上海古籍出版社

图书在版编目(CIP)数据

通州将军坟村：通州文化旅游区C3、C4、D1地块考古发掘报告/北京市考古研究院编著.—上海：上海古籍出版社，2024.5
（北京文物与考古系列丛书）
ISBN 978-7-5732-1055-5

Ⅰ.①通… Ⅱ.①北… Ⅲ.①考古发掘－发掘报告－通州区－古代 Ⅳ.①K872.135

中国国家版本馆CIP数据核字（2024）第063293号

北京文物与考古系列丛书
通州将军坟村
——通州文化旅游区C3、C4、D1地块考古发掘报告
北京市考古研究院 编著
上海古籍出版社出版发行
（上海市闵行区号景路159弄1-5号A座5F 邮政编码201101）
（1）网址：www.guji.com.cn
（2）E-mail：guji1@guji.com.cn
（3）易文网网址：www.ewen.co
上海雅昌艺术印刷有限公司印刷
开本889×1194 1/16 印张9 插页38
2024年5月第1版 2024年5月第1次印刷
ISBN 978-7-5732-1055-5
K·3555 定价：128.00元
如有质量问题，请与承印公司联系

北京文物与考古系列丛书

内容简介

本书是北京文物与考古系列丛书之一，是为配合通州文化旅游区基础建设而进行的考古发掘的成果报告。本书将发掘区域分为C3、C4、D1三个地块，在配合该项目施工建设的考古工作中，共发掘汉代墓葬1座、辽金墓葬2座、明代墓葬10座、清代墓葬55座、清代水井1座，出土了陶、瓷、铜等不同质地文物114件（不计铜钱）。这些发现完善了通州区的考古学研究资料，对了解凉水河流域的历史文化有着重要的学术意义。

目　　录

第一章　前言 ···（1）
　　第一节　自然地理环境与建置沿革 ···（1）
　　第二节　遗址概况与发掘经过 ···（4）
　　第三节　资料整理与报告编写 ···（8）

第二章　C3地块考古发掘报告 ··（9）
　　第一节　概况 ···（9）
　　第二节　地层堆积 ··（10）
　　第三节　遗迹与遗物 ···（11）
　　第四节　小结 ···（30）

第三章　C4地块考古发掘报告 ··（31）
　　第一节　概况 ···（31）
　　第二节　地层堆积 ··（32）
　　第三节　墓葬及遗物 ···（32）
　　第四节　小结 ···（92）

第四章　D1地块考古发掘报告 ··（96）
　　第一节　概况 ···（96）
　　第二节　地层堆积 ··（98）
　　第三节　墓葬和遗物 ···（98）
　　第四节　小结 ···（117）

附表一　C3地块墓葬登记表 ……………………………………………………………（119）

附表二　C3地块出土铜钱统计表 ………………………………………………………（120）

附表三　C4地块墓葬登记表 ……………………………………………………………（121）

附表四　C4地块出土铜钱统计表 ………………………………………………………（126）

附表五　D1地块墓葬登记表 ……………………………………………………………（128）

附表六　D1地块出土铜钱统计表 ………………………………………………………（129）

编后记 ………………………………………………………………………………………（131）

插 图 目 录

第一章 前 言

图一　发掘地点位置示意图 …………………………………………………………………………（ 5 ）

图二　C3、C4、D1 地块位置示意图 ………………………………………………………………（ 6 ）

第二章　C3 地块考古发掘报告

图三　发掘区位置示意图 ……………………………………………………………………………（ 9 ）

图四　总平面图 ………………………………………………………………………………………（10）

图五　地层堆积剖面图 ………………………………………………………………………………（10）

图六　M1 平、剖面图 ………………………………………………………………………………（11）

图七　单棺墓葬随葬铜钱 ……………………………………………………………………………（12）

图八　M2 平、剖面图 ………………………………………………………………………………（13）

图九　单棺墓葬随葬器物 ……………………………………………………………………………（13）

图一〇　M3 平、剖面图 ……………………………………………………………………………（14）

图一一　M4 平、剖面图 ……………………………………………………………………………（15）

图一二　M5 平、剖面图 ……………………………………………………………………………（15）

图一三　双棺 A 型墓葬随葬器物 ……………………………………………………………………（16）

图一四　M8 平、剖面图 ……………………………………………………………………………（17）

图一五　双棺墓葬随葬铜钱、铜板 …………………………………………………………………（19）

图一六　M9 平、剖面图 ……………………………………………………………………………（20）

图一七　双棺 A 型、B 型墓葬随葬器物 ……………………………………………………………（21）

图一八　M7 平、剖面图 ……………………………………………………………………………（21）

图一九　M10 平、剖面图 ……………………………………………………………………………（23）

图二〇　M10 随葬器物 ………………………………………………………………………………（24）

图二一　M10 随葬铜钱 ………………………………………………………………………………（24）

图二二	M13平、剖面图	（25）
图二三	搬迁墓葬随葬铜钱	（26）
图二四	M14平、剖面图	（26）
图二五	M6平、剖面图	（27）
图二六	搬迁墓葬随葬器物	（28）
图二七	M12平、剖面图	（28）
图二八	M11平、剖面图	（29）

第三章　C4地块考古发掘报告

图二九	发掘区位置示意图	（31）
图三〇	总平面图	（拉页）
图三一	地层堆积剖面图	（32）
图三二	M14平、剖面图	（33）
图三三	M15平、剖面图	（34）
图三四	M9平、剖面图	（35）
图三五	单棺A型墓葬随葬器物（一）	（36）
图三六	M13平、剖面图	（37）
图三七	单棺A型墓葬随葬铜钱	（38）
图三八	M25平、剖面图	（39）
图三九	M27平、剖面图	（39）
图四〇	M29平、剖面图	（40）
图四一	M31平、剖面图	（41）
图四二	单棺A型墓葬随葬器物（二）	（42）
图四三	M35平、剖面图	（43）
图四四	M37平、剖面图	（43）
图四五	M8平、剖面图	（44）
图四六	单棺B型墓葬随葬器物	（45）
图四七	M10平、剖面图	（46）
图四八	M28平、剖面图	（46）
图四九	M20平、剖面图	（47）
图五〇	双棺A型墓葬随葬铜钱	（48）

图五一	M26平、剖面图	（49）
图五二	M32平、剖面图	（50）
图五三	双棺A型墓葬随葬器物	（51）
图五四	M33平、剖面图	（52）
图五五	M34平、剖面图	（53）
图五六	M38平、剖面图	（54）
图五七	M7平、剖面图	（55）
图五八	双棺B型墓葬随葬器物	（56）
图五九	M17平、剖面图	（57）
图六〇	M30平、剖面图	（58）
图六一	M39平、剖面图	（59）
图六二	M2平、剖面图	（60）
图六三	双棺C型墓葬随葬器物（一）	（61）
图六四	双棺C型墓葬随葬器物（二）	（62）
图六五	双棺C型墓葬随葬铜钱	（63）
图六六	M6平、剖面图	（64）
图六七	双棺C型墓葬随葬器物（三）	（65）
图六八	铭文石（M6：8）	（65）
图六九	M18平、剖面图	（66）
图七〇	M21平、剖面图	（67）
图七一	M36平、剖面图	（68）
图七二	M4平、剖面图	（69）
图七三	M4随葬牌饰	（70）
图七四	M4随葬器物（一）	（72）
图七五	铜手镯（M4：4）	（73）
图七六	M4随葬器物（二）	（74）
图七七	三棺墓葬随葬器物（一）	（76）
图七八	三棺墓葬随葬铜钱	（77）
图七九	M16平、剖面图	（78）
图八〇	M3平、剖面图	（79）
图八一	四棺墓葬随葬器物	（81）

图八二　M1平、剖面图 ……………………………………………………………………（82）

图八三　M5平、剖面图 ……………………………………………………………………（82）

图八四　M12平、剖面图 …………………………………………………………………（83）

图八五　M22平、剖面图 …………………………………………………………………（84）

图八六　M23平、剖面图 …………………………………………………………………（84）

图八七　搬迁单棺墓葬随葬器物 …………………………………………………………（85）

图八八　M24平、剖面图 …………………………………………………………………（86）

图八九　M43平、剖面图 …………………………………………………………………（86）

图九〇　M11平、剖面图 …………………………………………………………………（87）

图九一　搬迁双棺墓葬随葬器物 …………………………………………………………（88）

图九二　M19平、剖面图 …………………………………………………………………（89）

图九三　M41平、剖面图 …………………………………………………………………（90）

图九四　M42平、剖面图 …………………………………………………………………（91）

图九五　M40平、剖面图 …………………………………………………………………（92）

第四章　D1地块考古发掘报告

图九六　发掘区位置示意图 ………………………………………………………………（96）

图九七　总平面图 …………………………………………………………………………（97）

图九八　地层堆积剖面图 …………………………………………………………………（98）

图九九　M7平、剖面图 ……………………………………………………………………（99）

图一〇〇　白瓷碗（M7∶1） ………………………………………………………………（99）

图一〇一　M7墓砖 …………………………………………………………………………（99）

图一〇二　M10平、剖面图 ………………………………………………………………（100）

图一〇三　M10墓砖 ………………………………………………………………………（101）

图一〇四　M1平、剖面图 …………………………………………………………………（102）

图一〇五　M1、M9随葬器物 ……………………………………………………………（102）

图一〇六　单棺墓葬随葬铜钱 ……………………………………………………………（103）

图一〇七　M3平、剖面图 …………………………………………………………………（103）

图一〇八　M9平、剖面图 …………………………………………………………………（104）

图一〇九　M2平、剖面图 …………………………………………………………………（105）

图一一〇　M2、M4、M5随葬器物 ………………………………………………………（106）

图一一一	M2、M4、M5随葬铜钱	(107)
图一一二	M4平、剖面图	(108)
图一一三	M5平、剖面图	(110)
图一一四	M6平、剖面图	(111)
图一一五	M6随葬器物	(112)
图一一六	M6、M8、M11随葬铜钱	(113)
图一一七	M8平、剖面图	(114)
图一一八	M8、M11随葬器物	(115)
图一一九	M11平、剖面图	(116)

彩 版 目 录

C3地块考古发掘报告

彩版一　单棺墓葬

彩版二　双棺、四棺墓葬

彩版三　搬迁墓葬

彩版四　单、双棺墓葬随葬器物

彩版五　双棺墓葬随葬器物

彩版六　四棺墓葬随葬器物

彩版七　搬迁墓葬随葬器物

C4地块考古发掘报告

彩版八　勘探现场

彩版九　工作现场

彩版一〇　汉代墓葬M14

彩版一一　明代墓葬M15

彩版一二　清代单棺A型墓葬(一)

彩版一三　清代单棺A型墓葬(二)

彩版一四　清代单棺B型墓葬

彩版一五　清代双棺A型墓葬(一)

彩版一六　清代双棺A型墓葬(二)

彩版一七　清代双棺B型墓葬

彩版一八　清代双棺C型墓葬(一)

彩版一九　清代双棺C型墓葬(二)

彩版二〇　清代三棺墓葬

彩版二一　清代四棺墓葬

彩版二二　清代搬迁单棺墓葬(一)

彩版二三　清代搬迁单棺墓葬(二)

彩版二四　清代搬迁单棺墓葬(三)

彩版二五　清代搬迁双棺墓葬

彩版二六　清代墓葬

彩版二七　清代单棺A型墓葬随葬器物(一)

彩版二八　清代单棺A型墓葬随葬器物(二)

彩版二九　清代单棺B型墓葬随葬器物

彩版三〇　清代双棺A型墓葬随葬器物

彩版三一　清代双棺B型墓葬随葬器物

彩版三二　清代双棺C型墓葬随葬器物(一)

彩版三三　清代双棺C型墓葬随葬器物(二)

彩版三四　清代双棺C型墓葬随葬器物(三)

彩版三五　清代双棺C型墓葬随葬器物(四)

彩版三六　清代三棺墓葬随葬器物(一)

彩版三七　清代三棺墓葬随葬器物(二)

彩版三八　清代三棺墓葬随葬器物(三)

彩版三九　清代三棺墓葬随葬器物(四)

彩版四〇　清代三棺墓葬随葬器物(五)

彩版四一　清代三棺墓葬随葬器物(六)

彩版四二　清代三棺墓葬随葬器物（七）
彩版四三　清代四棺墓葬随葬器物（一）
彩版四四　清代四棺墓葬随葬器物（二）
彩版四五　清代四棺墓葬随葬器物（三）
彩版四六　清代四棺墓葬随葬器物（四）
彩版四七　清代搬迁单棺墓葬随葬器物（一）
彩版四八　清代搬迁单棺墓葬随葬器物（二）
彩版四九　清代搬迁双棺墓葬随葬器物

D1地块考古发掘报告

彩版五〇　工作现场
彩版五一　辽金墓葬
彩版五二　明代单棺墓葬
彩版五三　明代双棺墓葬（一）
彩版五四　明代双棺墓葬（二）
彩版五五　辽金墓葬随葬器物
彩版五六　明代单棺墓葬随葬器物
彩版五七　明代双棺墓葬随葬器物（一）
彩版五八　明代双棺墓葬随葬器物（二）
彩版五九　明代双棺墓葬随葬器物（三）
彩版六〇　明代双棺墓葬随葬器物（四）

第一章 前 言

第一节 自然地理环境与建置沿革

通州区位于北京市东南部,地处京杭大运河北端,自古水陆要会,史称"左辅雄藩"。区域东西宽36.5千米,南北长48千米,面积906平方千米。

通州区西邻北京市大兴区、朝阳区,北与顺义区接壤,东隔潮白河与河北省三河市、大厂回族自治县、香河县相连,南和天津市武清区、河北省廊坊市交界。全区设置4个街道、10个镇和1个乡。

该区主要由永定河、潮白河冲积而成。地势较平坦,西北至东南方向从高到低略有倾斜,平均海拔20米。属华北平原东北部,东南距渤海约100千米,西北距燕山山脉约70千米。

通州区属于大陆性季风气候:春季干旱多风,夏季炎热多雨,秋季天高气爽,冬季寒冷干燥。年平均气温11.3℃,平均降水量620毫米。地震和气象灾害是主要的自然灾害。由于地处南苑—通县断裂带,历史上多次发生地震,比较大的有康熙十八年(1679)平谷—三河大地震、1976年唐山大地震等。此外,水旱、大风、沙尘等也时有发生。

区境内河渠纵横。潮白河、北运河、温榆河、坝河、通惠河、港沟河、小中河、中坝河、凤港减河、凤河、萧太后河、凉水河、玉带河等河流分别属于潮白河、北运河两大河系,多为西北—东南走向,总长240千米。

通州区位重要。秦统一全国后,通州是蓟城(今北京)直达辽东襄平(今辽宁省辽阳市)驰道上的中枢。大运河开凿后,更成为北京通往东北、沿海和南方的水陆枢纽。

通州人口较多且民族众多。至2022年年底,全区常住人口为184.3万。除汉族外,回族人数最多,自元代以来,大量的回民到此定居,其他还有满族、蒙古族、朝鲜族、苗族、壮族等。

通州地区历史悠久。早在商周时期,这里已有人类活动。迄今所知最早的文化遗物为宋庄镇菜园村出土的属大坨头文化的陶鬲和石器。西周中期,属燕国范围。战国燕昭王时(前

311—前279)开拓北疆,置上谷、渔阳、右北平、辽西、辽东五郡,今天的通州地属渔阳郡。秦代沿之。

约汉高祖十二年(前195),在今潞城镇古城村一带设置路县,此乃今通州区单独行政区划建置的开端。汉孺子初始元年(前8),王莽改制后称帝建新,路县改名通路亭,渔阳郡亦变曰通路郡。更始元年(23),恢复郡县原名。东汉建武元年(25),以潞水而改路县为潞县,并将渔阳郡治(一说在今怀柔区梨园村处)迁至潞县城内。次年,渔阳太守彭宠起兵叛汉,3年后被平,但衙署焚为废墟,民舍化为灰烬,郡治迁还,县署东移至今河北省三河市一带。

汉献帝延康元年(220),曹丕以魏代汉,废除渔阳郡,于幽州蓟城设置诸侯王国——燕国,潞县改隶之。西晋仍之。东晋十六国、北朝时期,潞县先后改属后渔阳郡与前燕、前秦、后燕燕郡。北魏天兴二年(399),复设渔阳郡,而郡治改在雍奴(约今天津市武清区),潞县属之。太平真君七、十年(446、449),平谷县、安乐县先后废入潞县,此乃历史上潞县辖域最广时期。继而东魏另立,北齐续建,郡县治仍旧。约在天保八年(557),渔阳郡治自雍奴北迁至今通州旧城北部区域,同时潞县衙署随迁于此,此便今通州城建设之始。

隋文帝开皇三年(583),渔阳郡撤销,潞县直属幽州。隋炀帝大业三年(607),幽州改称涿郡,潞属之。次年,为东征高丽,炀帝"诏发河北诸郡男女百万",开凿永济渠,以运兵输粮,该渠斜穿今通州区南部。

唐高祖武德二年(619),为东攻开道,南讨窦建德,在水陆交冲之地潞县城中,以幽玄通达而名设置玄州,并析出其东部区域建置临沟县,以作缓冲地段。太宗贞观元年(627),中原一统,废除玄州,临沟还潞,上隶幽州。唐玄宗开元四年(716),复析出潞县东部而置三河县。

五代十国时期,潞县先后上隶后梁、后唐、后晋幽州,而于后晋高祖天福三年(938)随燕云十六州划入契丹国土,成为南京道幽都府辖县。辽圣宗统和晚期(约1002—1012),萧太后主持开修辽陪都南京(今北京西城区一带)东郊运河,称萧太后运粮河,解决潞县至燕京间驳运问题。开泰元年(1021),南京道幽都府易名南京路析津府,又于太平年间(1021—1030),以捺钵之需与保证萧太后河漕运,析出武清县北部与潞县南部合为一域,建置漷阴县,县治设于今漷县镇漷县村,与潞县并隶于析津府。天祚帝保大二年(1122)宋金联兵灭辽,夺回燕云十六州,宋朝分得长城内六州,并在燕京设燕山府,潞、漷二县改属之。

宋徽宗宣和七年(1125),金派兵攻陷燕山府,夺走六州,且在燕京置永安路析津府,潞、漷二县改隶之。金海陵王天德三年(1151),调集百余万工匠民夫建设首都燕京,同时修治潞水以通漕运,便取"漕运通济之义",在潞县城中设置通州,领潞、三河二县,越年首都建成称中都,此乃古传"先有通州,后有北京"之由来。并将永安路析津府易称中都路大兴府,潞、漷俱隶之。大定、明昌间,曾开金口河、闸河沿高梁河于州城北侧入潞,驳运通州国仓储粮入中都。自此,通州成为"九重肘腋之上流,六国燕喉之雄镇"。

金宣宗贞祐三年（1215），忽必烈于燕京东北兴建大都，依次设置燕京路、中都路、大都路大兴府，通州领潞、三河二县与漷阴一并改属之。至元十三年（1276），因唯一行宫设于柳林（今张家湾镇西永和屯村西），并确保白河（今北运河）漕运，将漷阴县升至漷州，领武清、香河二县，出现"一区二郡"罕况。"元都于燕，去江南极远，而百司庶府之繁，卫士编民之众，无不仰给于江南"，遂修坝河、凿通惠河、开金口新河，克服大都与通州间驳运困境，以保京杭大运河运到通州之粮及其他各种物资源源不断地转运至大都，以万户侯"张瑄督海运至此"而出现驰名中外的张家湾。

元顺帝至正二十八年（1368），明军攻占大都，且于此设置北平府，同时潞县归入通州，通州领一县、漷州领二县并改属之，燕山侯孙兴祖受命重筑通州城。明太祖洪武十年（1377），宝坻县脱离北平府管辖，改隶通州；十二年（1379），武清县易属通州，香河县易属北平府；十四年（1381）漷州降称漷县，上隶通州，通州领四县上属北平府，继而于永乐元年（1403）属顺天府。四年（1406），诏建首都北京，江淮流域所产木、砖、石材及其他不可胜计之粮物，连樯而至通州，大运河上下万舟骈集，通州城内外千廒糜立。京通间日夜"车毂织络，相望于道"。为加强战备，保卫北京，正统十四年（1449），抢筑通州新城，用保天庚。嘉靖四十三年（1564），急修张家湾城，以卫漕运，漕运所涉衙署俱设通州。

清世祖顺治元年（1644）、七年（1650）及十四年（1657），先后于通州城中设置通州、通密、通蓟道，通州领四县先后改属之。十六年（1659），漷县废入通州。圣祖康熙八年（1669），通蓟道扩改为通永道；二十七年（1688），顺天府于通州城中设置东路厅署。世宗雍正六年（1728），三河、宝坻、武清脱离通州辖领，通州成为顺天府直辖州，被朝廷视为京门，战略地位高出以往[①]。

民国时期，通州改名通县，隶属河北省。1958年3月7日，通县、通州市划归北京市。1997年4月，撤通县设通州区。2012年，北京市首次正式提出将通州打造成城市副中心。

通州地区，名人辈出。自金朝至清光绪二十六年（1900）约800年间，产生过通州籍状元2名，文进士172名，武进士37名，以及文、武举人数百名。如唐宪宗元和年间之同中书门下平章事（宰相）、今大庞村人高崇文；金卫绍王大安年间吏部尚书贾益；元世祖至元年间中都路总管兼大兴府尹、今于家务人郭汝梅；明英宗天顺间内阁大学士、岳飞第10代孙、北辛店人岳正；清高宗乾隆年间被誉为"北方第一学者"的刘锡信；清宣宗道光年间都察院左都御史白镕……济济先贤、沙场豪杰、文化精英、杏林名士等。近现代以来，如世界著名妇女解放运动活动家、新中国第一任卫生部部长李德全；山西省原副省长刘贯一；北京著名老字号荣宝斋创始人、耿楼村人庄虎臣；面塑作品一代宗师通州新城南街人汤子博；单琴大鼓创始者、柴家务人翟青山；著名作家、中国作协副主席刘白羽；中国艺术研究院原常务副院长、红学专家李希凡；中国眼

---

① 北京市通州区文化委员会等：《通州文物志》，文化艺术出版社，2006年，第3页。

科专家毕华德等，不胜枚举①。

作为北京历史文化名城的重要组成部分，通州具有以世界文化遗产大运河为代表的大量不可移动文物。至2016年年底，通州区共有不可移动文物登记项目236处，已公布为各级文物保护单位的48处。包括全国重点文物保护单位2处：燃灯塔、大运河与通州近代教育建筑群；北京市文物保护单位7处：李卓吾墓、潞河中学原教学楼、通州清真寺、通运桥及张家湾镇城墙遗迹、富育女校教士楼和百友楼旧址、通州兵营旧址；市级地下文物埋藏区7处：东堡、里二泗、菜园、小街、南屯、坨堤、通州城遗址群；区级文物保护单位31处；还有不同时期的古遗址、古墓葬、古建筑、古石刻、优秀近现代建筑、其他文物类遗存等。

第二节 遗址概况与发掘经过

通州文化旅游区主要位于台湖镇田家府村②、前营村、朱家垡村、铺头村，梨园镇曹园村、大稿村、小稿村、大马庄村、魏家坟村、东小马村、将军坟村、高楼金村等地（图一），总面积约12.05平方千米。

2017年9月13日，中共中央和国务院批复的《北京城市总体规划（2016年-2035年）》中指出，"文化旅游区以北京环球主题公园及度假区为主，重点发展文化创意、旅游服务、会展等产业"。按照城市副中心的建设要求，文化旅游区应"为北京城市副中心四大功能、三大板块的重要承载地之一，将着力打造以文化旅游业为核心、以主题娱乐科技研发体验和现代服务业为支撑的文化创意产业体系"。

自2013年起，为配合通州文化旅游区的土地一级开发，北京市文物研究所（现北京市考古研究院）开展了在该区域的考古工作。工作之中，得到了北京通州房地产开发有限责任公司的大力配合，在此深表谢意。笔者负责了其中的A8、C2、C3、C4、D1、E1、E6③等地块的发掘。

该区域的地下文物十分丰富，先后发掘有汉、唐、辽金、明、清等各个时代遗存④。这样的遗址，本应将资料整合在一起刊布才能真正了解遗址的内涵，才是最佳的做法。但由于一些原因，原本完整的遗址当时被肢解成若干个小地块发掘并由不同的人来负责，也就造成了发表资料的早晚有别，风格有异。

---

① 北京市通州区文化委员会等：《通州文物志》，文化艺术出版社，2006年，第283页。
② 一些地图及《通州文物志》（文化艺术出版社，2006年）中，也写作"田府村"。
③ 北京市文物研究所：《通州田家府村——通州文化旅游区A8、E1、E6地块考古发掘报告》，上海古籍出版社，2020年。
④ 北京市文物研究所2013-2016年发掘资料。

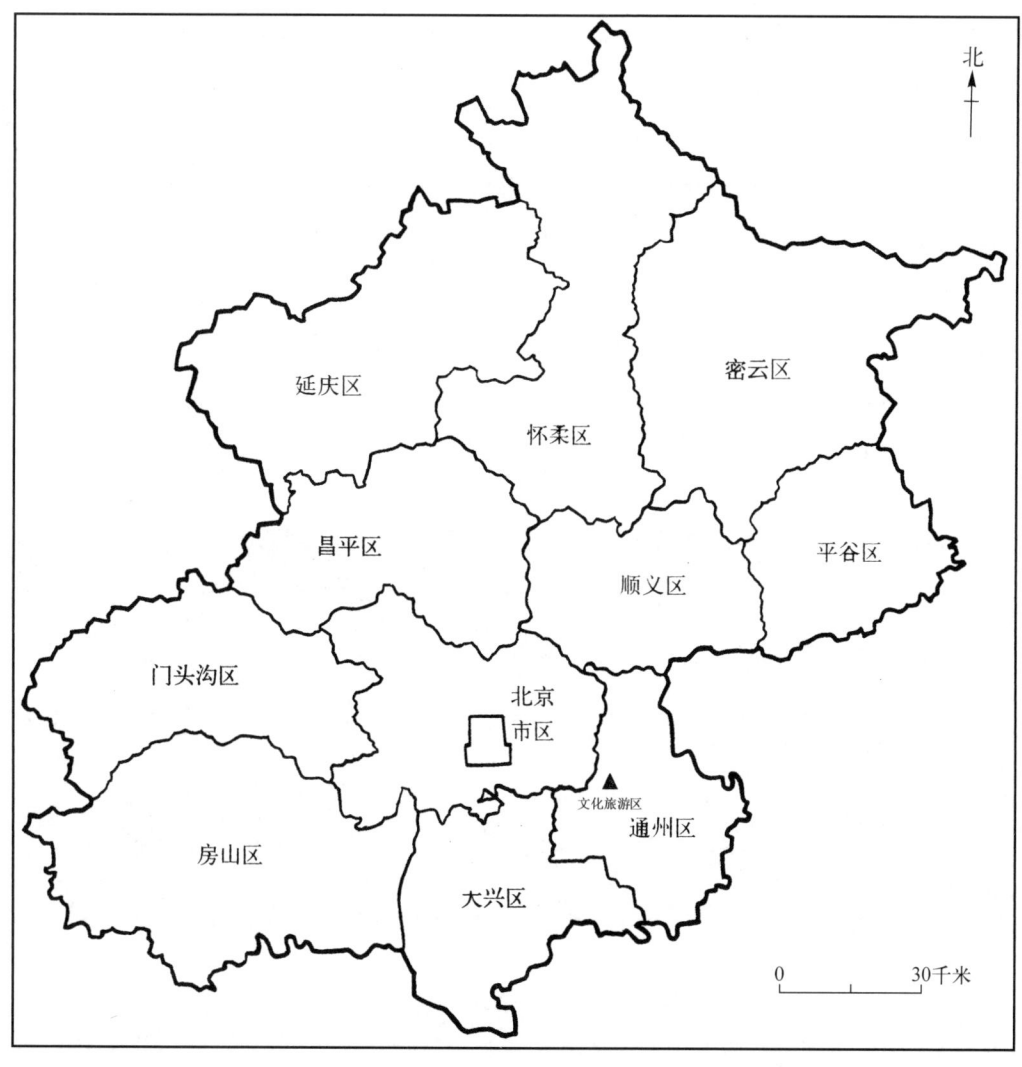

图一　发掘地点位置示意图

2017年2月，习近平总书记在视察通州时指出："通州有不少历史文化遗产，要古为今用，深入挖掘以大运河为核心的历史文化资源。"同年9月，《北京城市总体规划（2016年—2035年）》中提出，要推进大运河文化带的建设。

以上种种，都对通州历史文化的保护和传承提出了更高的要求。时不我待，不可能等到文化旅游区所有的发掘资料整理、汇总后一并发表。为了尽早将这批资料公布，本书将笔者负责发掘的三处相邻近地块的资料先期集中刊布。由此带来的不便之处，还望读者海涵。

台湖镇位于通州区西南部，五环路、六环路之间，镇域西侧与朝阳区、大兴区接壤。全镇辖46个行政村，面积81.5平方千米，户籍人口4.9万[1]。

---

[1] 中共北京市通州区委党史工作办公室、北京市通州区地方志办公室：《北京通州年鉴（2014）》，方志出版社，2014年。

相传台湖辽代成村。因位于萧太后河南,地势低洼,致有湖泊,故而得名。辽圣宗统和十年(992),夏四月,"以台湖为望幸里"。庚寅,"命群臣较射"[1]。1913年,改回称台湖。

台湖的北神树村、东石村、次渠村、北堤村、田家府村、铺头村、口子村等地,曾发现汉代墓葬群[2]。辽金时期,因这里是通往四时捺钵和操练水兵的通州延芳淀之地,皇帝常巡行至此。《辽史》中,有辽圣宗"八年(990)春正月辛巳,如台湖""九年(991)春正月甲戌……如台湖""十年(992)春正月丁酉……如台湖"[3]等记载。始建于元代的次渠村宝光禅寺为通州区文物保护单位。明代台湖的麦庄村有娘娘庙等道教庙祠[4]。清代台湖村有关帝庙[5]。

C3、C4、D1地块分别位于文化旅游区的中北部(图二),大部分属于将军坟村,少部分属于田家府村。

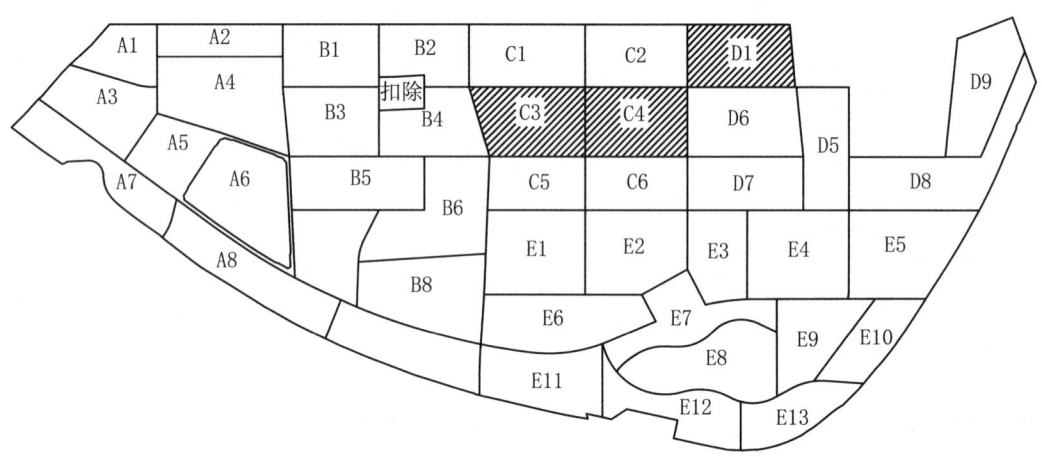

图二　C3、C4、D1地块位置示意图

相传田家府村有建于金天会八年(1130)的佑胜寺[6]。元代,台湖沼淀淤塞,变为低洼荒地。传说元至元年间,朝廷屯田,有田姓官吏在河边管理屯务,成村后称"田家务",田家建有高大府第,村名渐代称之"田家府",也有简化称为"田府"。明初,保卫北京之驻通部队部分军士在萧太后河南设营屯田,于河南岸渐成一村,称"前营"[7]。明代,田家府村和前营村都建有关帝庙[8]。

---

① (元)脱脱等撰:《辽史》,中华书局,1974年,第142页。
② 北京市通州区文化委员会等:《通州文物志》,文化艺术出版社,2006年,第65页。
③ (元)脱脱等撰:《辽史》,中华书局,1974年,第139页、第141页、第142页。
④ 北京市通州区文化委员会等:《通州文物志》,文化艺术出版社,2006年,第149页。
⑤ 北京市通州区文化委员会等:《通州文物志》,文化艺术出版社,2006年,第154页。
⑥ 北京市通州区文化委员会等:《通州文物志》,文化艺术出版社,2006年,第132页。
⑦ 北京市通州区文化委员会等:《通州文物志》,文化艺术出版社,2006年,第23页。
⑧ 北京市通州区文化委员会等:《通州文物志》,文化艺术出版社,2006年,第162页。

清兵部侍郎苏虏迈墓位于将军坟村西口外迤南。"文革"前，此处曾有4座土宝顶，2通螭首龟趺碑，占地约4 000平方米，后被生产队平为打轧场院。1974年，该村建造圆形土粮仓，将汉白玉碑身推倒，凿成长约40厘米的方块，用以砌土粮仓台基。1984年秋，人民公社解体，生产队土粮仓不再使用，墓碑方块弃置村北水塘，后被掩埋。据1959年6月22日北京文物工作队普查档案载，祖冢前所立碑高约4.5、宽1、厚0.3米，正面刻满、汉文："皇清诰授光禄大夫、副都统兼兵部侍郎、左领阿思哈尼哈番、谥'勤勇'、苏公讳虏迈巴图鲁之碑。"周浮雕二龙戏珠。又一墓冢前所立碑之形制、体量、纹饰均与前碑相同，碑阳刻曰："皇清诰授光禄大夫、镇守江宁等处将军、鄂公讳罗舜之碑。"据《清史稿·列传》载，苏鲁（虏）迈，嵩佳氏，满洲正蓝旗人。天命三年（1618），从清太祖讨伐明朝攻抚顺，树云梯先登。六年（1621）授牛录额真。天聪三年（1629），从清太宗伐明立功，授牛录章京。在攻永平城时，面中火枪不退，明守军炮裂自焚，其冒火援云梯上，太宗遣医视创伤，且赐号"巴图鲁"和奖赏，升任游击。后攻夺明朝城市，战必先众，屡受伤受赏。崇德元年（1636），攻城口部中炮，残废家居，顺治间恩诏晋升为三等阿思哈尼哈番。康熙元年（1662）十一月卒，谥"勤勇"。其四子鄂罗顺（舜），在康熙间授二等护卫从讨西南叛将吴三桂，后又授前锋统领从讨西北叛首噶尔丹，均立战功，累迁江宁将军，卒葬父冢前。因守陵人于墓侧种地成村，以埋葬江宁将军故称"将军坟"。今二碑龟趺尚埋于原处[①]。

C3地块于2015年4月31日至2016年4月16日进行勘探。该区域平面近似长方形，东西长720米，南北宽421米，总面积为277 511平方米。地表现状多为耕地，部分为建筑渣土、树林、临时路、河道、高压塔等，杂草丛生，地势平坦。

C4地块于2013年12月20日-12月29日、2014年6月18日、2015年10月7日-10月18日、2016年4月21日-4月27日进行勘探（彩版八，1、2）。该区域平面近似长方形，东西长503米，南北宽439米，总面积为220 320平方米。地表现状为建筑渣土、耕地、树林。

D1地块于2015年5月9日-6月15日进行勘探。该区域平面呈长方形，地表现状为房屋基址、路面、树林，勘探面积为250 938平方米。

勘探结束后，发现上述三地块均有地下文物遗存，旋即组织考古发掘。C3、C4、D1地块的发掘领队均为郭京宁，发掘者有北京市文物研究所（现北京市考古研究院）郭京宁、刘风亮、雷君燕、王蓓蓓。D1地块的发掘人员还有屈红国等。

三项地块总计发掘汉代墓葬1座、辽金墓葬2座、明代墓葬10座、清代墓葬55座、清代水井1座，发掘总面积720平方米，出土各类文物114件（不计铜钱）。

---

① 北京市通州区文化委员会等：《通州文物志》，文化艺术出版社，2006年，第83页。

第三节　资料整理与报告编写

2016年3月-10月对这批文物开展了整理,整理者为郭京宁、王蓓蓓、雷君燕,器物摄影由王宇新完成。2018年3月-10月,由郭京宁整合三个地块的资料,完成报告的编写。其他参加的同志还有雷君燕、王蓓蓓、石赟、古艳兵等。2023年5月,杜美辰对报告进行了审核,郭京宁进行了复核。

第二章　C3地块考古发掘报告

第一节　概　况

2016年6月6日-6月17日，北京市文物研究所（现北京市考古研究院）对通州区文化旅游区C3地块项目占地范围内的古代遗迹进行了考古发掘。发掘证照为考执字（2016）第（616）号。

发掘区位于通州区萧太后桥以北，九德路东西两侧、将军坟村以北（图三）。中心区域GPS数据为N39°51′28.36″，E116°39′28.56″。共发掘清代墓葬14座（附表一）、水井1座，出土各类文物22件（不计铜钱），发掘面积共计170平方米（图四）。

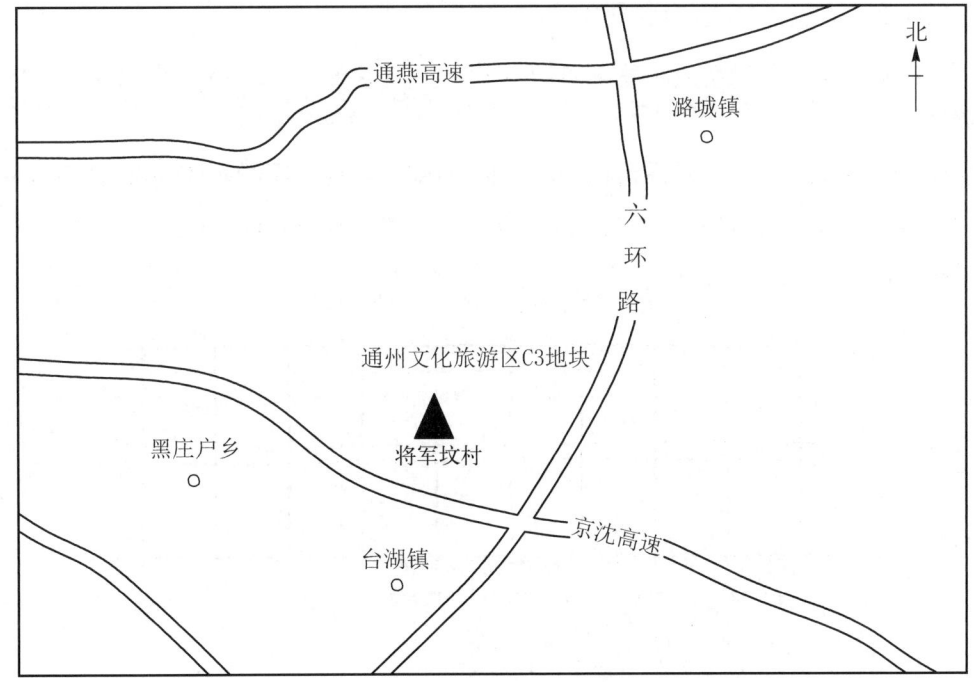

图三　发掘区位置示意图

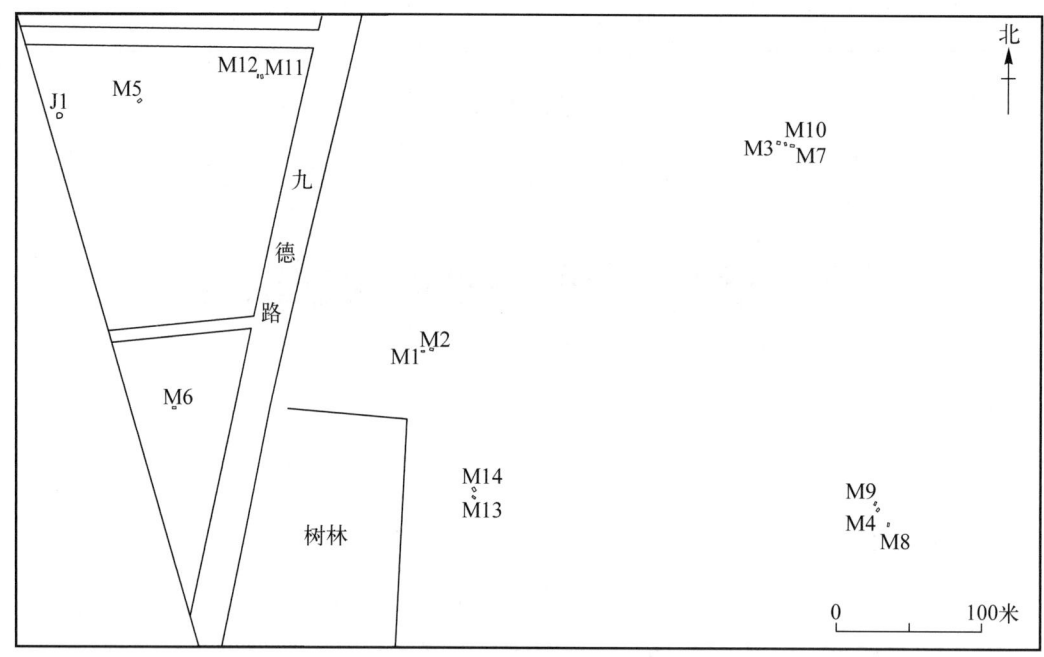

图四　总平面图

第二节　地层堆积

发掘区的地层堆积可分三层（图五）：

第①层：现代建筑垃圾层，含有大量砖瓦块、水泥块及生活垃圾。厚约0.35-0.46米，深0.2-0.5米。

第②层：黄褐色土层，土质较硬，含有大量白色料礓石颗粒。厚约0.42-0.48米，深0.6-1.1米。

第③层：黄褐色沙层，致密，较纯净，含褐色水锈。厚约0.05-0.68米，深1.2-1.5米。

以下为生土层。

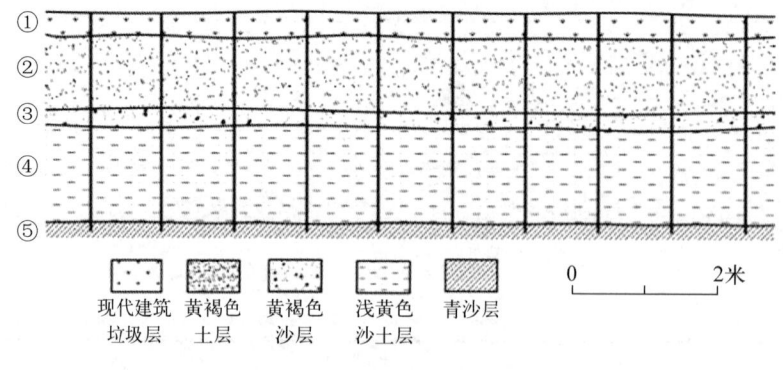

图五　地层堆积剖面图

第三节 遗迹与遗物

(一) 墓葬

均开口于②层下,为竖穴土坑墓。分为单棺、双棺、四棺、搬迁四种。

1. 单棺墓

4座,按平面形状分为两型。

A型 长方形。

M1 位于发掘区中西部,东邻M2。东西向,方向为280°。墓口距地表深0.9米,墓底距地表深1.23米。墓圹东西长2.4、南北宽1.38-1.47、深0.33米(图六;彩版一,1)。

棺木已朽。棺长2、宽0.54-0.56、残高0.18米。骨架保存较差,仅余下半身骨骼。墓主人葬式为仰身直肢葬,性别、年纪、头向、面向均不详。棺内填灰色淤土,土色花杂,水分大,包含大量料礓石颗粒。随葬器物有铜钱2枚。

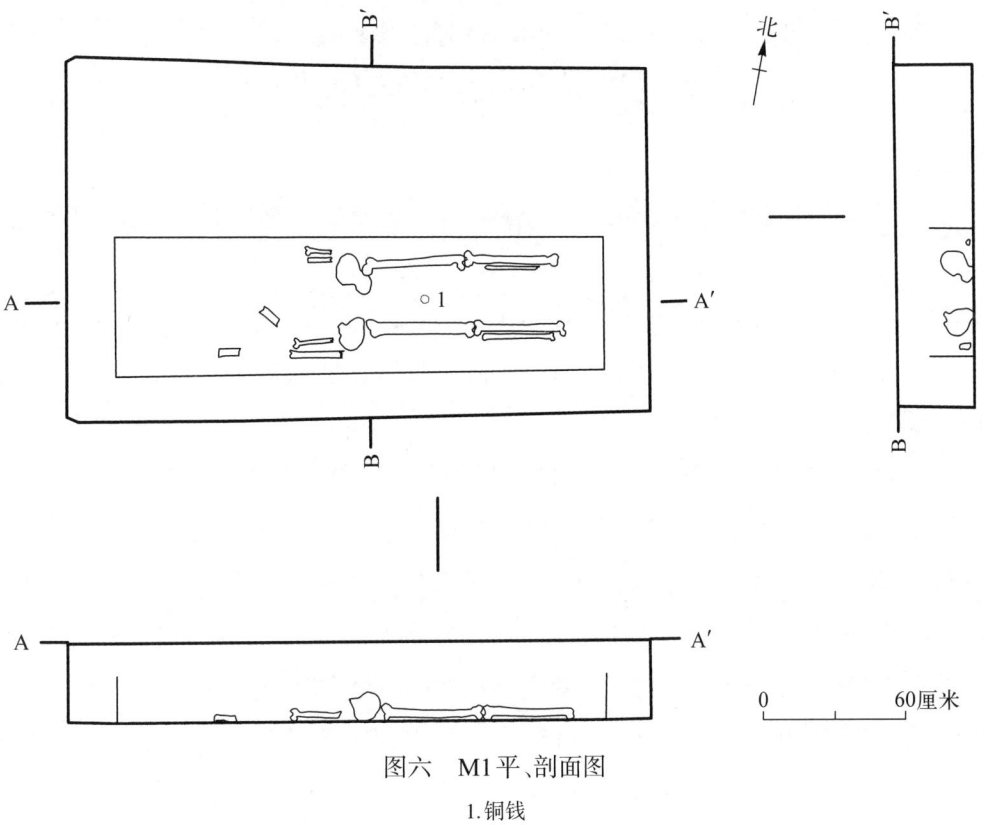

图六 M1平、剖面图
1.铜钱

乾隆通宝1枚。M1:1-1,圆形,方穿。正面铸有"乾隆通宝"四字,楷书对读;背面铸有满文"宝泉"二字。钱径2.48、穿径0.59、郭厚0.12厘米(图七,1;附表二)。

嘉庆通宝1枚。M1:1-2,圆形,方穿。正面铸有"嘉庆通宝"四字,楷书对读;背面铸有满文"宝泉"二字。钱径2.45、穿径0.5、郭厚0.13厘米(图七,3)。

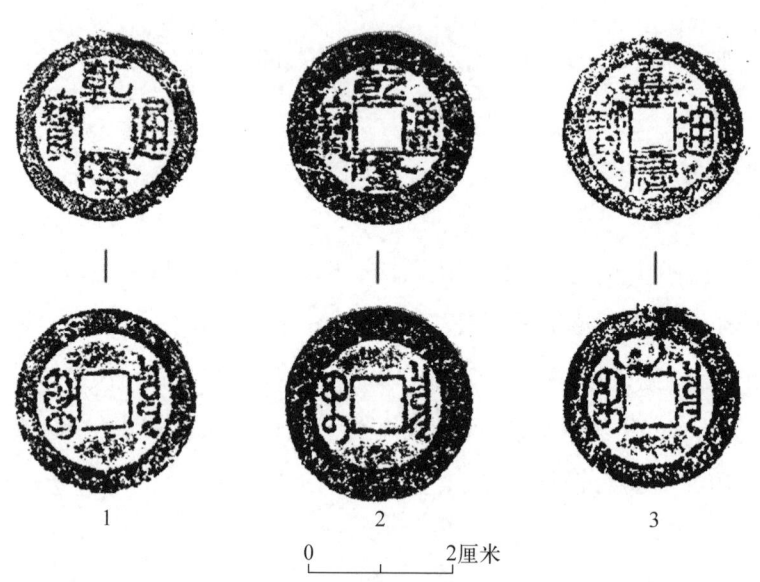

图七　单棺墓葬随葬铜钱

1、2.乾隆通宝(M1:1-1、M3:2)　3.嘉庆通宝(M1:1-2)

B型　梯形。

M2　位于发掘区中西部,西邻M1。东西向,方向为260°。墓口距地表深1.3米,墓底距地表深1.96米。墓圹东西长2.6、南北宽1.7-1.8、深0.66米(图八;彩版一,2)。

棺木已朽。棺长1.82、宽0.51-0.58、残高0.2米。骨架保存一般。墓主人为老年女性,仰身直肢葬。头向西,面向上。棺内填灰色淤土,土色花杂,较硬,包含大量料礓石颗粒。随葬器物有铜簪1件、铜钱1枚。

铜簪1件。M2:1,首为六面禅杖形,杖首呈葫芦状。体细长弯曲,圆柱状,上端有两周凸弦纹,略粗。尾残断。首宽2、高1.71、残长14.8厘米(图九,1;彩版四,1)。

铜钱1枚。M2:2,圆形,方穿,锈蚀较甚,字迹模糊不清。

M3　位于发掘区东北部,东邻M10。东西向,方向为284°。墓口距地表深0.8米,墓底距地表深1.06米。墓圹东西长2.55、南北宽1.62-1.69、深0.26米(图一〇;彩版一,3)。

棺木已朽。棺长1.94、宽0.61、残高0.1米。骨架保存较差,仅余数根肢骨。墓主人葬式、性别、年纪、头向、面向均不明。棺内填灰色淤土,土色花杂,较硬,包含大量料礓石颗粒。随葬器物有半釉罐1件、铜钱1枚。

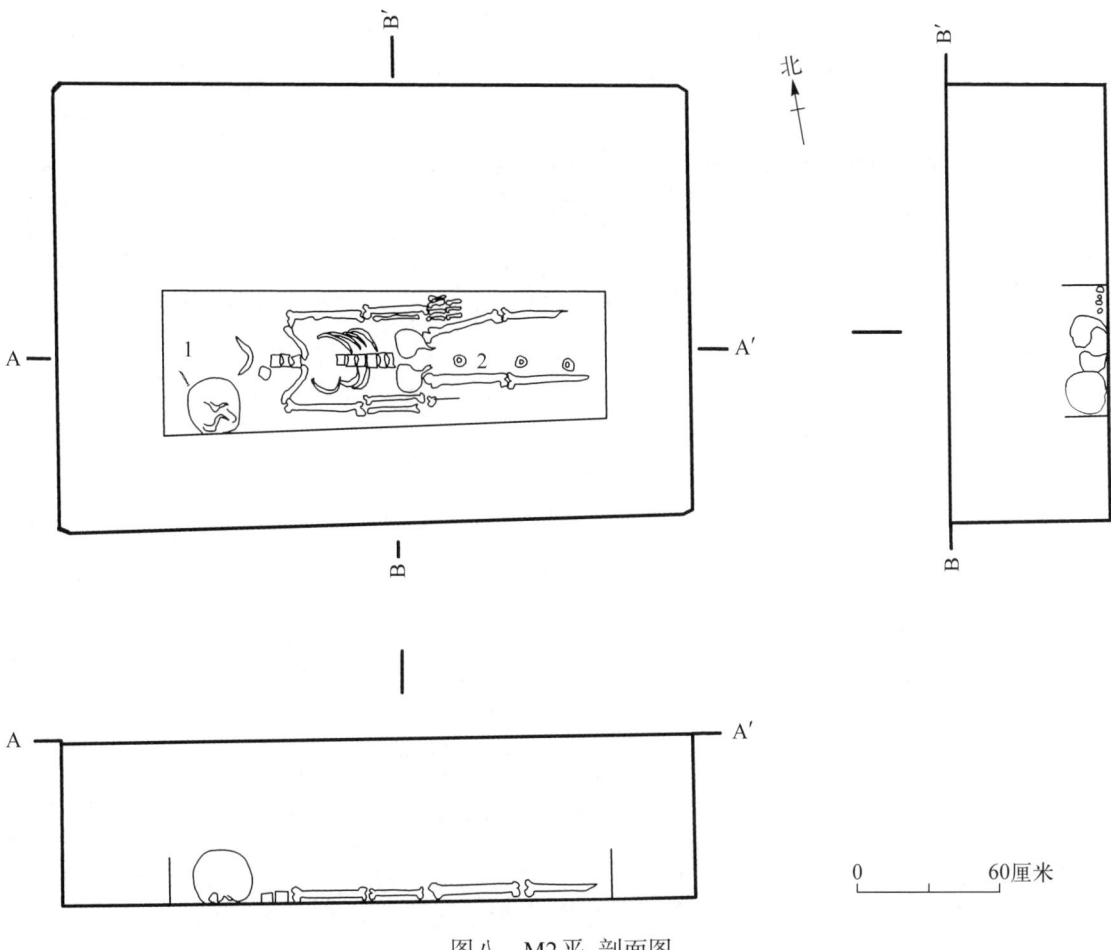

图八 M2平、剖面图
1. 铜簪 2. 铜钱

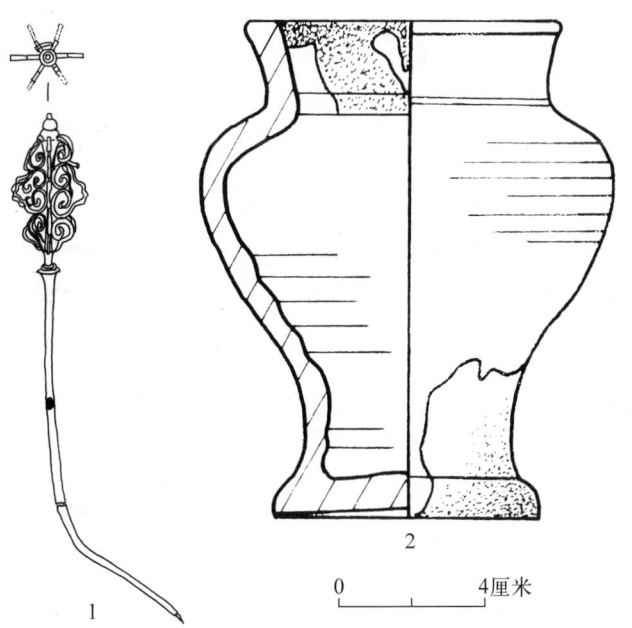

图九 单棺墓葬随葬器物
1. 铜簪（M2∶1） 2. 半釉罐（M3∶1）

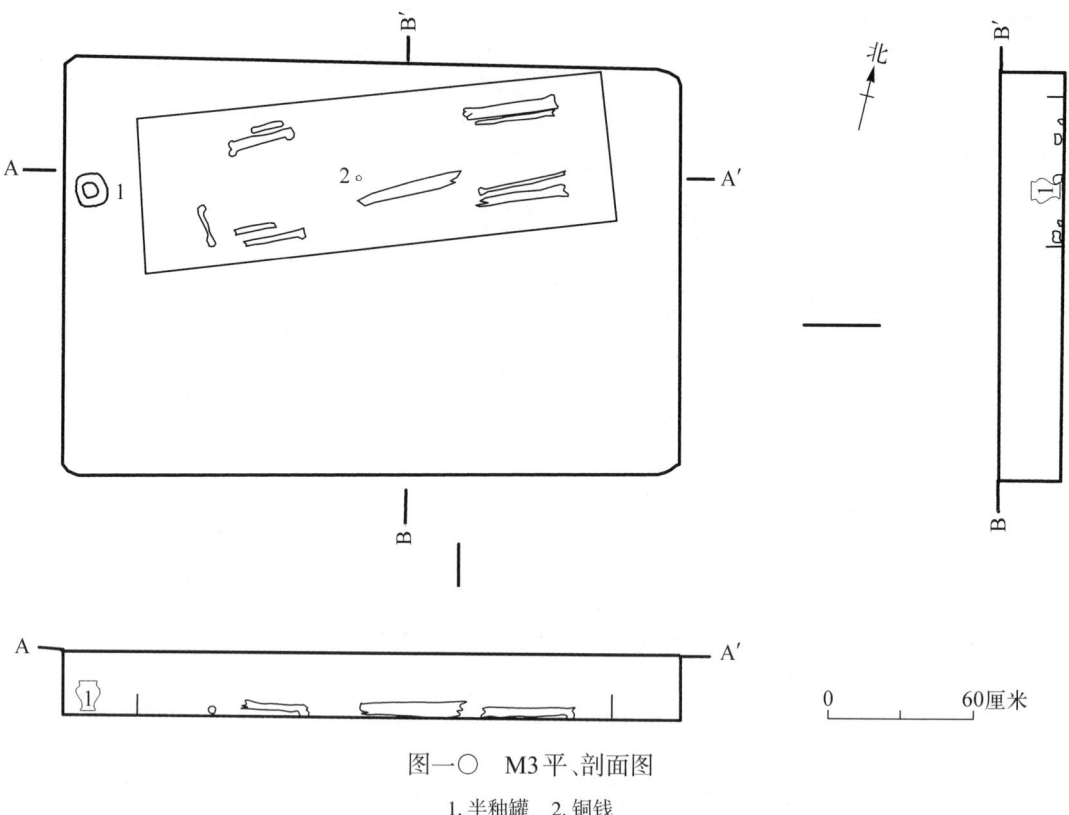

图一〇 M3平、剖面图
1. 半釉罐 2. 铜钱

半釉罐1件。M3∶1，方唇、侈口、卷沿，束颈，鼓肩，下腹曲收，胫凸，平底内凹。器体内外壁腹部以下施黄釉，釉薄不甚光泽，以上露灰胎。轮制。素面。口径8.4、腹径11.2、底径7.2、高13厘米（图九，2；彩版四，2）。

乾隆通宝1枚。M3∶2，圆形，方穿。正面铸有"乾隆通宝"四字，楷书对读；背面铸有满文"宝泉"二字。钱径2.54、穿径0.45、郭厚0.12厘米（图七，2）。

M4 位于发掘区东南部，北邻M9。南北向，方向为0°。墓口距地表深0.5米，墓底距地表深1.04米。墓圹南北长2.5、东西宽1-1.1、深0.54米（图一一；彩版一，4）。

棺木已朽。棺长1.96、宽0.5-0.65、残高0.38米。骨架保存较好。墓主人为老年男性，仰身直肢葬。头向北，面向东。棺内填灰色淤土，土色花杂，较硬，包含大量料礓石颗粒。未发现随葬品。

2. 双棺墓

4座，按平面形状分为两型。

A形 长方形。

M5 位于发掘区西北部。东西向，方向为273°。墓口距地表深0.9米，墓底距地表深2.29米。墓圹东西长2.5、南北宽1.6、深1.39米（图一二；彩版二，1）。

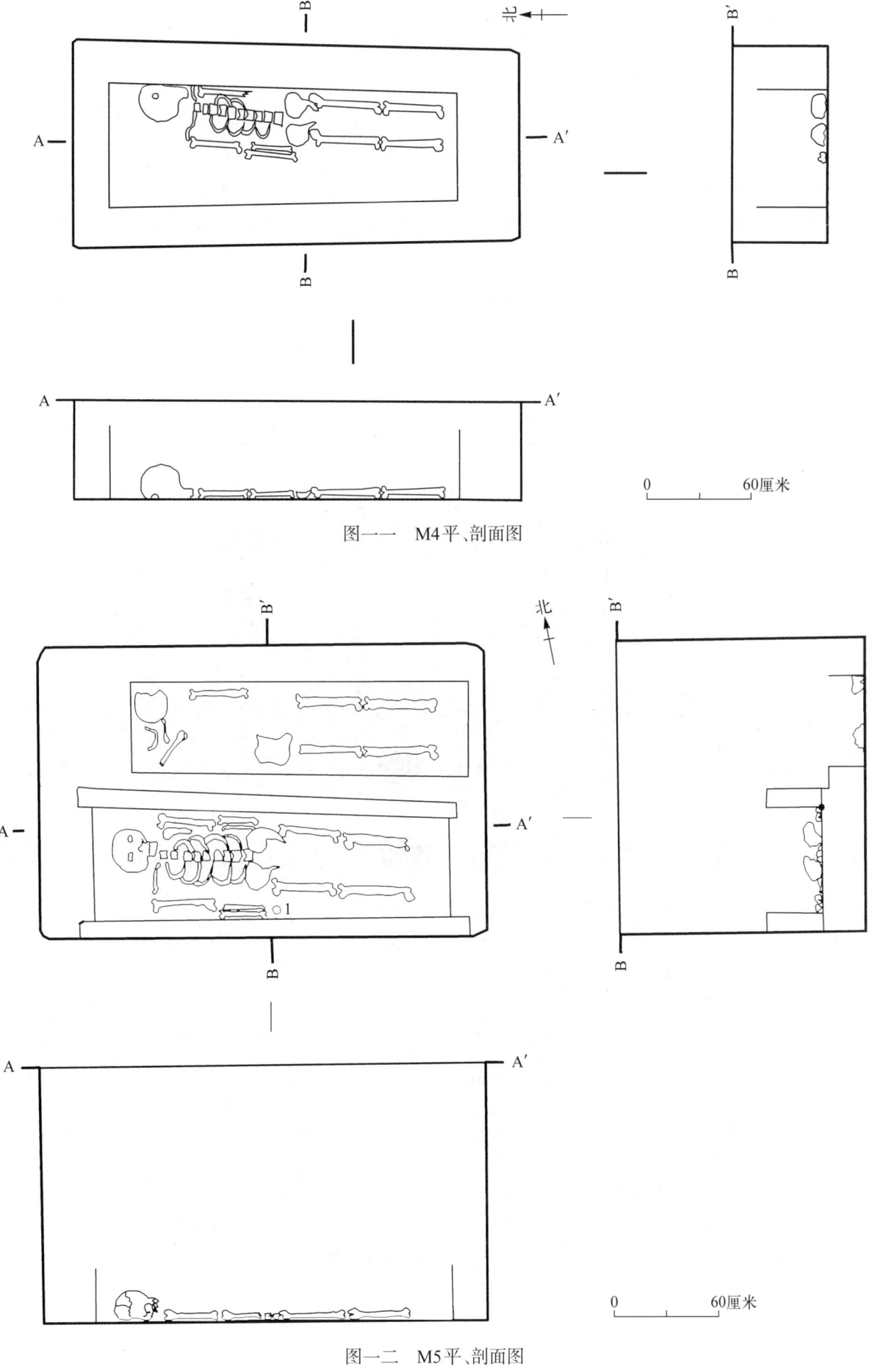

图一一　M4平、剖面图

图一二　M5平、剖面图

1. 银戒指

北棺保存较差。棺长1.88、宽0.5-0.54、残高0.2米。棺内骨架保存较差，为成年男性，仰身直肢葬。头向西，面向上。内填灰色淤沙土，较疏松，水分大。南棺保存较好。棺长2.1、宽0.73-0.81、残高0.3米。棺内骨架保存较好，为老年女性，仰身直肢葬。头向西，面向上。内填灰色淤沙土，较疏松，水分大，包含有大量料礓石颗粒。南棺打破北棺。随葬器物有银戒指1件。

银戒指1件。M5：1，环形。正面铸有四瓣花叶纹。直径2、宽1.02、周长7.5厘米（图一三，1；彩版四，3）。

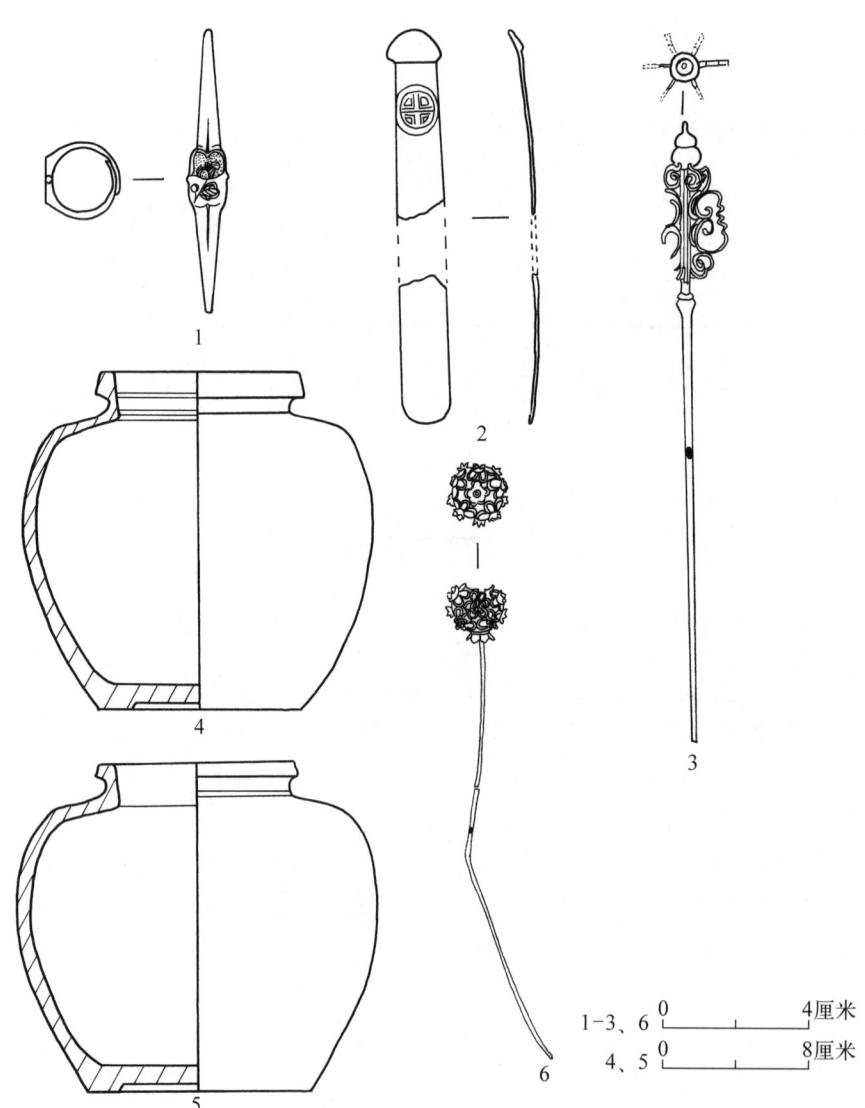

图一三　双棺A型墓葬随葬器物
1.银戒指（M5：1）　2.铜扁方（M8：5）　3、6.铜簪（M8：3-1、M8：3-2）
4、5.白瓷罐（M8：6、M8：7）

M8 位于发掘区东南部，北邻M4。东西向，方向为268°。墓口距地表深1米，墓底距地表深1.99米。墓圹东西长2.3、南北宽1.76-1.8、深0.99米（图一四；彩版二，2）。

棺木已朽。北棺长1.9、宽0.48-0.6、残高0.6米。棺内骨架保存一般，为老年男性，仰身直肢葬。头向西，面向上。内填灰色淤土，土色花杂。南棺长1.9、宽0.45-0.5、残高0.5米。棺内骨架保存较差，为老年女性，仰身直肢葬。头向西，面向上。内填灰色淤土，土色花杂。随葬器物有白瓷罐、铜簪、铜扁方、铜钱、铜板。

白瓷罐2件。M8:6，方唇、侈口，短束颈，折沿，丰肩，鼓腹，平底内凹。器外施满釉，器内未施釉。素面。口径11.2、腹径19.4、底径11.6、高18厘米（图一三，4；彩版五，1）。M8:7，方唇、唇面有凹槽，侈口，短束颈，折沿，丰肩，鼓腹，平底内凹。器外施满釉，器内未施釉。素面。口径11、腹径20、底径12.8、高17.6厘米（图一三，5；彩版五，2）。

铜簪3件。1枚锈蚀严重。M8:3-1，首为六面禅杖形，杖首呈葫芦状，一面已残。体细长，

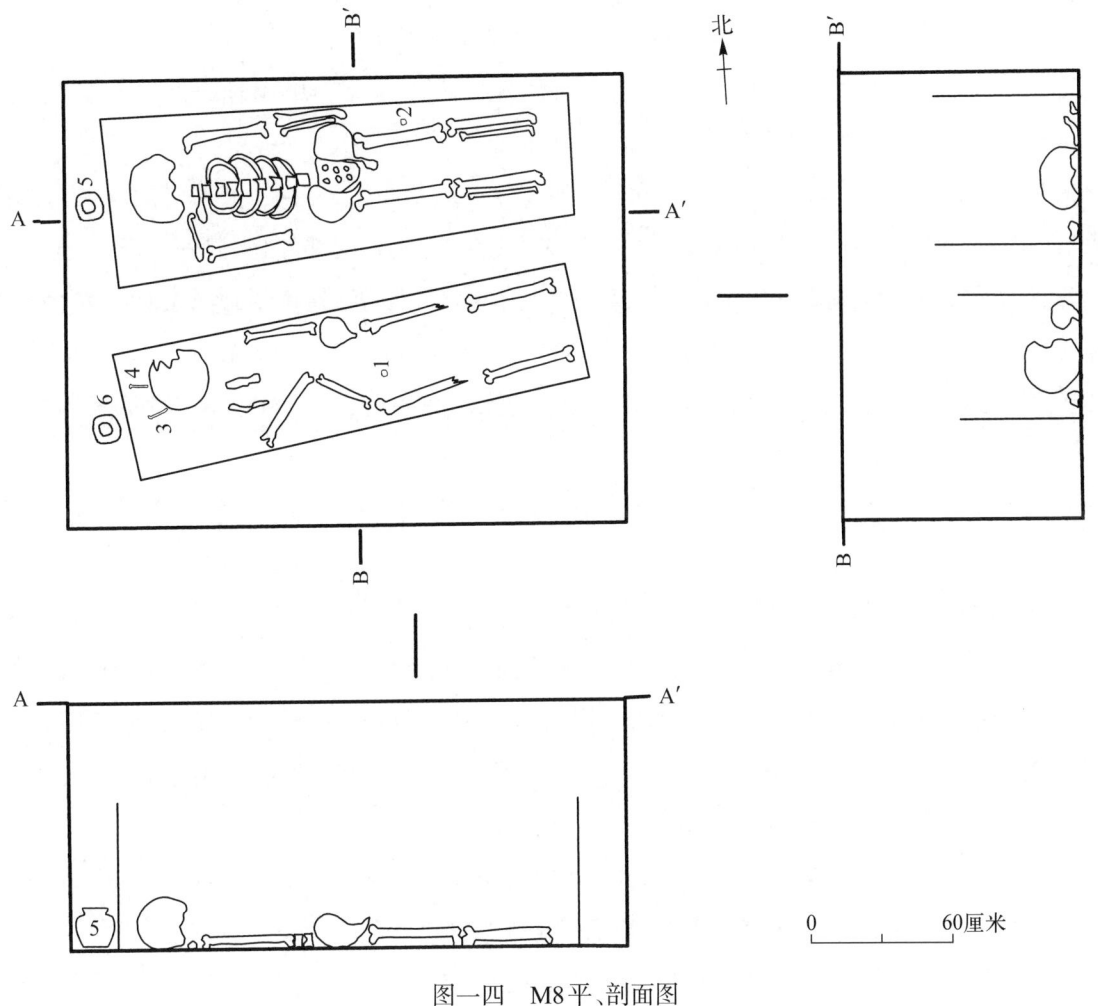

图一四 M8平、剖面图
1.铜钱 2.铜板 3.铜簪 4.铜扁方 5、6.白瓷罐

上端为一周凸弦纹，略粗。首残宽1.8、高1.71、残长16.5厘米（图一三，3；彩版四，5）。M8：3-2，首镂空，由小圆珠、圆环组成圆球形。稍残，颈部为倒莲花座托。体细长稍弯，尾尖。首宽1.7、残高1.69、残长13.2厘米（图一三，6；彩版四，4）。

铜扁方1件。M8：5，首作蘑菇状。体扁平，上端刻有"寿"字纹，末端为圆弧状，中间残缺。首宽1.4、体宽1.28、残长9厘米（图一三，2；彩版四，6）。

铜钱19枚，可辨认9枚，其余锈蚀严重，保存不佳。

宽永通宝1枚。M8：1-1，圆形，方穿。正面铸有"宽永通宝"四字，楷书对读。钱径2.33、穿径0.63、郭厚0.08厘米（图一五，1）。

乾隆通宝2枚。均圆形，方穿。正面铸有"乾隆通宝"四字，楷书对读。M8：4-1，背面铸有满文"宝浙"二字。钱径2.51、穿径0.59、郭厚0.09厘米（图一五，2）。M8：4-2，背面铸有满文"宝泉"二字。钱径2.33、穿径0.52、郭厚0.13厘米（图一五，3）。

嘉庆通宝1枚。M8：4-3，圆形，方穿。正面铸有"嘉庆通宝"四字，楷书对读；背面铸有满文"宝泉"二字。钱径2.4、穿径0.54、郭厚0.11厘米（图一五，4）。

道光通宝1枚。M8：1-2，圆形，方穿。正面铸有"道光通宝"四字，楷书对读；背面铸有满文"宝泉"二字。钱径2.27、穿径0.52、郭厚0.14厘米（图一五，6）。

同治重宝1枚。M8：4-4，圆形，方穿。正面铸有"同治重宝"四字，楷书对读；背面上下铸有满文"当十"二字，左右铸有"宝泉"二字。钱径2.36、穿径0.6、郭厚0.09厘米（图一五，7）。

光绪通宝2枚。均圆形，方穿。正面铸有"光绪通宝"四字，楷书对读。M8：1-3，背面铸有满文"宝泉"二字。钱径2.24、穿径0.48、郭厚0.13厘米（图一五，8）。M8：1-4，背面铸有满文"宝源"二字。钱径2.07、穿径0.47、郭厚0.09厘米（图一五，9）。M8：4-5，背面铸有满文"宝源"二字。钱径2.24、穿径0.5、郭厚0.12厘米（图一五，10）。

光绪元宝1枚。M8：2-3，圆形，正面铸有"光绪元宝"四字；背面有龙纹。钱径3.24、郭厚0.17厘米（图一五，11）。

铜板14枚，可辨认2枚，其余锈蚀严重，保存不佳。

铜板2枚。M8：2-1，圆形。正面内圈饰有花纹，外圈饰有一周字母；背面内圈有旗帜图案，外圈饰有一周字，为湖南省造双旗币当制钱二十文。钱径3.26、郭厚0.15厘米（图一五，13）。M8：2-2，圆形。正面铸有"十文"两字；背面有一"大"字，其他字迹模糊不清，为宣统二年大清铜币十文。钱径2.96、郭厚0.14厘米（图一五，12）。

M9 位于发掘区东南部，南邻M4。南北向，方向为354°。墓口距地表深0.5米，墓底距地表深0.97米。墓圹南北长2.8、东西宽1.84-1.9、深0.47米（图一六；彩版二，3）。

棺木已朽。东棺长2、宽0.54-0.63、残高0.21米。棺内骨架保存较差，性别不详，仰身直肢葬。头向北，面向上。棺内填灰色淤土，土色花杂。西棺长1.74、宽0.42-0.48、残高0.31米。棺

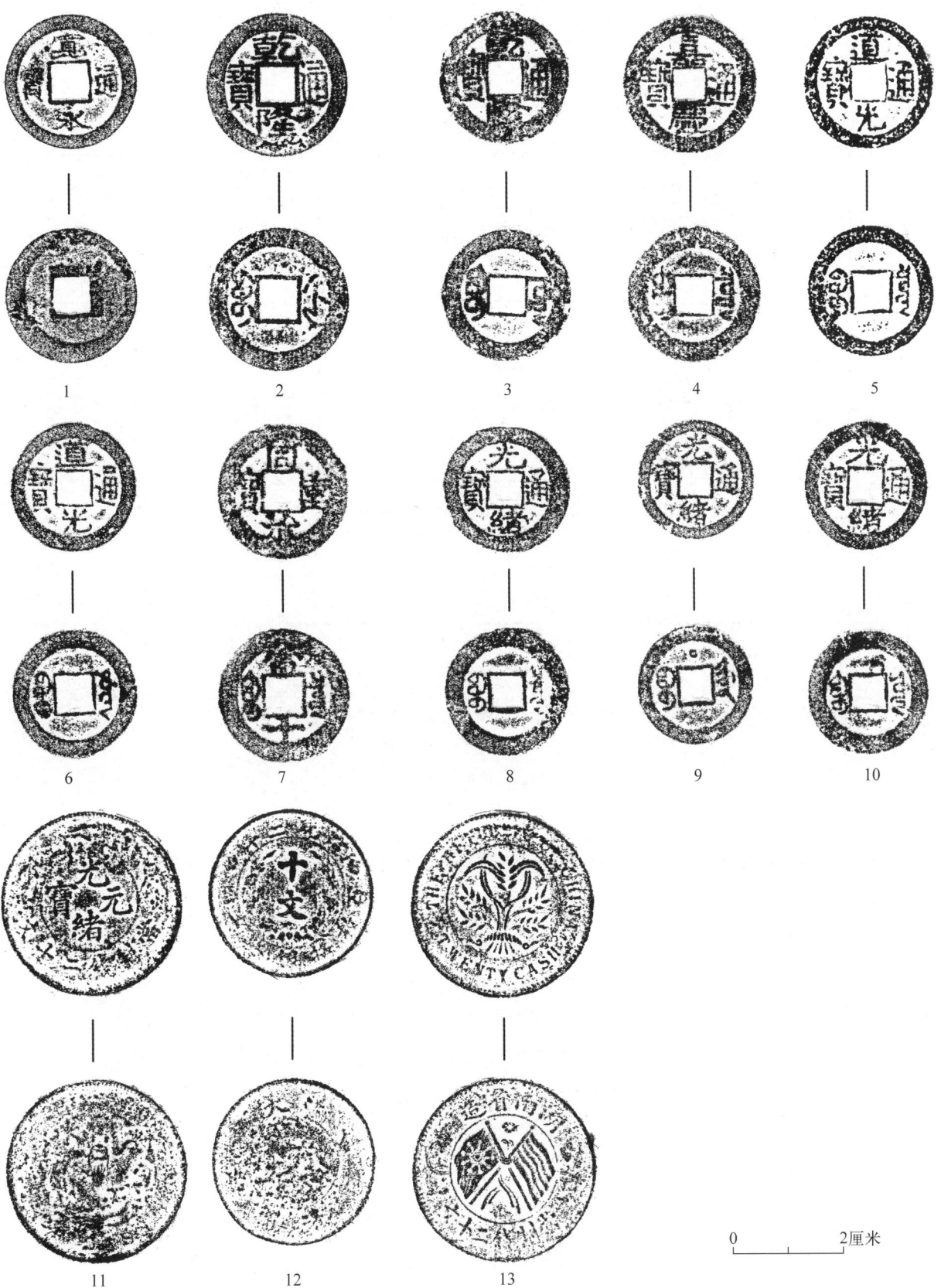

图一五　双棺墓葬随葬铜钱、铜板

1. 宽永通宝（M8∶1-1）　2、3. 乾隆通宝（M8∶4-1、M8∶4-2）　4. 嘉庆通宝（M8∶4-3）　5、6. 道光通宝（M7∶1-1、M8∶1-2）
7. 同治重宝（M8∶4-4）　8-10. 光绪通宝（M8∶1-3、M8∶1-4、M8∶4-5）　11. 光绪元宝（M8∶2-3）　12、13. 铜板（M8∶2-2、M8∶2-1）

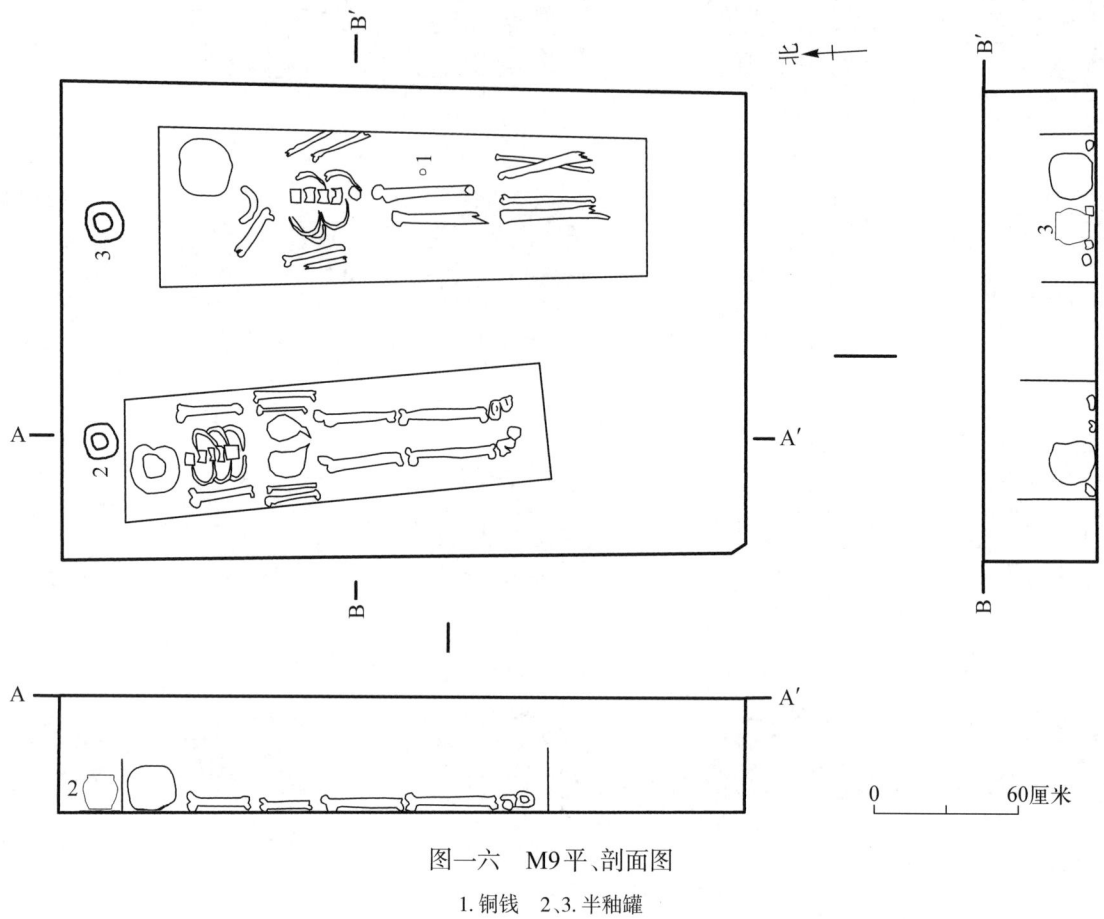

图一六　M9平、剖面图
1.铜钱　2、3.半釉罐

内骨架保存一般，性别不详，仰身直肢葬。头向北，面向上。内填灰色淤土，土色花杂，较硬，包含大量料礓石颗粒。随葬器物有半釉罐、铜钱。

半釉罐2件。M9∶2，圆唇、直口，短颈，折沿，折肩，下腹斜收，平底内凹。上腹至口沿外施青黄色釉，下腹底露黄白色粗胎，内壁有修坯旋痕。素面。口径8.6、腹径11.6、底径7.4、高11厘米（图一七，1；彩版五，3）。M9∶3，方圆唇、直口，短颈，卷沿，软折肩，下腹弧收，平底。上腹及口沿外施酱黄色釉，下腹至底露黄白色粗胎，内壁有修坯旋痕。素面。口径8.4、腹径13、底径7.4、高13厘米（图一七，2；彩版五，4）。

铜钱2枚。均圆形，方穿，锈蚀较甚，字迹模糊不清。

B型　梯形。

M7　位于发掘区东北部，西邻M10。东西向，方向为273°。墓口距地表深1.3米，墓底距地表深2.06米。墓圹东西长2.7、南北宽1.6—1.76、深0.76米（图一八；彩版二，4）。

棺木已朽。北棺长2、宽0.5—0.62、残高0.34米。棺内骨架保存一般，为老年男性，仰身直肢葬。头向西，面向上。内填灰色淤土，土色花杂。南棺长2、宽0.56—0.64、残高0.3米。棺内

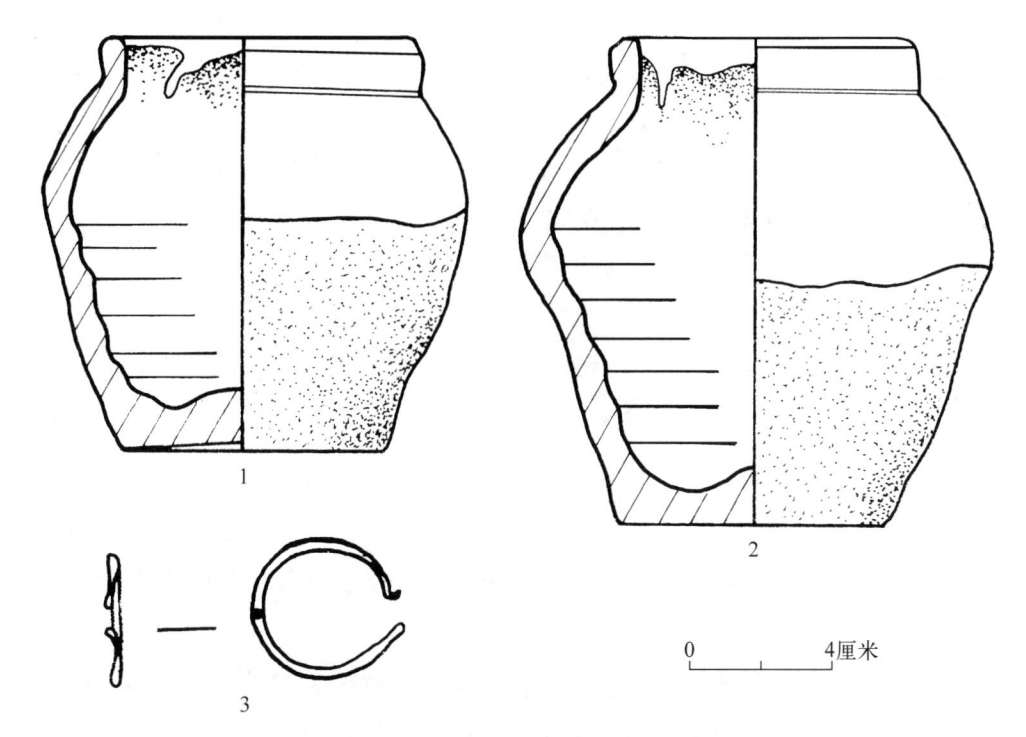

图一七 双棺A型、B型墓葬随葬器物
1、2. 半釉罐(M9:2、M9:3) 3. 银耳环(M7:3)

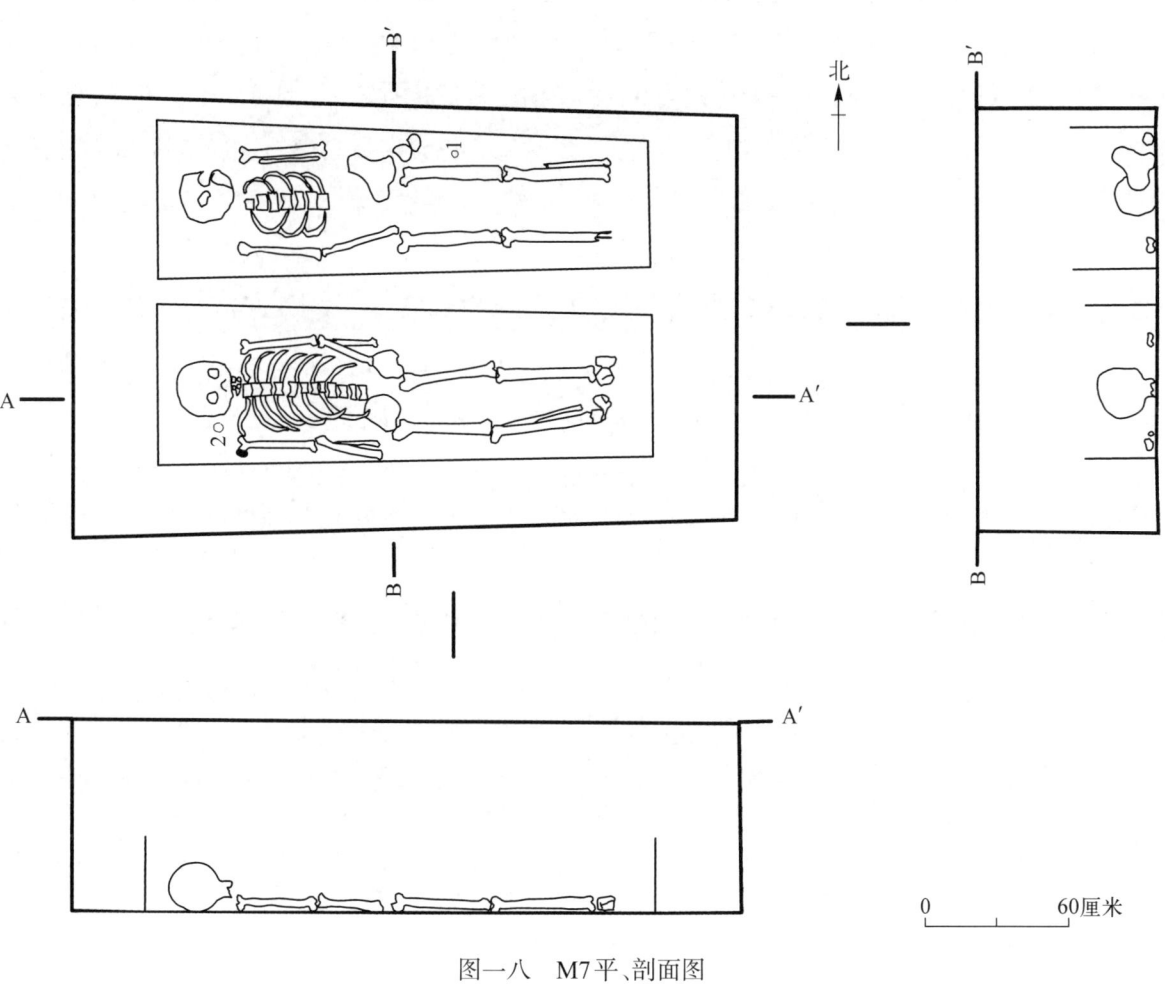

图一八 M7平、剖面图
1. 铜钱 2. 银耳环

骨架保存较好，为老年女性，仰身直肢葬。头向西，面向上。内填灰色淤土，土色花杂，较硬，包含大量料礓石颗粒。随葬器物有银耳环、铜钱。

银耳环1件。M7：3，圆环形，展开为圆柱体。素面。宽0.3、通长4.5厘米（图一七，3；彩版五，5）。

道光通宝2枚。均圆形，方穿。正面铸有"道光通宝"四字，楷书对读；背面铸有满文"宝泉"二字。标本：M7：1-1，钱径3.31、穿径0.51、郭厚0.15厘米（图一五，5）。

3. 四棺墓

M10 位于发掘区东北部，西邻M3、东邻M7。平面呈长方形。东西向，方向为268°。墓口距地表深1米，墓底距地表深1.97米。墓圹东西长2.8、南北宽3.2、深0.97米（图一九；彩版二，5）。

棺木已朽。从北向南分别为1棺、2棺、3棺、4棺。1棺棺木保存较好。棺长2.1、宽0.5-0.6、残高0.4米。棺内骨架仅余数根肢骨，头骨，性别、年纪、葬式不详。头向西，面向上。内填灰色淤土，土色花杂。2棺保存一般。棺长2.1、宽0.43-0.55、残高0.3米。未发现骨架，仅见少许骨沫痕迹。内填灰色淤土，土色花杂。3棺棺木已朽。棺长2.09、宽0.42-0.5、残高0.4米。棺内骨架保存较差，性别、年纪不详，仰身直肢葬。头向西，面向上。内填灰色淤土，土色花杂。4棺棺木已朽。棺长1.99、宽0.58-0.6、残高0.3米。棺内骨架保存较差，性别、年纪不详，侧身屈肢葬。头向西，面向上。内填灰色淤土，土色花杂，较硬，包含大量料礓石颗粒。随葬器物有银扳指、铜簪、铜扣、骨簪、半釉罐、铜钱。

银扳指1件。M10：6，模制，环形，通体鎏金。展开为长方形，两端为圆弧形，正面铸有花叶纹，周边饰一周回字纹。通长8.5、直径2、宽1.1厘米（图二〇，3；彩版六，4）。

铜簪1件。M10：1-1，首平面呈正五边形，有刀刻的痕迹，下为蘑菇柱。体细长，残断为三截，尾尖。首宽0.7厘米，高0.51米，残长7.6厘米（图二〇，1；彩版六，1）。

铜扣2件。均球形，上面为环状扣眼，扣体有凹形纹饰。M10：5-1，直径1.3、高1.65厘米（图二〇，4；彩版六，3，左）。M10：5-2，扣眼已残缺。直径1.2、残高1.6厘米（图二〇，5；彩版六，3，右）。

骨簪1件。M10：1-2，仅剩簪体，圆柱形。磨制。残长4、厚0.4厘米（图二〇，2；彩版六，2）。

半釉罐1件。M10：7，尖圆唇、侈口、平折沿、短颈、鼓肩、束腰、平底。器体下腹外施黄色釉，釉薄不甚光泽，上腹露黄灰色胎。轮制。素面。口径9.2、腹径10.8、底径9.6、高14厘米（图二〇，6；彩版六，5）。

乾隆通宝1枚。M10：2-1，圆形，方穿。正面铸有"乾隆通宝"四字，楷书对读；背面铸有满文"宝泉"二字。钱径2.37、穿径0.56、郭厚0.12厘米（图二一，1）。

图一九　M10平、剖面图

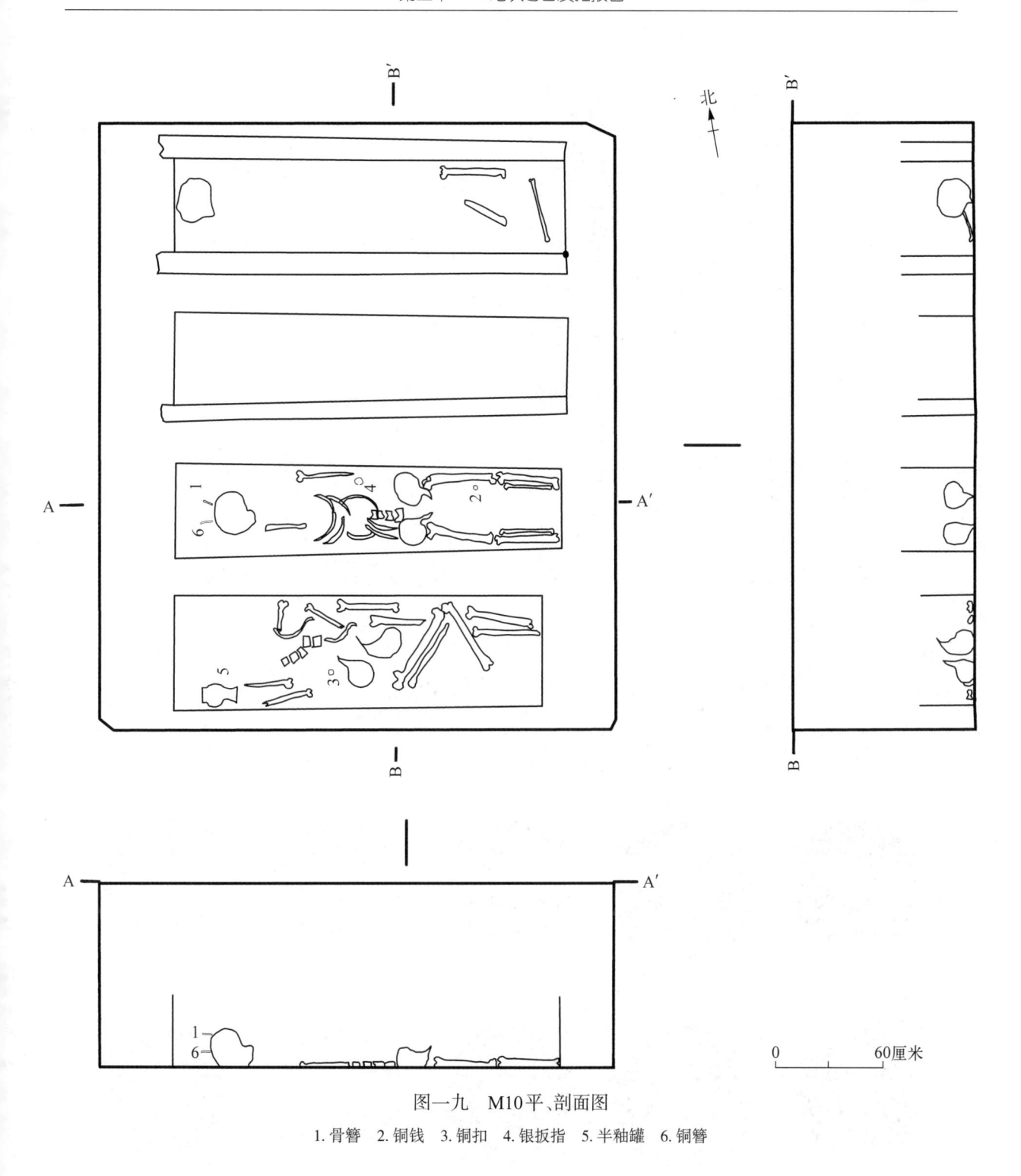

1. 骨簪　2. 铜钱　3. 铜扣　4. 银扳指　5. 半釉罐　6. 铜簪

嘉庆通宝3枚。均圆形，方穿。正面铸有"嘉庆通宝"四字，楷书对读。M10∶3-1，背面铸有满文"宝浙"二字。钱径2.52、穿径0.54、郭厚0.13厘米（图二一，2）。M10∶3-2，背面铸有满文"宝泉"二字。钱径2.45、穿径0.51、郭厚0.13厘米（图二一，3）。M10∶3-3，背面铸有满文"宝源"二字。钱径2.26、穿径0.56、郭厚0.13厘米（图二一，4）。

1、2、4-6 0　　　4厘米　　　3 0　　　2厘米

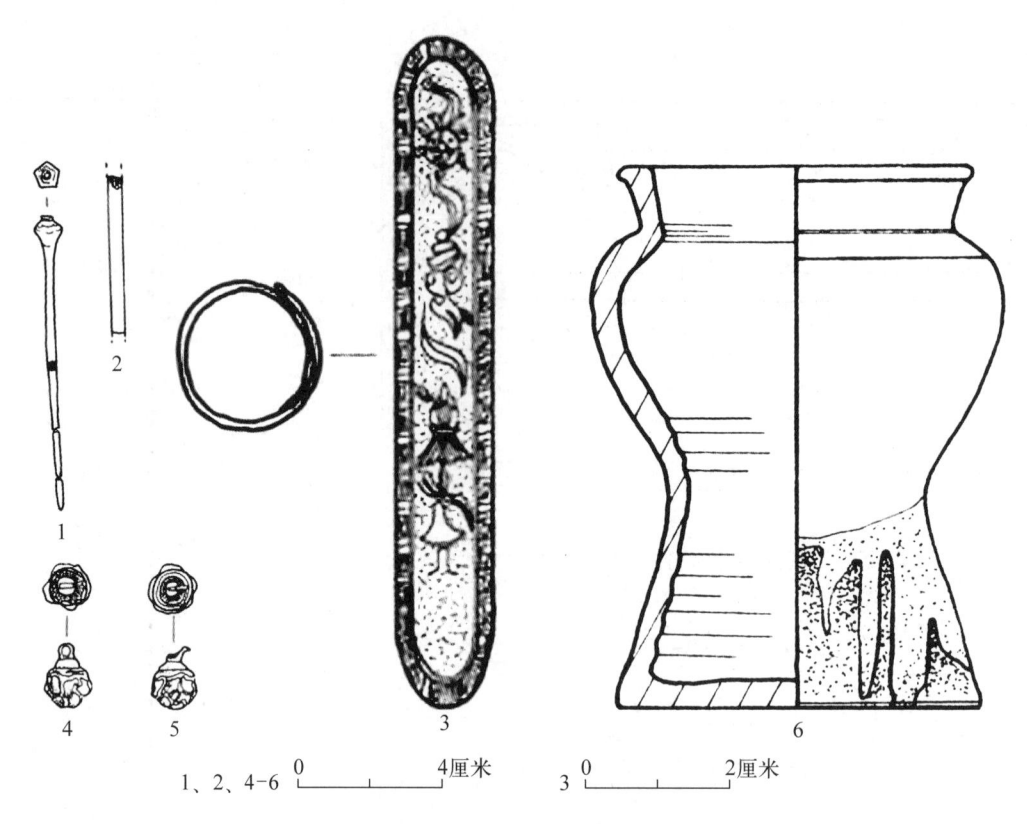

图二〇　M10随葬器物
1.铜簪（M10：1-1）　2.骨簪（M10：1-2）　3.银扳指（M10：6）
4、5.铜扣（M10：5-1、M10：5-2）　6.半釉罐（M10：7）

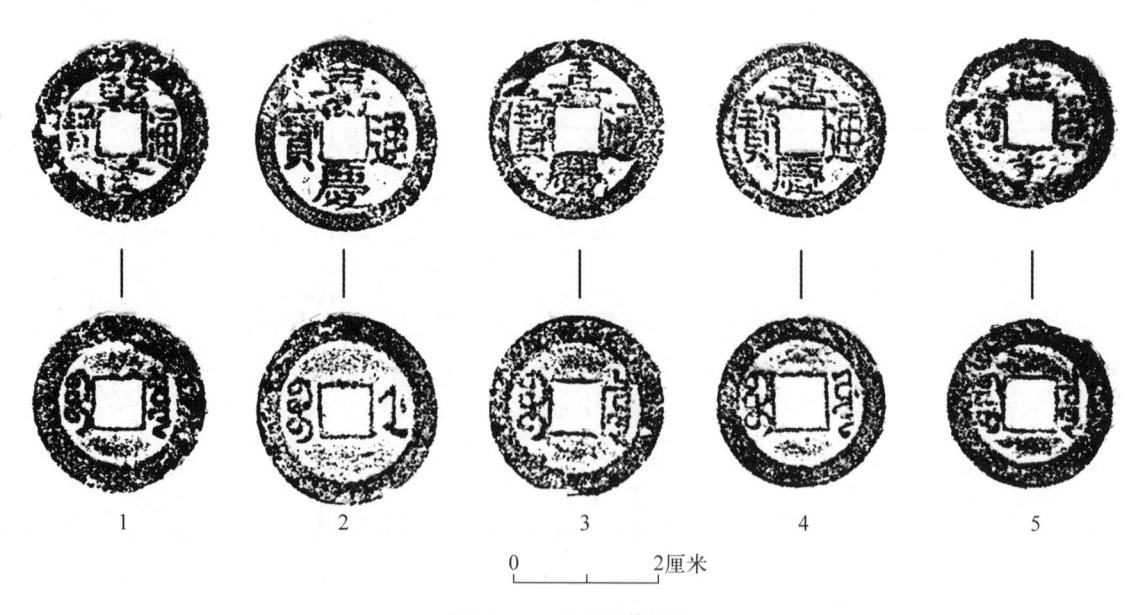

0　　　2厘米

图二一　M10随葬铜钱
1.乾隆通宝（M10：2-1）　2-4.嘉庆通宝（M10：3-1、M10：3-2、M10：3-3）
5.道光通宝（M10：2-2）

道光通宝1枚。M10∶2-2,圆形,方穿。正面铸有"道光通宝"四字,楷书对读;背面铸有满文"宝泉"二字。钱径2.3、穿径0.56、郭厚0.14厘米(图二一,5)。

4. 搬迁墓

5座,按平面形状分为三型。

A型　长方形。

M13　位于发掘区中南部,北邻M14。南北向,方向为306°。墓口距地表深0.8米,墓底距地表深1.59米。墓圹南北长2.7、东西宽1.81、深0.79米(图二二;彩版三,1)。

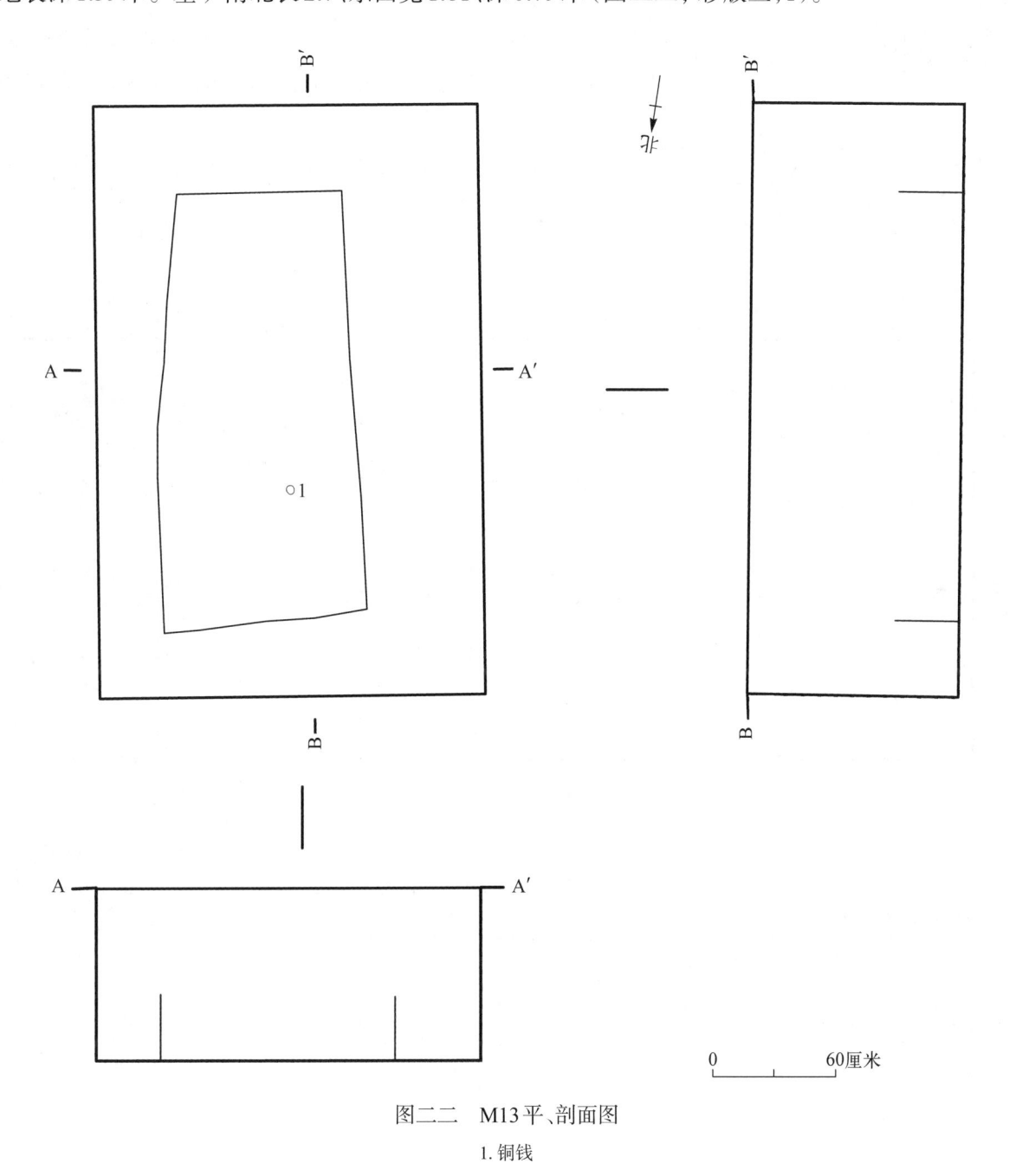

图二二　M13平、剖面图
1. 铜钱

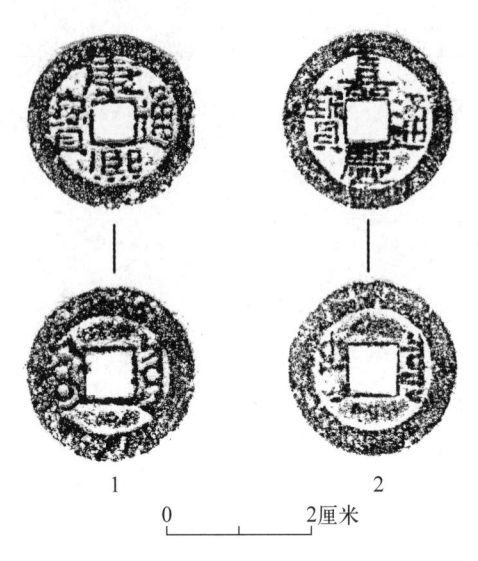

图二三 搬迁墓葬随葬铜钱
1. 康熙通宝（M13∶1） 2. 嘉庆通宝（M6∶2）

棺木已朽。棺长2、宽0.78~0.93、残高0.3米。棺内仅见少许骨沫。内填灰色淤沙土，较硬。随葬器物有康熙通宝1枚。

M13∶1，圆形，方穿。正面铸有"康熙通宝"四字，楷书对读；背面铸有满文"宝泉"二字。钱径2.34、穿径0.54、郭厚0.09厘米（图二三，1）。

M14 位于发掘区中南部，南邻M13。南北向，方向为358°。墓口距地表深0.8米，墓底距地表深1.66米。墓圹南北长3、东西宽2、深0.86米（图二四；彩版三，2）。

墓底较平整。内填沙质花土，较硬，包含大量料礓石颗粒。未发现棺椁、人骨及随葬品。

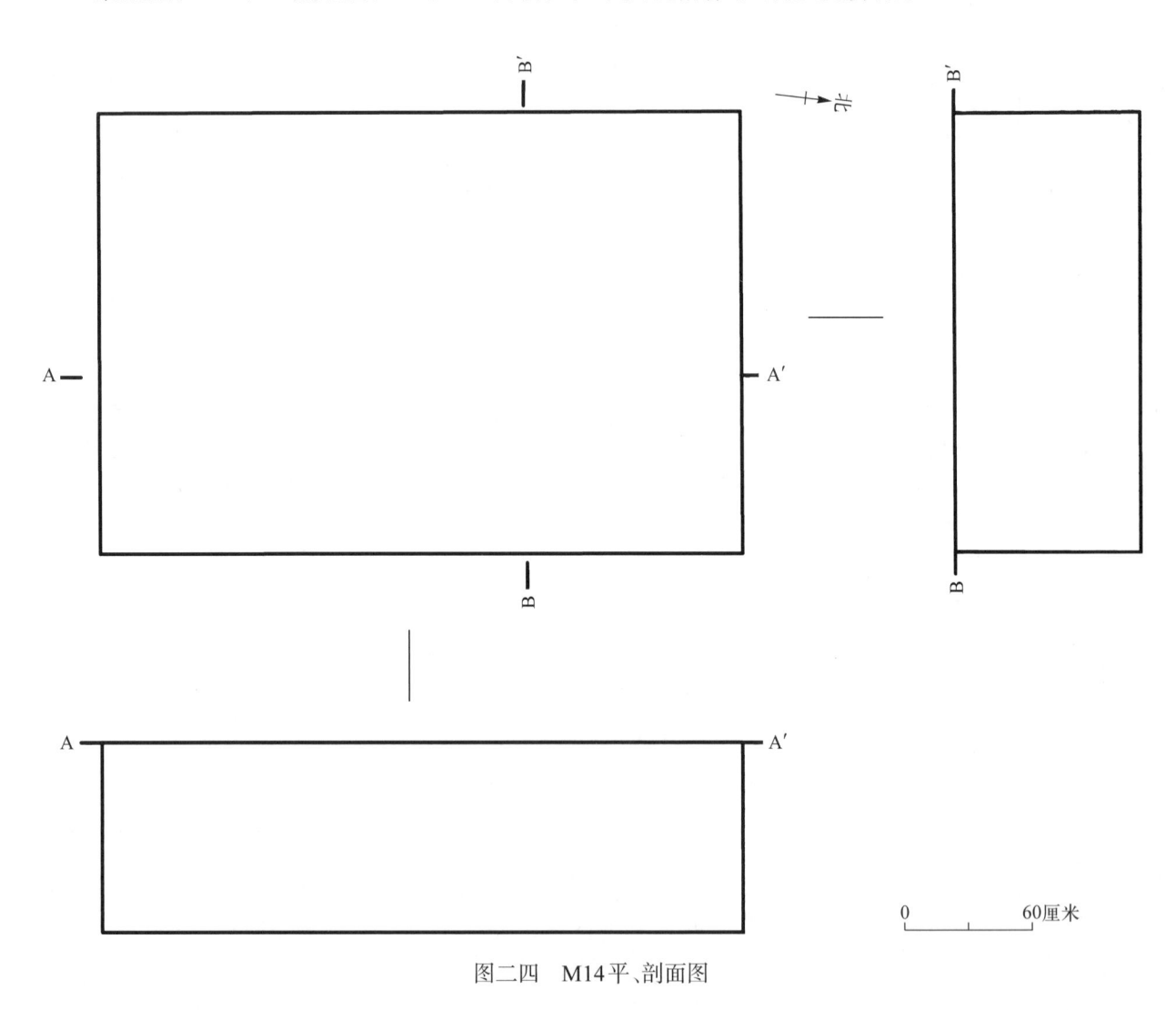

图二四 M14平、剖面图

B型 梯形。

M6 位于发掘区西部。东西向,方向为263°。墓口距地表深1.1米,墓底距地表深1.5米。墓圹东西长2.5、南北宽1.6~1.7、深0.4米(图二五;彩版三,3)。

棺木已朽。北棺长1.96、宽0.59~0.63、残高0.2米。南棺长1.9、宽0.57~0.65、残高0.2米。内填灰色淤沙土,较疏松,水分大。未见人骨。随葬器物有瓷碗(残)、铜钱。

瓷碗1件。M6:1,残,仅剩碗底,藏蓝色釉,足部露白胎。残口径4.2、残高1.8、底径2厘米(图二六,1;彩版七,1)。

嘉庆通宝1枚。M6:2,圆形,方穿。正面铸有"嘉庆通宝"四字,楷书对读;背面铸有满文"宝泉"二字。钱径2.43、穿径0.57、郭厚0.14厘米(图二三,2)。

M12 位于发掘区西北部,东邻M11。南北向,方向为352°。墓口距地表深1.4米,墓底距地表深2.18米。墓圹南北长2.3、东西宽1.3~1.6、深0.78米(图二七;彩版三,4)。

墓底较平整。内填沙质花土,黄褐色,土质较硬,包含有大量料礓石颗粒。未发现棺、人骨及随葬品。

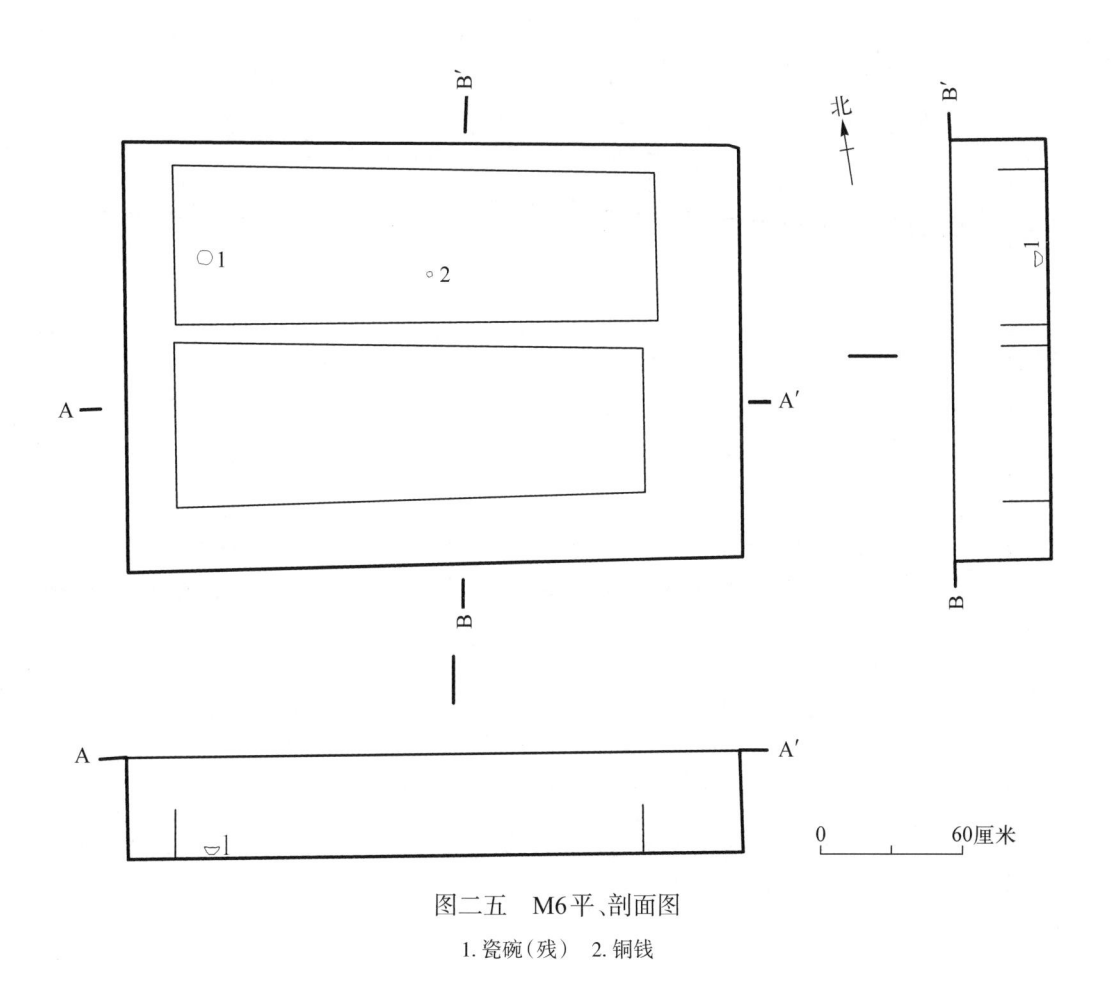

图二五 M6平、剖面图
1. 瓷碗(残) 2. 铜钱

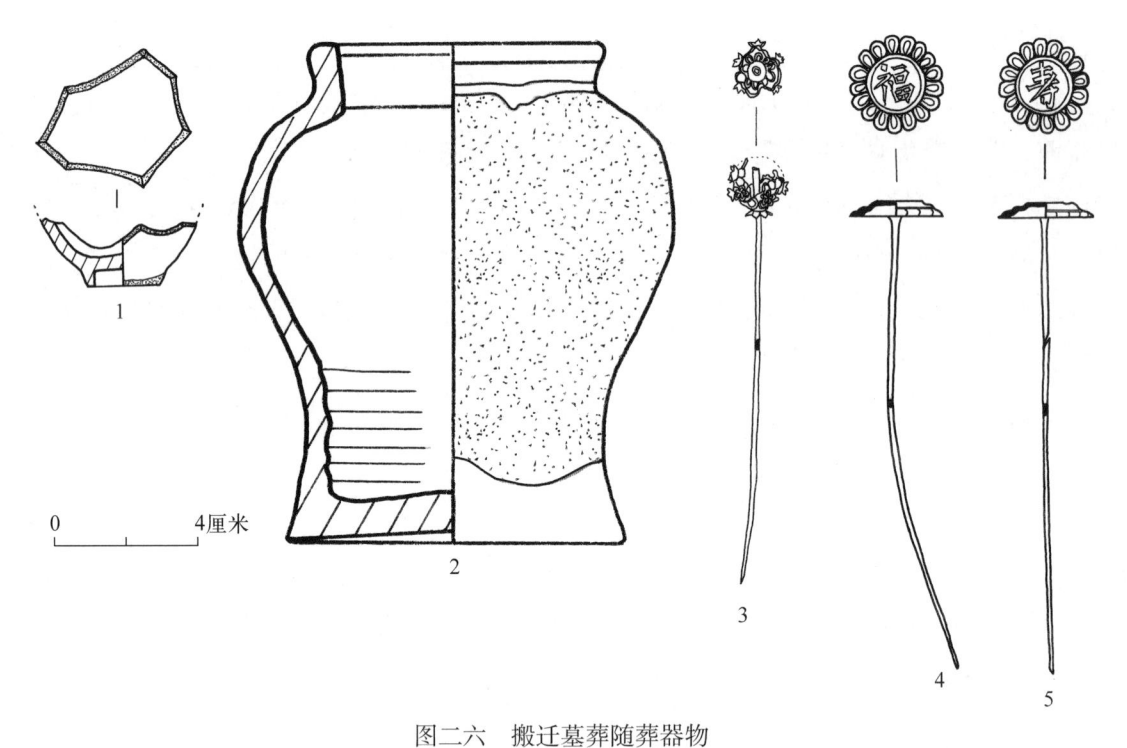

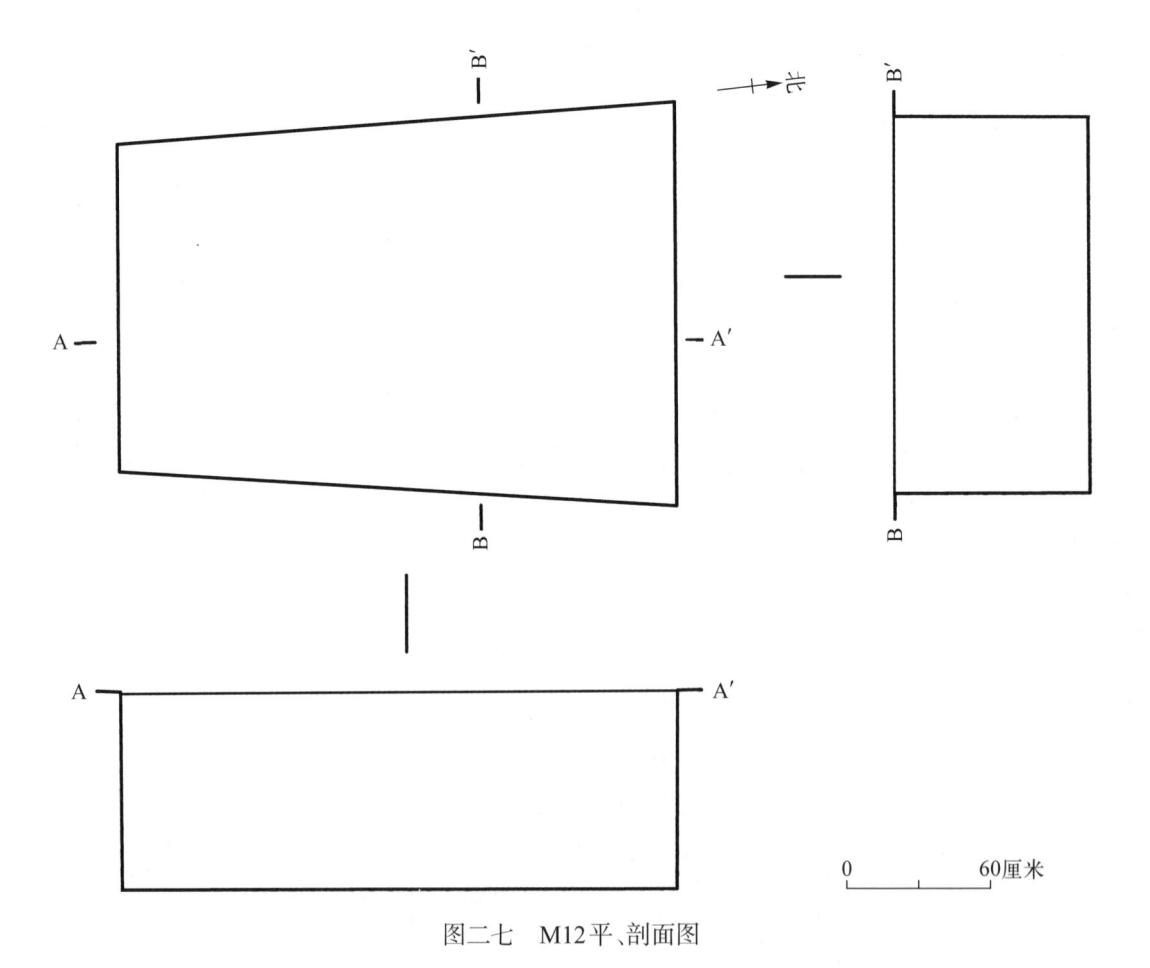

图二六　搬迁墓葬随葬器物
1. 瓷碗底（M6∶1）　2. 半釉罐（M11∶2）　3-5. 银簪（M11∶3-1、M11∶3-2、M11∶3-3）

图二七　M12平、剖面图

C型 不规则形。

M11 位于发掘区西北部，西邻 M12。南北向，方向为 360°。墓口距地表深 1.5 米，墓底距地表深 2 米。墓圹南北长 2.4、东西宽 1.40、深 0.5 米（图二八；彩版三，5）。

内填沙质花土，黄褐色，土质较硬，包含有大量料礓石颗粒。墓底较平整。未发现棺及人骨。随葬器物有银簪、半釉罐、铜钱。

银簪 3 件。M11：3-1，首为镂空花形状，一半缺失，由圆珠和小圆环组成。颈部为倒莲花座。体细长，尾尖。首宽 1.7、残高 1.4、长 11.2 厘米（图二六，3；彩版七，3）。M11：3-2，首呈葵花形，花瓣呈正方向，截面呈凸字形。鎏金。上面铸一"福"字，正面錾刻月华锦文。体为圆锥体，尾尖。首宽 2.6、高 0.25、通长 12.8 厘米（图二六，4；彩版七，4）。M11：3-3，首呈葵花形，花瓣呈正方向，截面呈凸字形。鎏金。上面铸一"寿"字，正面錾刻月华锦文。体为圆锥体。尾尖。首宽 2.6、高 0.25、通长 12.55 厘米（图二六，5；彩版七，5）。

半釉罐 1 件。M11：2，圆唇、口微侈，平卷沿，短颈，圆鼓肩，下腹曲收，束腰，胫凸，平底内凹。器体下腹外施黄色釉，釉薄不甚光泽，上腹露灰色胎。轮制。素面。口径 8、腹径 12、底径 9.2、高 13.5 厘米（图二六，2；彩版七，2）。

铜钱 8 枚。均圆形，方穿，锈蚀较甚，字迹模糊不清。

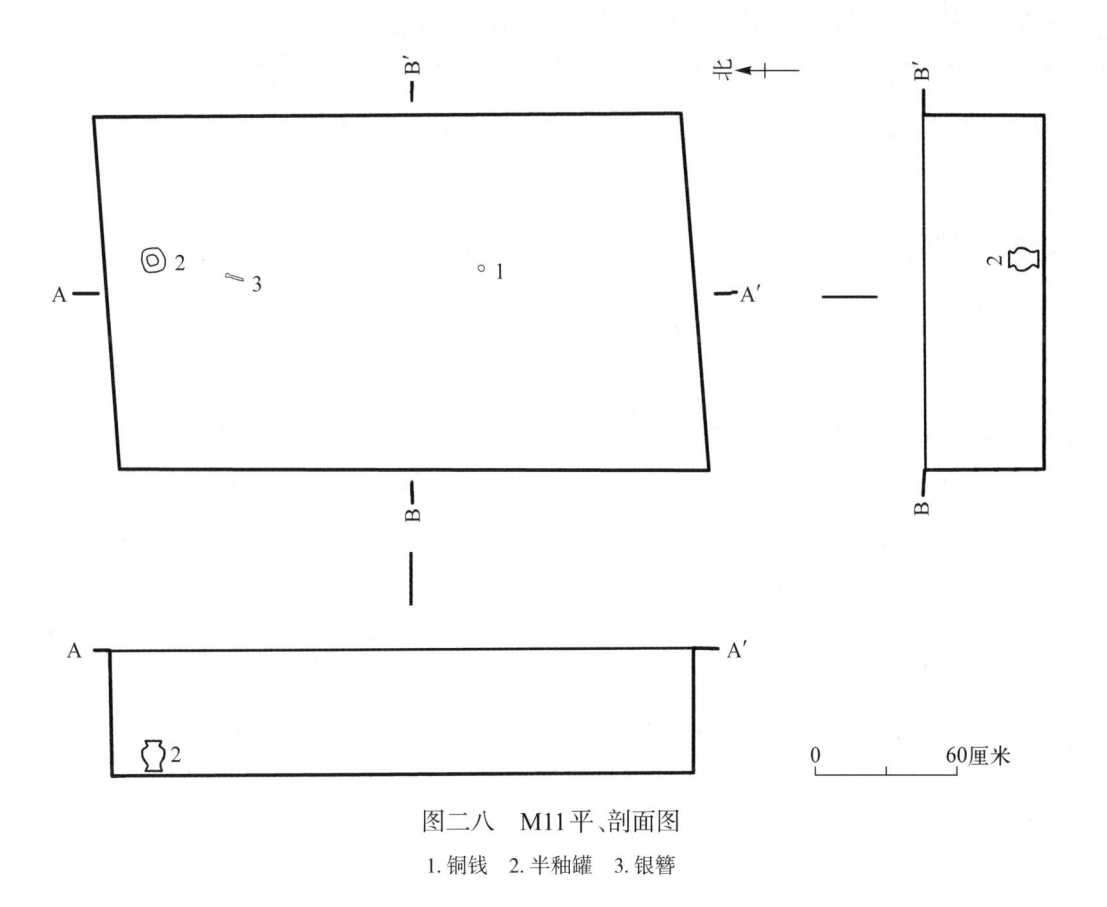

图二八　M11 平、剖面图
1. 铜钱　2. 半釉罐　3. 银簪

(二）井

J1　位于发掘区西北部，开口于②层下，平面呈圆形。井口距地表深1.5米，直径1.7米。内填沙质淤土，水分大，较黏，包含有料礓石颗粒及植物根系。未发现遗物。

第四节　小　结

共发掘清代墓葬14座，出土各类文物22件（不计铜钱）。其中单棺墓4座，占25%；双棺墓4座，占25%；四棺墓1座，占10%；搬迁墓5座，占40%。墓向以南北向居多，葬式绝大多数为仰身直肢葬。

出土器物中，禅杖簪（M2∶1）、福寿簪（M11∶3-2、M11∶3-3）、圆球形簪（M8∶3-2）、扁方（M8∶5）、戒指（M5∶1）、耳环（M7∶3）、半釉罐（M3∶1）等均为北京清代常见的器物。

出土铜钱中，年代最早的为明代的宽永通宝，年代最晚的为清代末期的铜板，其他还有康熙通宝、乾隆通宝、嘉庆通宝、道光通宝、同治重宝、光绪通宝。以嘉庆通宝、乾隆通宝最多。因已出现铜板，故这批墓葬的年代应为清代中晚期，M8下限已至近代。

此次发掘为研究清代晚期该地区的丧葬习俗与墓葬形制提供了新的资料。

第三章　C4地块考古发掘报告

第一节　概　况

2016年7月10日-8月5日,对勘探发现的43座古代墓葬(图三〇;附表三)进行了考古发掘(彩版八、九)。考古发掘证照号为考执字(2016)第(617)号。

C4地块处于梨园镇将军坟村的东部,东邻D6地块、北邻C2地块、南邻C6地块、西邻C3地块(图二九)。东西长503、南北宽439米。中心区域GPS数据为N39°51′22.5″,E116°39′52.8″。西部和西南部有水泥路,东部有水渠,地势较平坦。发掘了汉代墓葬1座、明代墓葬1座、清代墓葬41座,出土各类文物共73件(不计铜钱)。发掘面积共计400平方米。

图二九　发掘区位置示意图

第二节 地层堆积

该区域地层堆积情况自上而下可分为三层（图三一）：
第①层：灰色土层，深0-0.8米，松散。
第②层：黄褐色土层，厚0.3-0.4米，深0.8-1.1米，土质较硬，较纯净。
第③层：浅褐色土层，厚0.2-0.4米，深1.1-1.4米，土质较硬，内含锈斑。
以下为生土层。

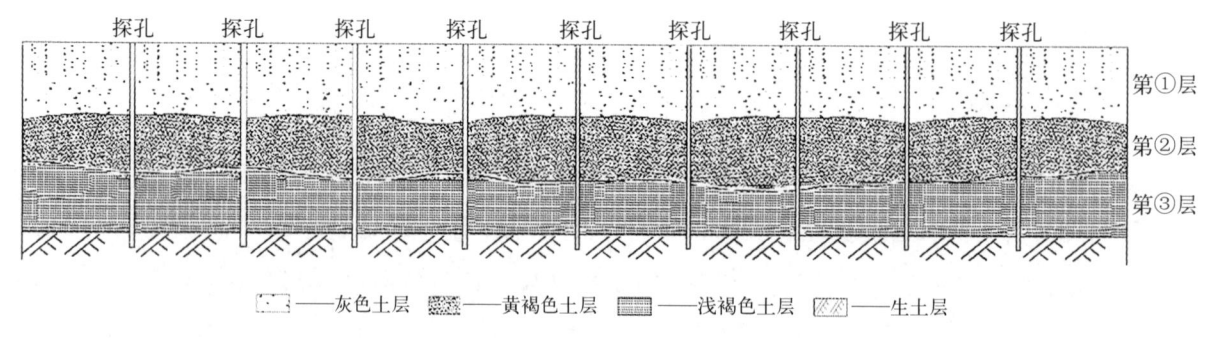

图三一 地层堆积剖面图

第三节 墓葬及遗物

（一）汉代

M14 位于发掘区东南部。开口于③层下，东西向，方向为90°。平面呈"甲"字形，为竖穴土圹砖室墓。墓口距地表深1.5米，墓底距地表深2.97米。墓圹东西长8.5、南北宽1.4-3.78、深1.47米。由东向西由墓道和墓室组成（图三二；彩版一〇）。

墓道平面呈长方形，剖面为斜坡状。直壁平底。长4.8、宽1.4-1.52、深0.1-1.47米。底坡长5米，坡度为31°。

墓室位于墓道的西部。平面呈长方形。长3.7、宽3.78、深1.47米。室内砌砖及铺地砖，由于破坏已无存，仅在室内北部残留一碎头骨。内填花土，土质疏松，内含有大量青砖残块。未发现随葬器物。

（二）明代

M15 位于发掘区东南部。开口于②层下，南北向，方向为0°。平面近方形，为竖穴土圹

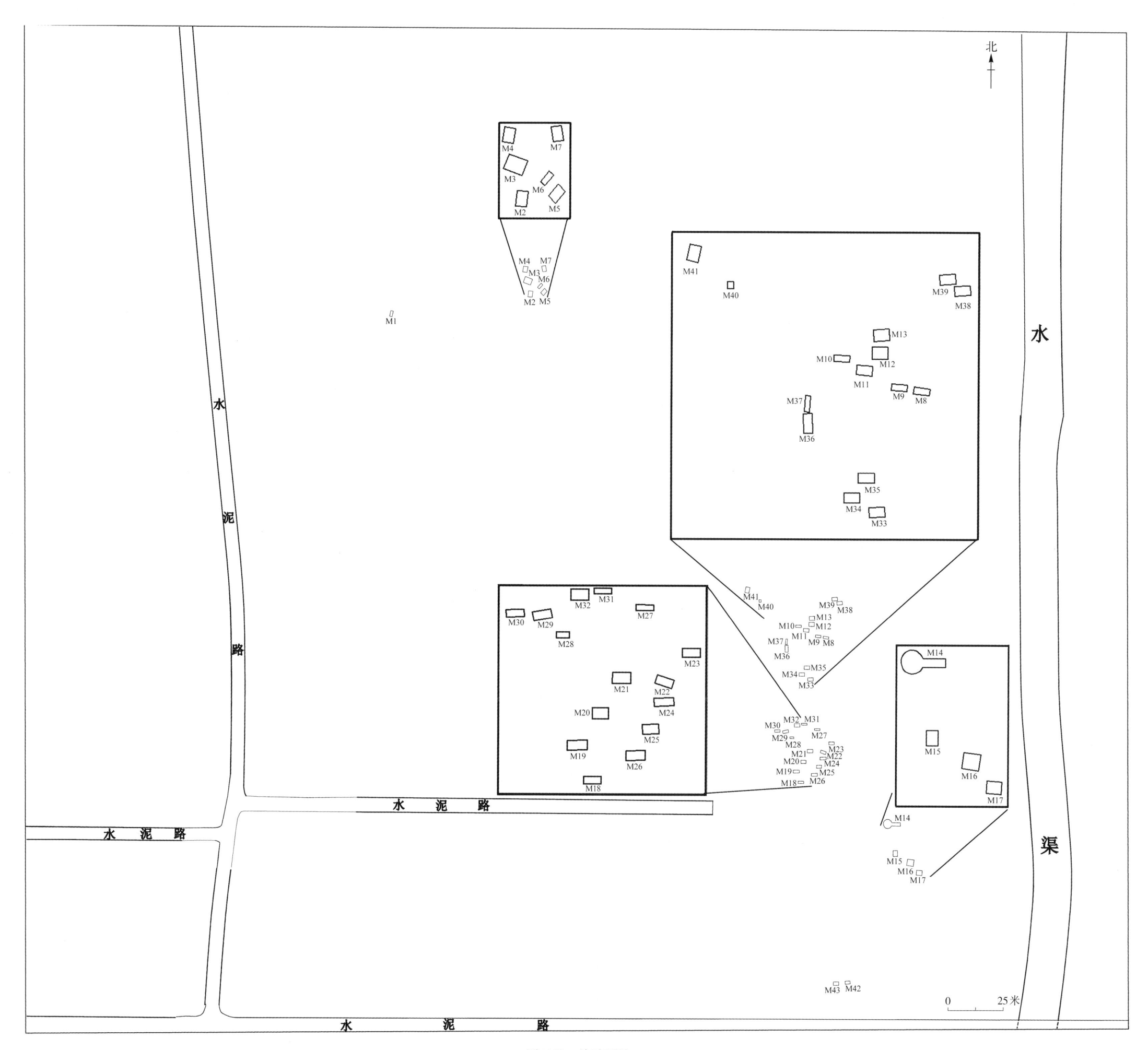

图三〇 总平面图

图三二 M14平、剖面图

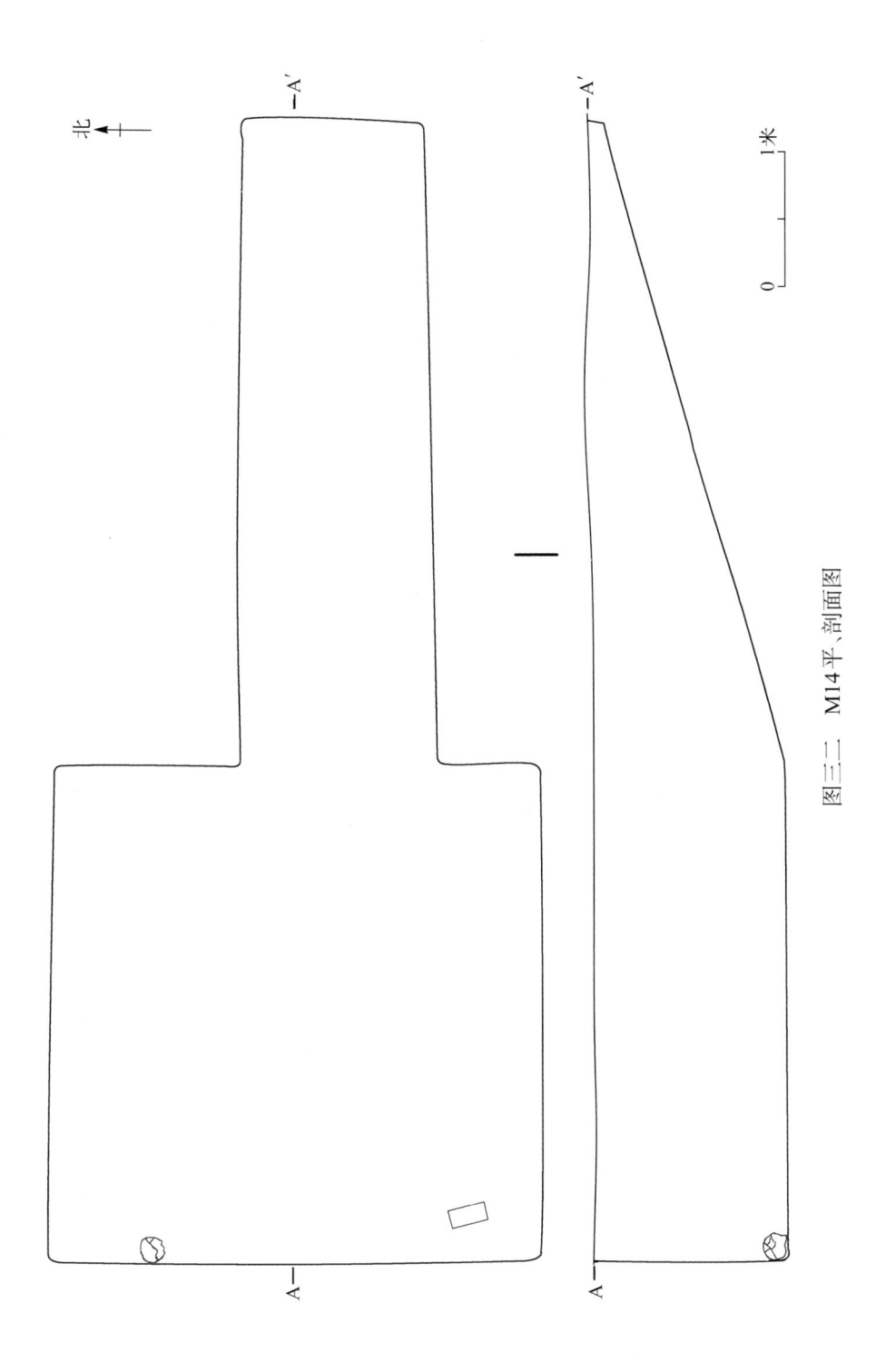

图三三　M15平、剖面图

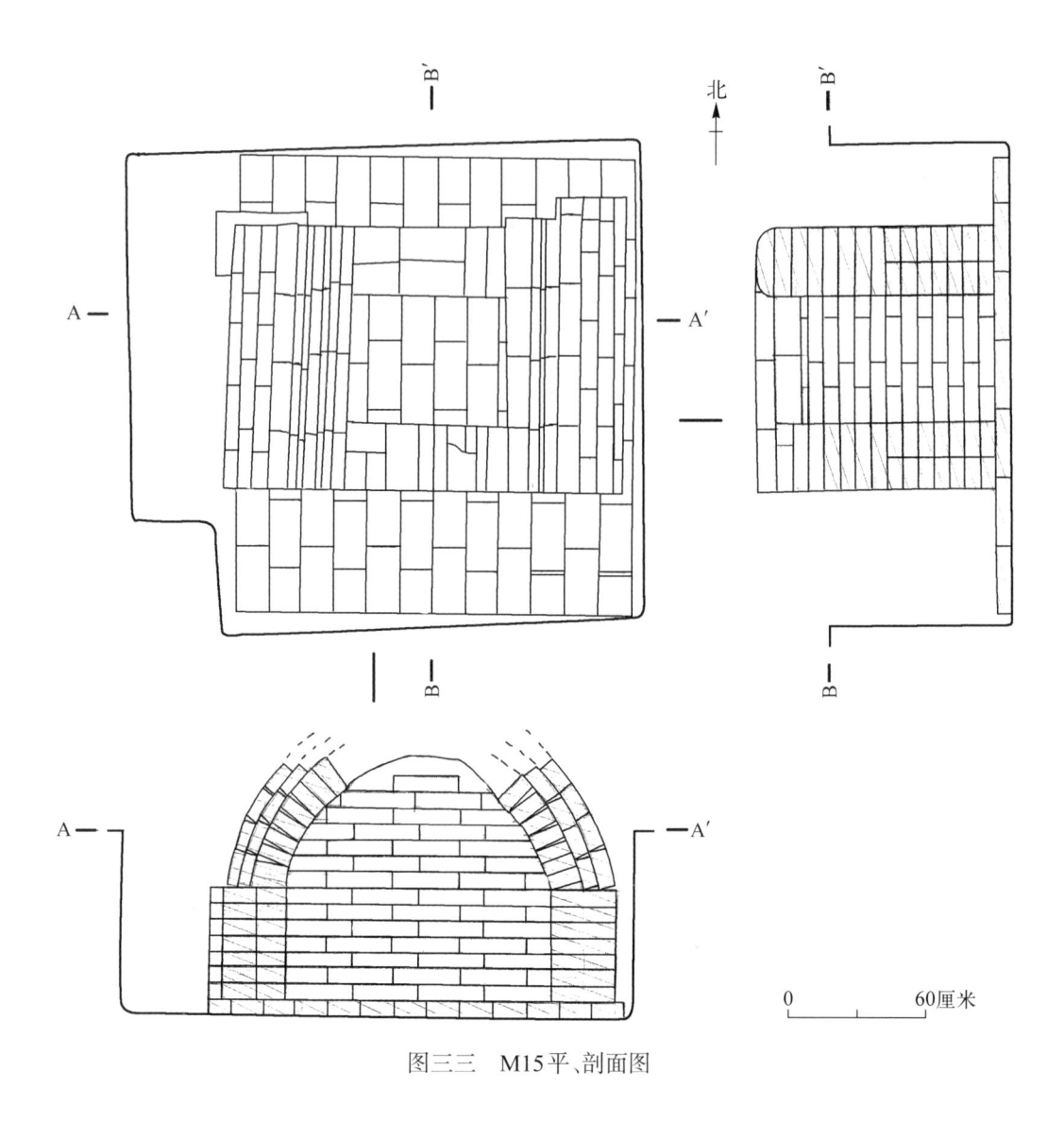

砖室墓。墓口距地表深1.2米,墓底距地表深2米。墓圹南北长1.55-2.05、东西宽1.86-2.25、深0.8米(图三三;彩版一一)。

砖室长1.93、宽1.72-1.83、残高1.12米。周壁用青砖逐层交替错缝平砌而成,砌至0.5米高处开始逐层内收形成券顶。底部用青砖相互错缝平铺。墓室内未发现葬具、骨架及随葬器物。用砖规格为0.28×0.14×0.06米和0.3×0.14×0.06米。内填花土,土质疏松,内含大量残砖块。

(三)清代

41座。均开口于①层下,为竖穴土坑墓。依棺数和形制分为六种。

1. 单棺墓,依平面形状分为两型。

A型 长方形。

M9 位于发掘区东南部。东西向,方向为285°。墓口距地表深0.12米,墓底距地表深1.12米。墓圹东西长2.3、南北宽0.86-0.9、深1米(图三四;彩版一二,1)。

棺木已朽。残长1.7、宽0.52-0.67、残高0.12米。骨架保存较差。墓主人头向、面向、葬式、性别均不详。内填花土,土质较松。随葬器物有半釉罐。

M9:1,软折肩,斜腹,平底略内凹,肩部以上外壁施绿釉,以下露灰胎。底部有两个按窝,外壁可见轮制抹痕,底部可见偏心旋纹。素面。肩径11.6、底径7.6、残高10.4厘米(图三五,4;彩版二七,1)。

M13 位于发掘区东南部。东西向,方向为265°。墓口距地表深1米,墓底距地表深1.7米。墓圹东西长2.3、南北宽0.98-1.04、深0.7米(图三六;彩版一二,2)。

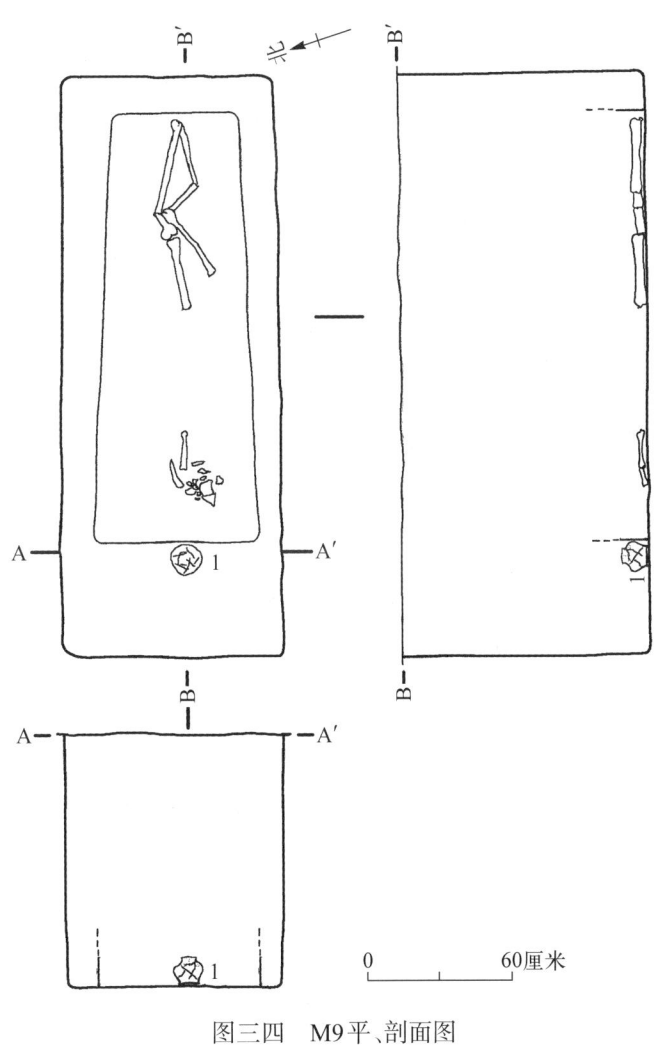

图三四 M9平、剖面图
1.半釉罐

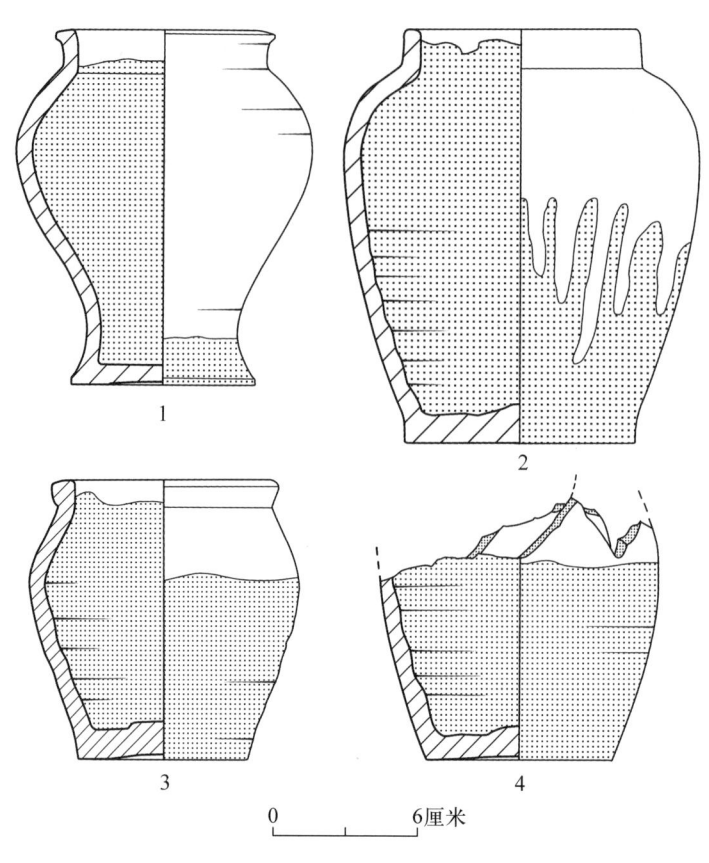

图三五　单棺A型墓葬随葬器物（一）

1. 釉陶罐（M27∶1）　2-4. 半釉罐（M37∶1、M13∶1、M9∶1）

棺木已朽。棺残长1.7、宽0.52~0.67、残高0.1米。骨架保存较差，墓主人面向、头向、葬式、性别均不详。内填花土，土质较松。随葬器物有半釉罐、铜钱。

半釉罐1件。M13∶1，方唇、直口，软折肩，斜腹，平底略内凹。肩部以上外壁及口沿内壁施绿釉，有流釉现象，其余露红褐胎。外壁可见轮制抹痕，底部可见偏心旋纹。素面。釉面较薄。口径9.2、肩径11.2、底径7.2、高11.1厘米（图三五，3；彩版二七，2）。

淳化元宝1枚。M13∶2-1，平钱、方穿，宽郭，钱体厚重。钱面文为"淳化元宝"四字，旋读。背穿无字。钱径2.4、穿径0.55、厚0.1厘米（图三七，1；附表四）。

咸平元宝1枚。M13∶2-2，平钱、方穿，宽郭，钱体厚重。钱面文为"咸平元宝"四字，旋读。背穿无字。钱径2.45、穿径0.6、厚0.1厘米（图三七，2）。

景德元宝1枚。M13∶2-3，平钱、方穿，宽郭，钱体厚重。钱面文为"景德元宝"四字，旋读。背穿无字。钱径2.4、穿径0.6、厚0.1厘米（图三七，3）。

祥符元宝1枚。M13∶2-4，平钱、方穿，宽郭，钱体厚重。钱面文为"祥符元宝"四字，旋读。背穿无字。钱径2.4、穿径0.55、厚0.1厘米（图三七，4）。

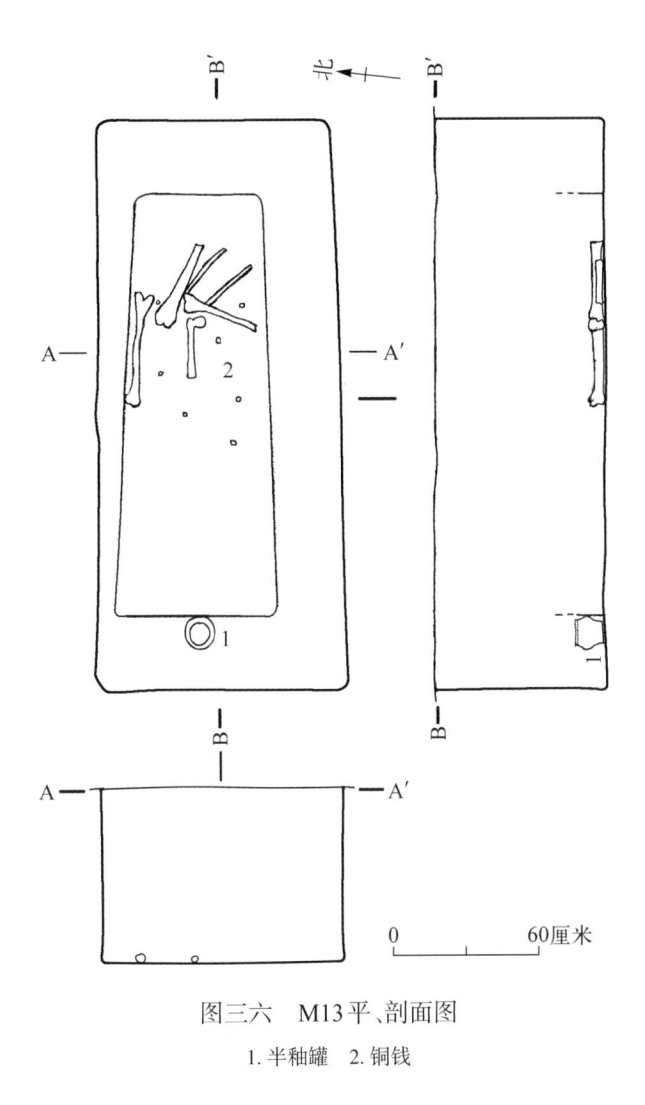

图三六　M13平、剖面图
1. 半釉罐　2. 铜钱

元祐通宝1枚。M13：2-5，平钱、方穿，宽郭，钱体厚重。钱面文为"元祐通宝"四字，旋读。背穿无字。钱径2.4、穿径0.6、厚0.1厘米（图三七，5）。

大观通宝1枚。M13：2-6，平钱、方穿，宽郭，钱体厚重。钱面文为"大观通宝"四字，上下左右对读。背穿无字。钱径2.4、穿径0.6、厚0.1厘米（图三七，6）。

政和通宝2枚。平钱、方穿，宽郭，钱体厚重。钱面文为"政和通宝"四字，上下左右对读。背穿无字。M13：2-7，钱径2.45、穿径0.55、厚0.1厘米（图三七，7）。M13：2-8，钱径2.4、穿径0.6、厚0.05厘米（图三七，8）。

万历通宝2枚。平钱、方穿，宽郭，钱体厚重。钱面文为"万历通宝"四字，上下左右对读。背穿无字。标本：M13：2-9，钱径2.5、穿径0.5、厚0.1厘米（图三七，9）。

泰昌通宝2枚。平钱、方穿，宽郭，钱体厚重。钱面文为"泰昌通宝"四字，上下左右对读。背穿无字。标本：M13：2-10，钱径2.5、穿径0.45、厚0.1厘米（图三七，10）。

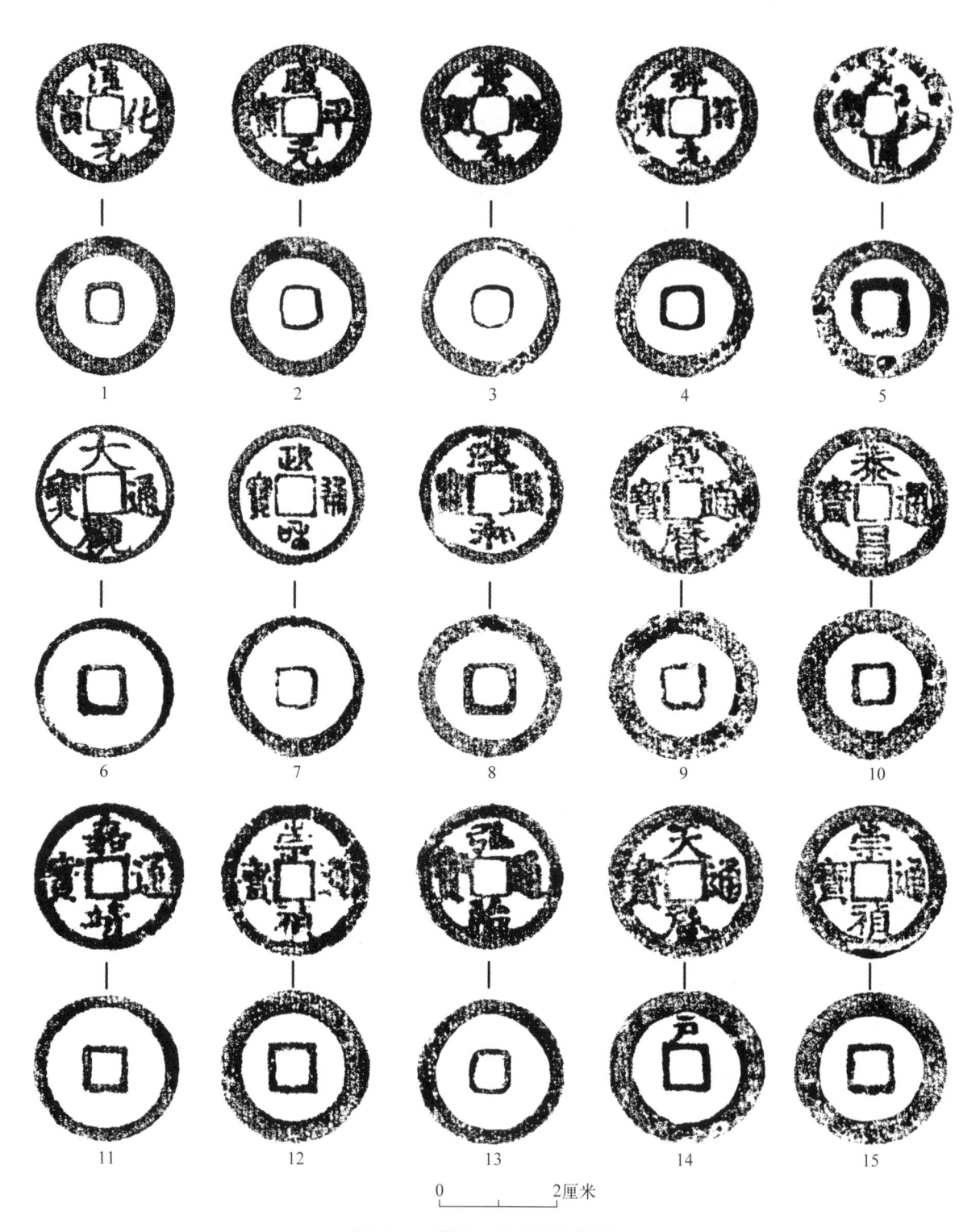

图三七　单棺A型墓葬随葬铜钱

1. 淳化元宝（M13:2-1）　2. 咸平元宝（M13:2-2）　3. 景德元宝（M13:2-3）　4. 祥符元宝（M13:2-4）　5. 元祐通宝（M13:2-5）　6. 大观通宝（M13:2-6）　7、8. 政和通宝（M13:2-7、M13:2-8）　9. 万历通宝（M13:2-9）　10. 泰昌通宝（M13:2-10）　11. 嘉靖通宝（M25:1）　12、15. 崇祯通宝（M31:3、M37:2-3）　13. 弘治通宝（M37:2-1）　14. 天启通宝（M37:2-2）

M25 位于发掘区东南部。东西向,方向为275°。墓口距地表深1米,墓底距地表深1.6米。墓圹东西长2.24、南北宽0.88~0.95、深0.6米(图三八;彩版一二,3)。

棺木已朽。残长1.84、宽0.48~0.62、残高0.38米。骨架保存较差。墓主人为中年男性,仰身直肢葬。头向西,面向北。内填花土,土质较松。随葬器物有铜钱。

嘉靖通宝1枚。M25:1,平钱、方穿,宽郭,钱体厚重。钱面文为"嘉靖通宝"四字,上下左右对读。背穿无字。钱径2.45、穿径0.5、厚0.1厘米(图三七,11)。

M27 位于发掘区东南部。东西向,方向为265°。墓口距地表深1米,墓底距地表深1.66米。墓圹东西长2.64、南北宽0.9、深0.66米(图三九;彩版一二,4)。

棺木已朽。残长2.6、宽0.62~0.75、残高0.2、厚0.04~0.1米。骨架保存较差。墓主人为老年男性,仰身直肢葬。头向西,面向北。内填花土,土质较松。随葬器物有半釉罐1件。

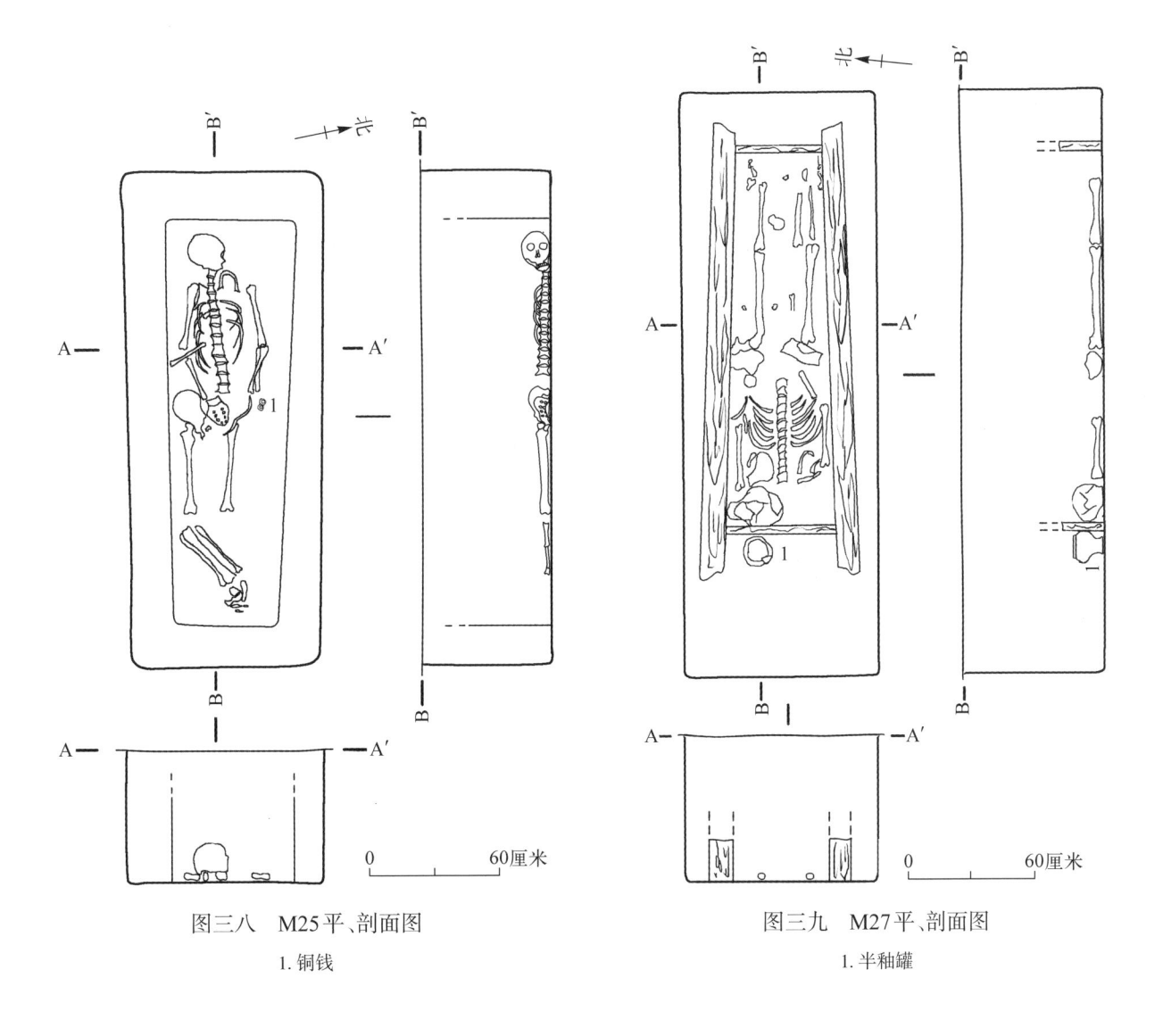

图三八 M25平、剖面图
1.铜钱

图三九 M27平、剖面图
1.半釉罐

M27:1,方唇、侈口、卷沿、束颈、圆肩,腹部以下弧收,平底。足部以上外壁及口沿内壁施黄釉,釉层较薄,局部脱落。其余露红胎,胎质疏松。素面。外壁可见轮制抹痕。口径9、肩径12.2、底径7.6、高14.1厘米(图三五,1;彩版二七,3)。

M29 位于发掘区东南部。东西向,方向为265°。墓口距地表深1米,墓底距地表深2.4米。墓圹东西长2.3、南北宽1.1、深1.4米(图四〇;彩版一三,1)。

棺木已朽。残长1.77、宽0.52-0.6、残高0.2米。骨架保存较差。墓主人年龄、性别均不详,仰身直肢葬。头向西,面向东。内填花土,土质较松。未发现随葬器物。

M31 位于发掘区东南部。东西向,方向为230°。墓口距地表深1米,墓底距地表深2.5米。墓圹东西长2.2、南北宽0.99、深1.5米(图四一;彩版一三,2)。

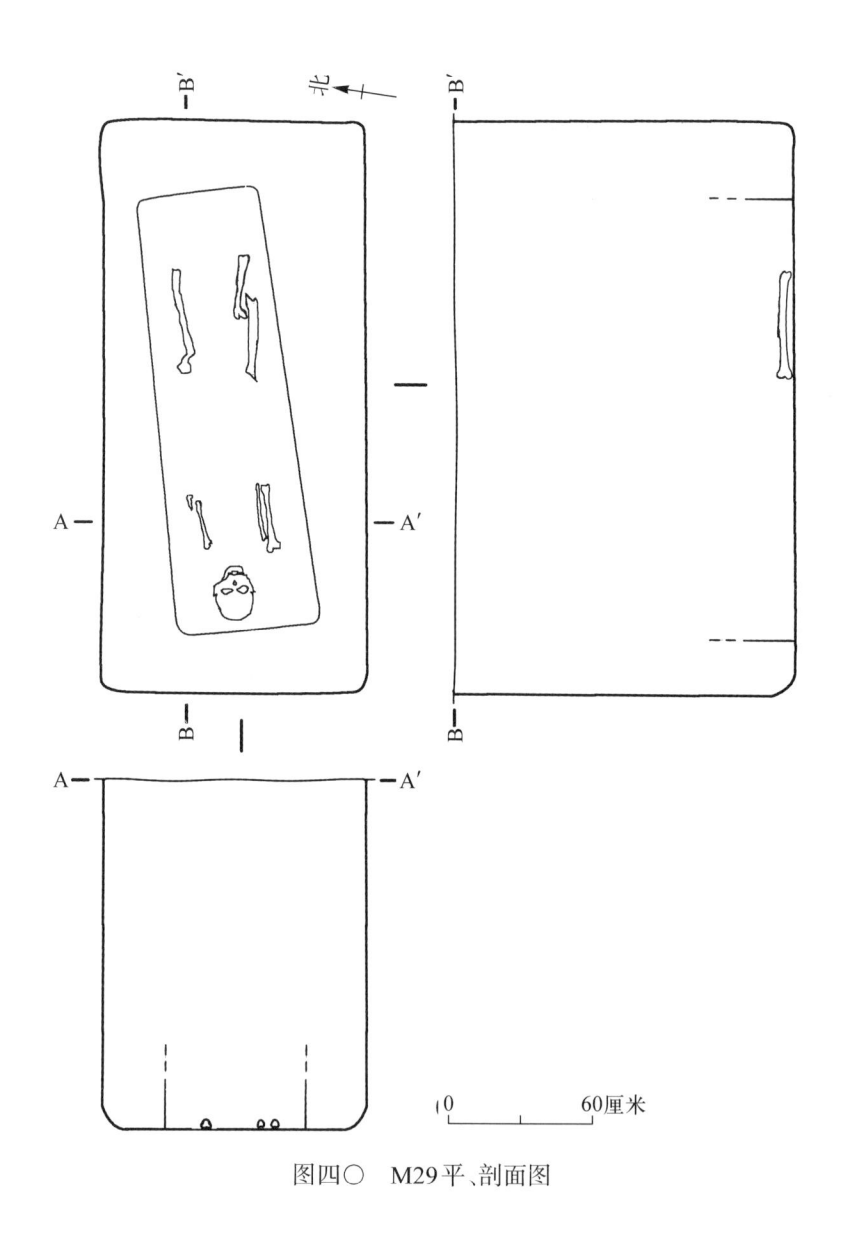

图四〇 M29平、剖面图

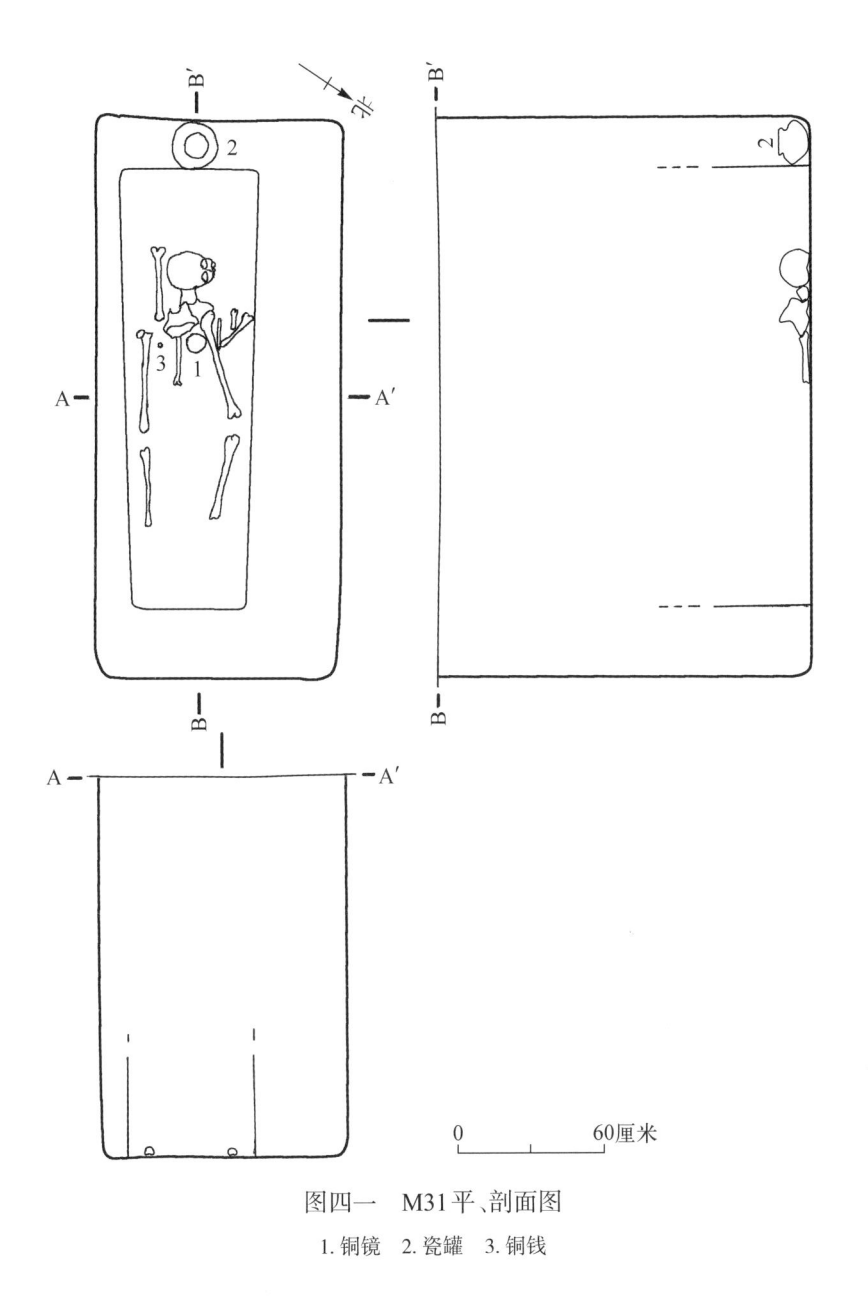

图四一　M31平、剖面图
1.铜镜　2.瓷罐　3.铜钱

棺木已朽。残长1.73、宽0.44-0.56、残高0.4米。骨架保存较差。墓主人性别、年龄均不详，仰身直肢葬。头向西，面向东北。内填花土，土质较松。随葬器物有铜镜、陶罐、铜钱。

铜镜1件。M31：1，圆形，中间有一凸弦纹将镜分为内外区，内区为桥形平钮，外区为龙纹状，张牙舞爪，隐没于波浪中，边缘凸起，背面扁平。直径8.6、厚0.45厘米，重71.3克（图四二，2；彩版二八，1）。

陶罐1件。M31：2，方唇、直口，卷沿，唇近方近盘口状，颈较短，溜肩，斜腹，平底。粗砂褐陶。火候较高，质地坚硬，器体厚重。口径11、肩径18.6、底径23.6、高23.8厘米（图四二，1；彩版二八，2）。

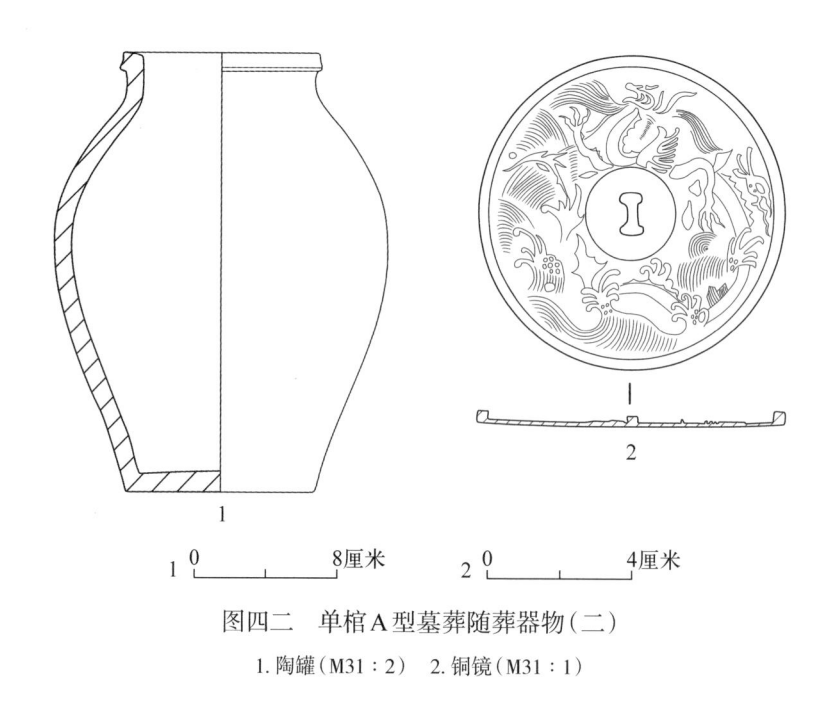

图四二　单棺A型墓葬随葬器物（二）
1. 陶罐（M31∶2）　2. 铜镜（M31∶1）

崇祯通宝1枚。M31∶3，平钱、方穿，宽郭，钱体厚重。钱面文为"崇祯通宝"四字，上下左右对读。背穿无字。钱径2.6、穿径0.5、厚0.1厘米（图三七，12）。

M35　位于发掘区东南部。东西向，方向为265°。墓口距地表深1米，墓底距地表深1.78米。墓圹东西长2.3、南北宽0.96-1、深0.78米（图四三；彩版一三，3）。

棺木已朽。残长1.8、宽0.6-0.74、残高0.18、厚0.06米。骨架保存较差。墓主人性别、年龄均不详，仰身直肢葬。头向西，面向南。内填花土，土质较松。未发现随葬器物。

M37　位于发掘区东南部。南北向，方向为5°。墓口距地表深1米，墓底距地表深1.8米。墓圹东西长2.3、南北宽0.96、深0.8米（图四四；彩版一三，4）。

棺木已朽。残长1.8、宽0.54-0.62、残高0.1米。骨架保存较差。墓主人为中年男性，仰身直肢葬。头向北，面向东。内填花土，土质较松。随葬器物有半釉罐、铜钱。

半釉罐1件。M37∶1，方唇、直口，卷沿，直领，圆肩，弧腹，平底。肩部以上外壁及口沿内壁施深绿釉，有流釉现象，其余露红褐胎。外壁可见轮制抹痕，底部可见同心旋纹。素面。火候较高，质地坚硬。口径9.9、肩径14.8、底径9.6、高16.8厘米（图三五，2；彩版二八，3）。

弘治通宝1枚。M37∶2-1，平钱、方穿，宽郭，钱体厚重。钱面文为"弘治通宝"四字，上下左右对读。背穿无字。钱径2.45、穿径0.55、厚0.15厘米（图三七，13）。

天启通宝2枚。平钱、方穿，宽郭，钱体厚重。钱面文为"天启通宝"四字，上下左右对读。背穿上为汉字"户"局名。标本：M37∶2-2，钱径2.6、穿径0.55、厚0.12厘米（图三七，14）。

崇祯通宝2枚。平钱、方穿，宽郭，钱体厚重。钱面文为"崇祯通宝"四字，上下左右对读。背穿无字。标本：M37∶2-3，钱径2.5、穿径0.55、厚0.1厘米（图三七，15）。

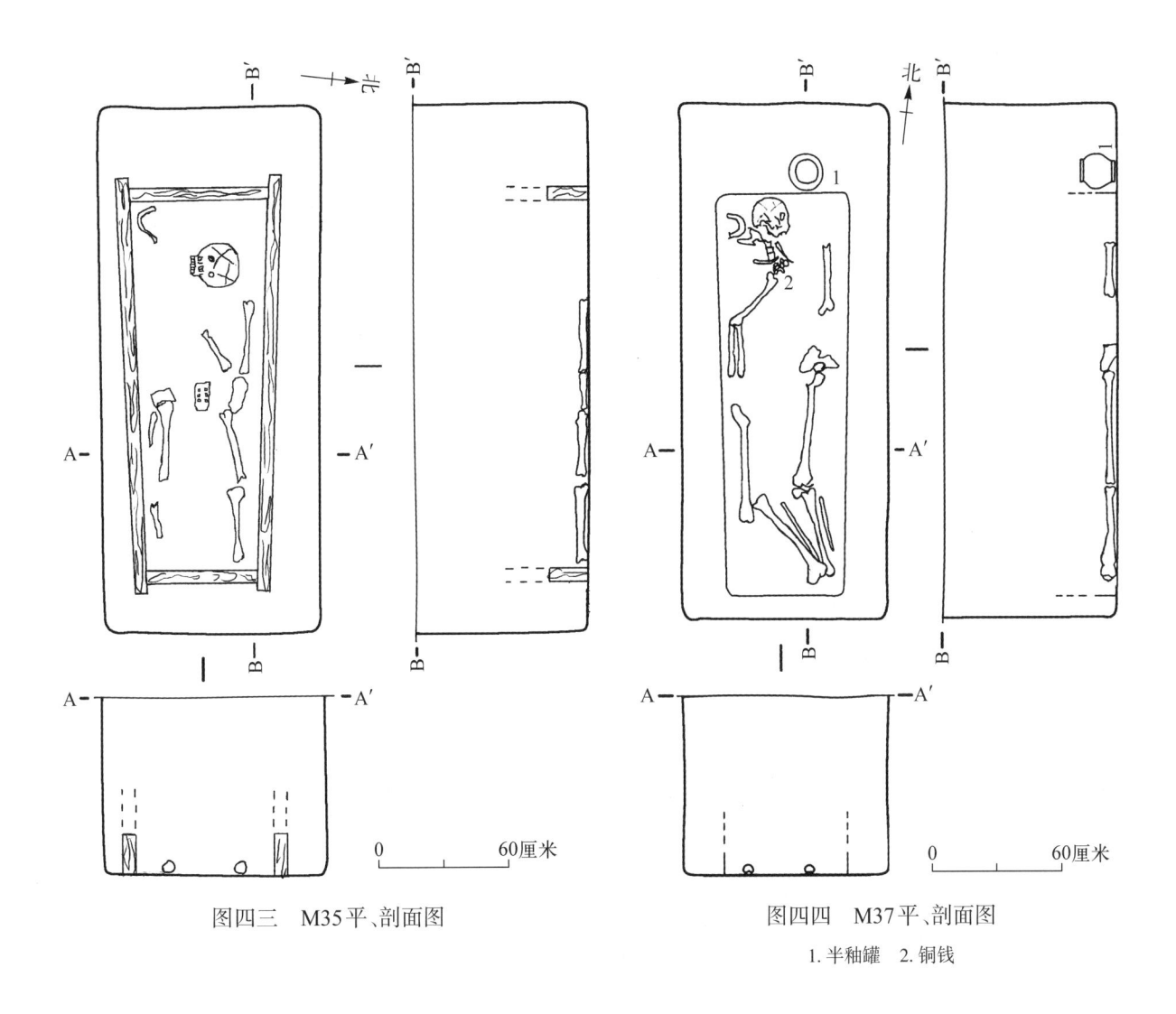

图四三　M35平、剖面图

图四四　M37平、剖面图
1. 半釉罐　2. 铜钱

B型　梯形。

M8　位于发掘区东南部。东西向，方向为285°。墓口距地表深0.3米，墓底距地表深1.25米。墓圹东西长2.4、南北宽0.8-1、深0.95米（图四五；彩版一四，1）。

棺木已朽。残长1.85、宽0.53-0.78、残高0.23米。骨架保存较差。墓主人为中年男性，仰身直肢葬。头向西，面向东。内填花土，土质较松。随葬器物有铜钱。

崇祯通宝1枚。M8：1，平钱、方穿，宽郭，钱体厚重。钱面文为"崇祯通宝"四字，上下左右对读。背穿无字。钱径2.3、穿径0.5、厚0.1厘米（图四六，4）。

M10　位于发掘区东南部。东西向，方向为250°。墓口距地表深0.3米，墓底距地表深1米。墓圹东西长2.3、南北宽0.76-0.96、深0.7米（图四七；彩版一四，2）。

棺木已朽。残长1.96、宽0.48-0.62、残高0.35米。骨架保存较差。墓主人为老年女性，仰身直肢葬。头向西，面向不详。内填花土，土质较松。随葬器物有铜簪。

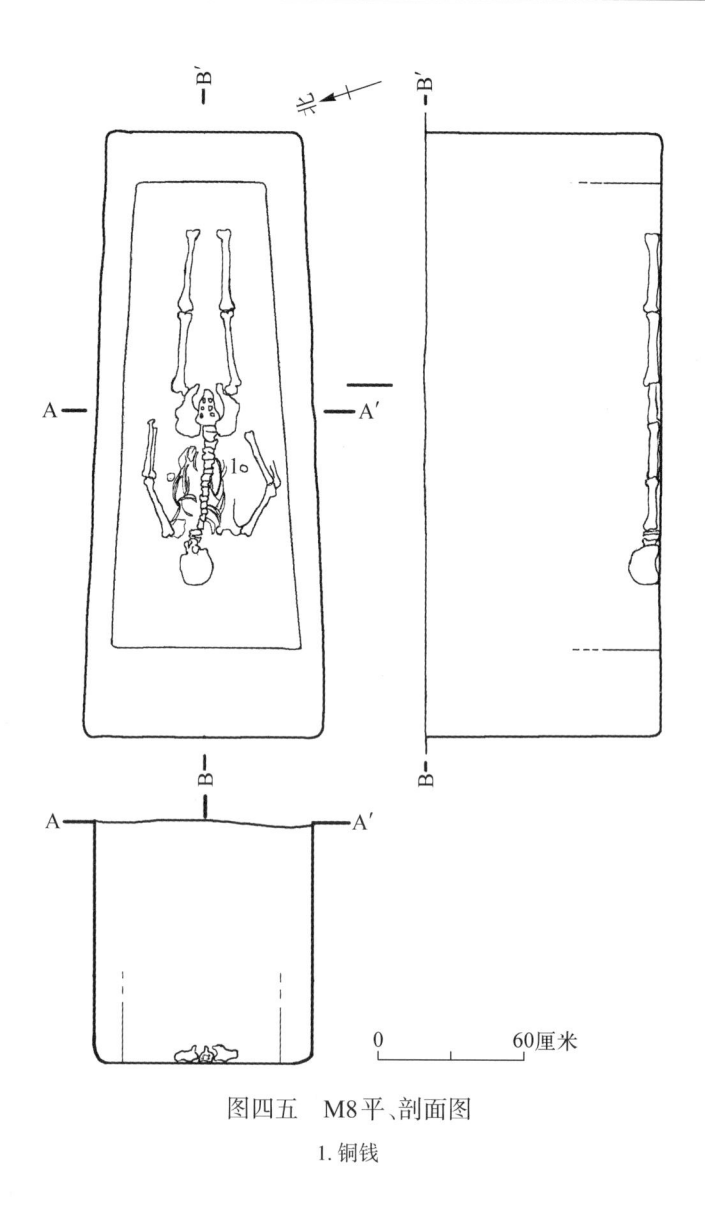

图四五　M8平、剖面图
1. 铜钱

铜簪3件。首呈葵圆状，分为内外两部分，内铸字，外为顺时针花瓣，花瓣中刻叶脉纹、叶纹。体呈圆锥状，尾尖。M10：1，内铸"福"字，背面刻"□英"。首高0.45、首宽2.6、通长13.2厘米（图四六，1；彩版二九，1）。M10：3，内铸"寿"字，背面刻"□□"。首高0.45、首宽2.6、通长13.2厘米（图四六，2；彩版二九，3）。M10：2，内铸"福"字，首由六面正方形组成多面体，每面透雕五瓣花朵，中间为小圆珠，面与面之间以小圆珠相连，相切的三角形中间镂空。体为锥形，颈部凸弦纹，鼓凸，尾尖。首高1.8、首宽1.8、通长14.8厘米（图四六，3；彩版二九，2）。

M28　位于发掘区东南部。东西向，方向为250°。墓口距地表深1米，墓底距地表深1.7米。墓圹东西长2、南北宽0.6~0.75、深0.7米（图四八；彩版一四，3）。

棺木已朽。残长1.68、宽0.4~0.6、残高0.11米。骨架保存较差。墓主人性别、年龄均不详，仰身直肢葬。头向西，面向北。内填花土，土质较松。未发现随葬器物。

第三章　C4地块考古发掘报告

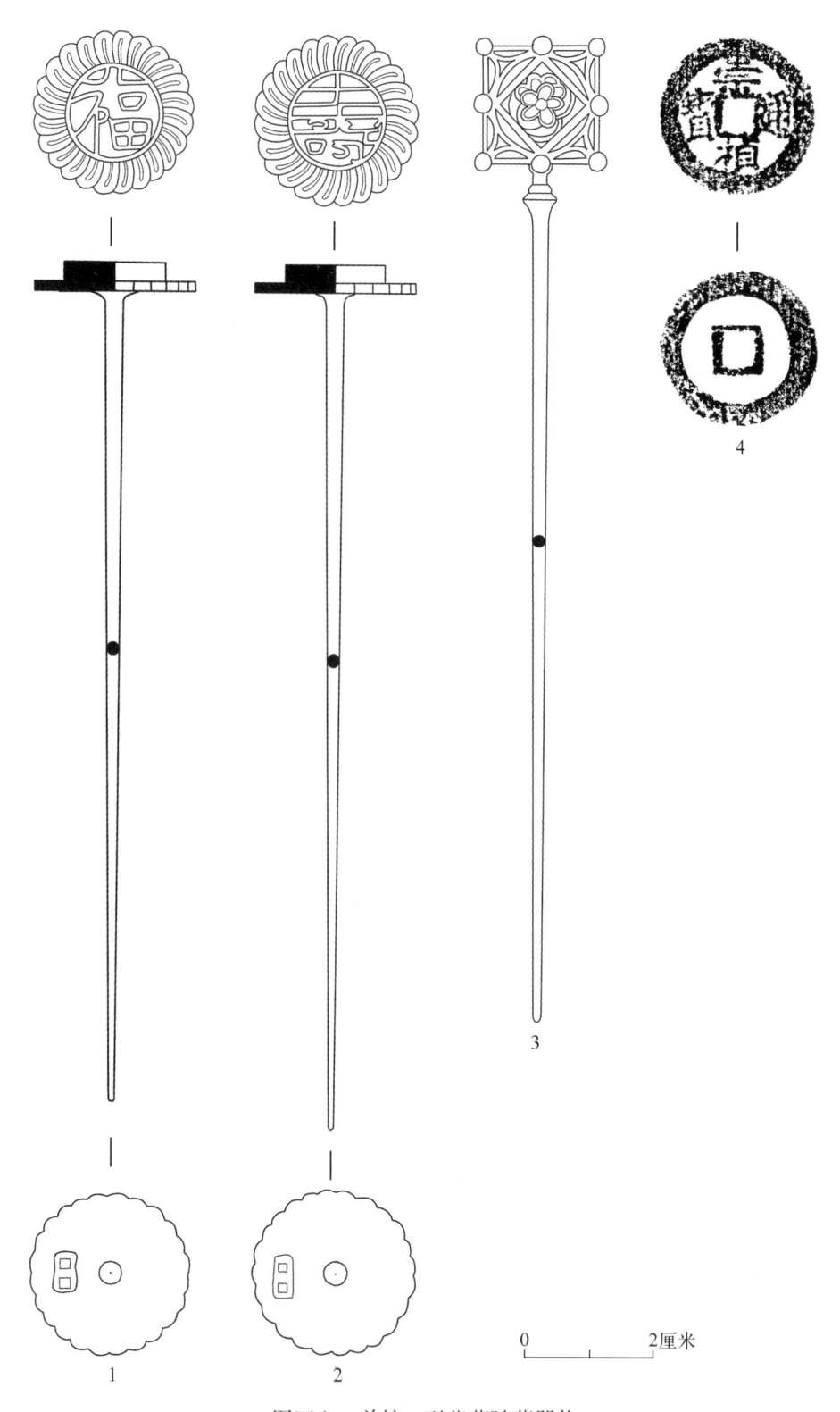

图四六　单棺B型墓葬随葬器物
1–3. 铜簪（M10∶1、M10∶3、M10∶2）　4. 崇祯通宝（M8∶1）

图四七　M10平、剖面图
1-3. 铜簪

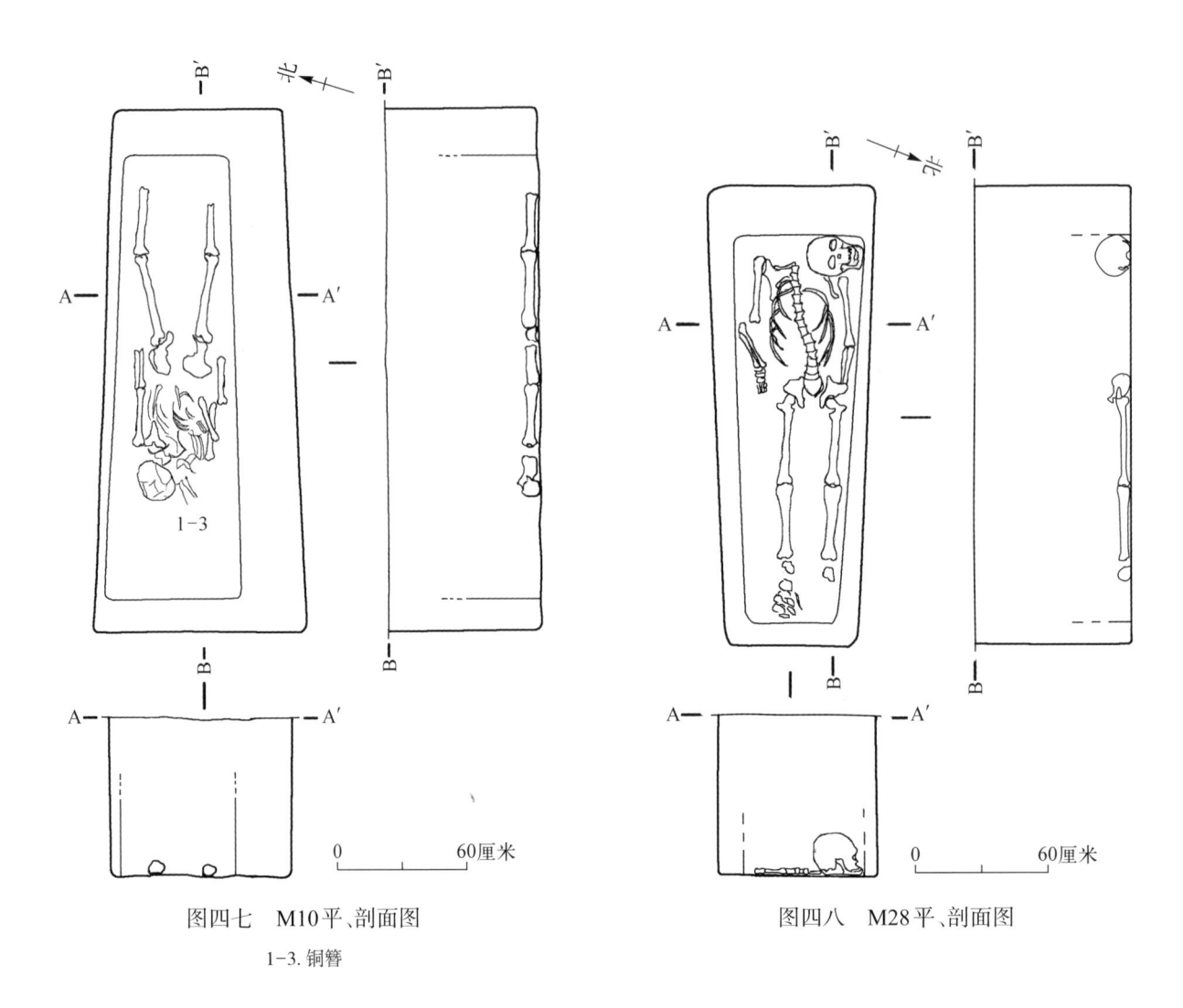

图四八　M28平、剖面图

2. 双棺墓，依平面形状分为三型。

A型　长方形。

M20　位于发掘区东南部。东西向，方向为260°。墓口距地表深1米，墓底距地表深1.68米。墓圹东西长2.55、南北宽1.72、深0.68米（图四九；彩版一五，1）。

棺木已朽。北棺残长1.86、宽0.46-0.58、残高0.28米。骨架保存较差。头向西。棺内人骨面向、性别、葬式均不详。南棺残长1.76、宽0.5-0.56、残高0.28米。未发现骨架。内填花土，土质较松。随葬器物有铜钱。

开元通宝4枚。平钱、方穿，宽郭，钱体厚重。钱面文为"开元通宝"四字，上下左右对读。背穿无字。标本：M20∶1-1，钱径2.35、穿径0.6、厚0.1厘米（图五〇，1）。

M26　位于发掘区东南部。东西向，方向为285°。墓口距地表深1米，墓底距地表深1.9米。墓圹东西长2.46、南北宽1.72、深0.9米（图五一；彩版一五，2）。

图四九　M20平、剖面图
1.铜钱

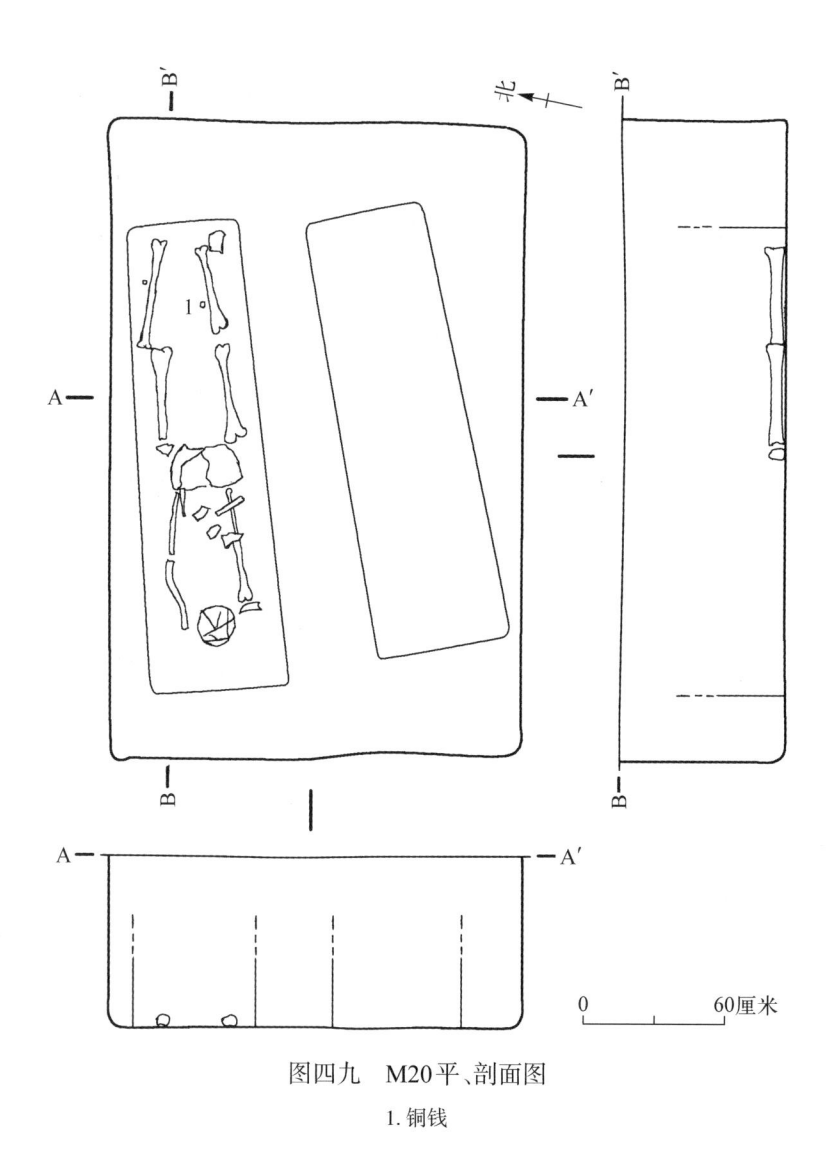

棺木已朽。北棺残长1.26、宽0.46-0.56、残高0.22米。骨架保存较差。棺内人骨头向、面向、葬式、性别均不详。南棺残长1.73、宽0.4-0.53、残高0.22米。棺内人骨保存较差。性别、年龄均不详,仰身直肢葬。头向西,面向北。内填花土,土质较松。随葬器物有铜钱。

熙宁元宝2枚。平钱、方穿,宽郭,钱体厚重。钱面文为"宣德通宝"四字,上下左右对读。背穿无字。标本:M26:1-1,钱径2.45、穿径0.6、厚0.1厘米(图五〇,2)。

宣德通宝1枚。M26:2-1,平钱、方穿,宽郭,钱体厚重。钱面文为"宣德通宝"四字,上下左右对读。背穿无字。钱径2.45、穿径0.45、厚0.1厘米(图五〇,3)。

弘治通宝1枚。M26:2-2,平钱、方穿,宽郭,钱体厚重。钱面文为"弘治通宝"四字,上下左右对读。背穿无字。钱径2.42、穿径0.45、厚0.1厘米(图五〇,4)。

嘉靖通宝2枚。平钱、方穿,宽郭,钱体厚重。钱面文为"嘉靖通宝"四字,上下左右对读。

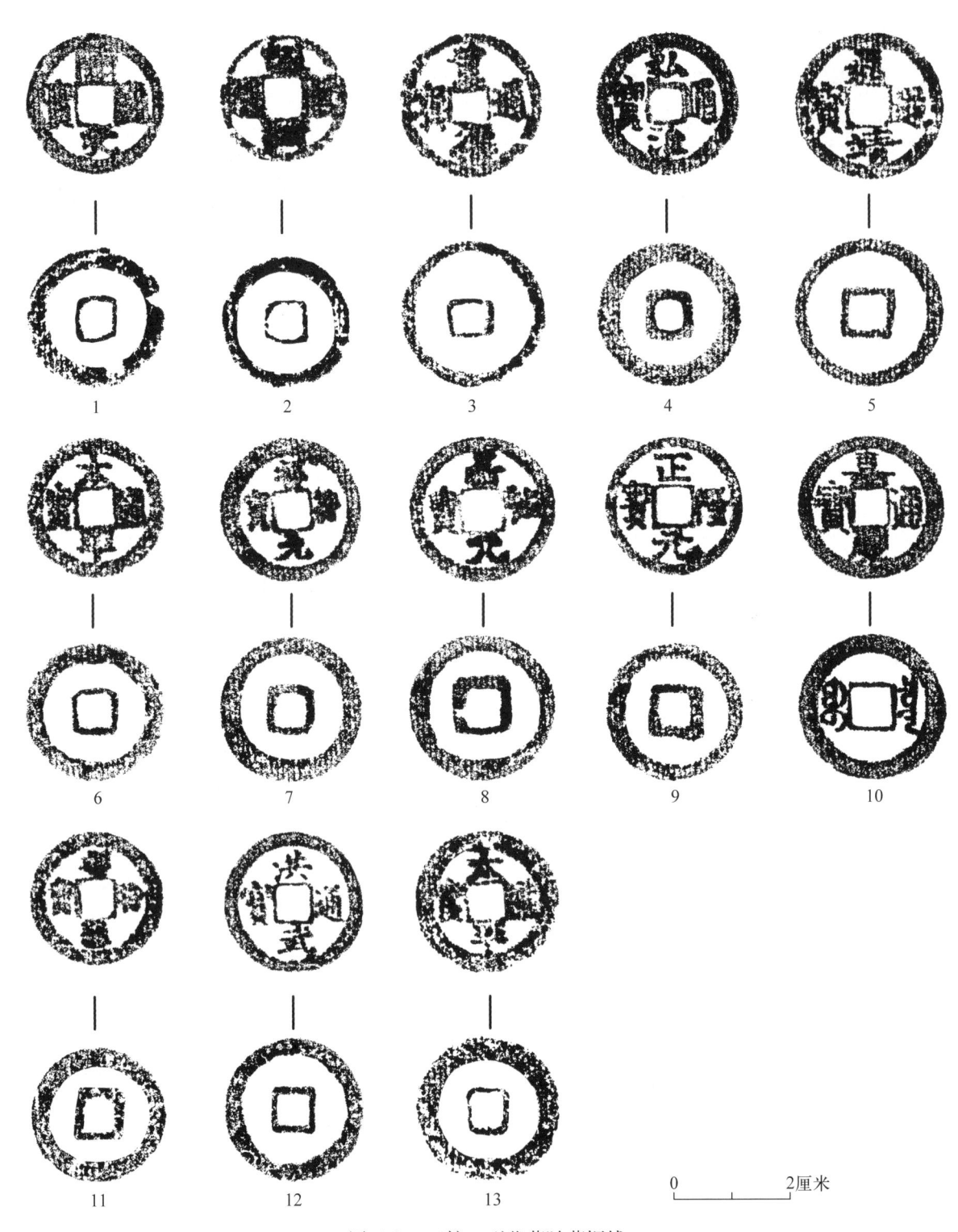

图五〇　双棺A型墓葬随葬铜钱

1. 开元通宝（M20∶1-1）　2. 熙宁元宝（M26∶1-1）　3. 宣德通宝（M26∶2-1）　4. 弘治通宝（M26∶2-2）
5. 嘉靖通宝（M26∶2-3）　6、13. 太平通宝（M32∶2-1、M34∶3-1）　7. 祥符元宝（M32∶2-2）　8. 嘉祐元宝（M32∶2-3）
9. 正隆元宝（M32∶2-4）　10. 嘉庆通宝（M34∶2-1）　11. 祥符通宝（M32∶1-1）　12. 洪武通宝（M32∶1-2）

图五一　M26平、剖面图
1、2. 铜钱

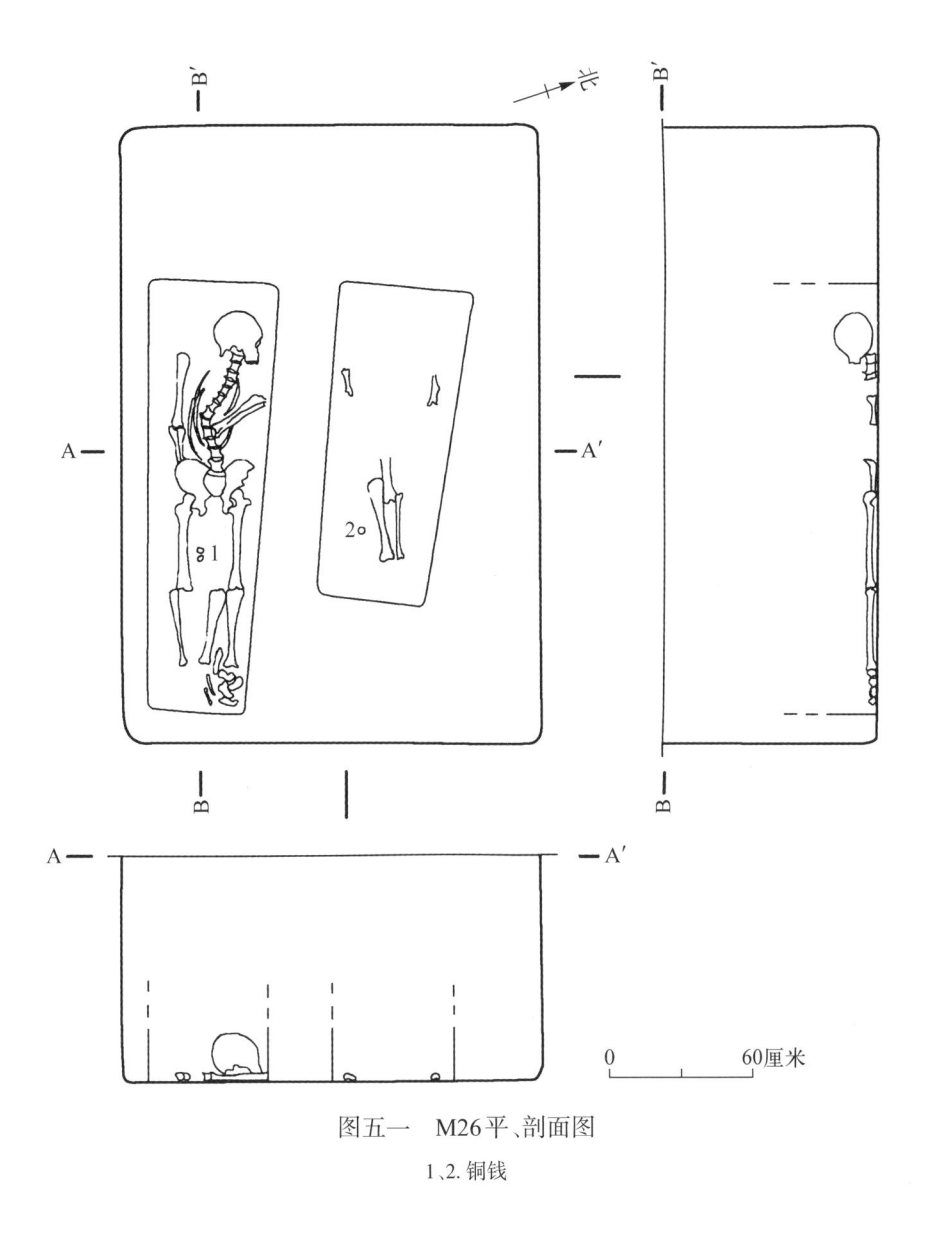

背穿无字。标本：M26：2-3，钱径2.5、穿径0.52、厚0.1厘米（图五〇,5）。

　　M32　位于发掘区东南部。东西向，方向为260°。墓口距地表深1米，墓底距地表深2.1米。墓室长2.32、宽1.8-1.9、深1.1米（图五二；彩版一五,3）。

　　棺木已朽。北棺残长1.9、宽0.46-0.53、残高0.3米。棺内人骨保存较差，仰身直肢葬。头向西，面向、性别均不详。南棺残长1.92、宽0.46-0.56、残高0.3米。棺内人骨保存较乱。仰身直肢葬。头向西，面向东。性别不详。内填花土，土质较松。随葬器物有陶罐、铜钱。

　　陶罐1件。M32：3，方唇、直口，卷沿，沿面有浅凹槽近车轨状，颈部较短，溜肩，斜腹，平底。火候较高，质地坚硬，器体厚重。底部有一圈按窝。素面。颈部有轮制抹痕。粗砂褐陶。口径10、肩径15.4、底径9.2、高18.2厘米（图五三,1；彩版三〇,1）。

图五二　M32平、剖面图

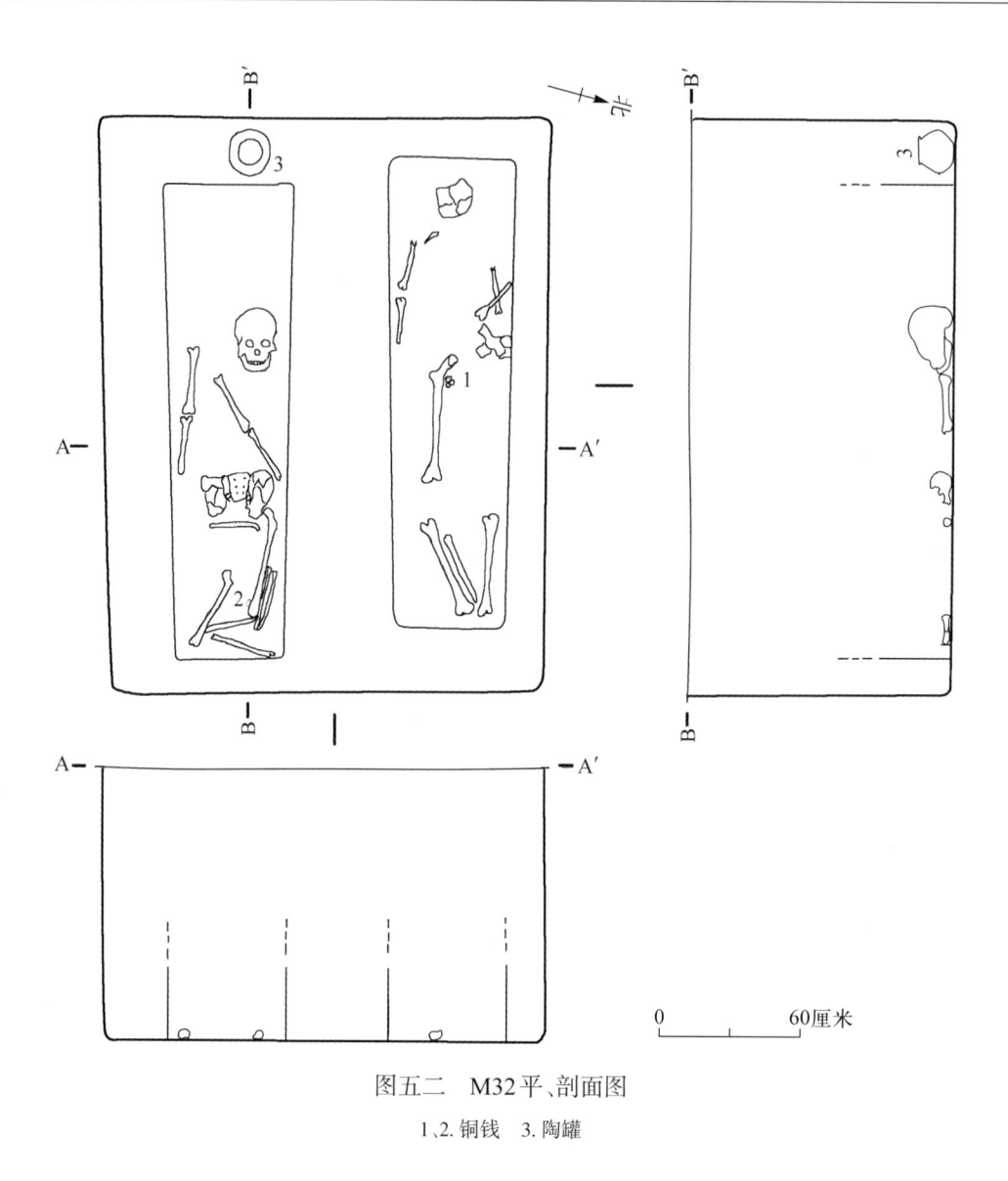

1、2. 铜钱　3. 陶罐

祥符通宝3枚。平钱、方穿，宽郭，钱体厚重。钱面文为"祥符通宝"四字，旋读。背穿无字。标本：M32：1-1，钱径2.25、穿径0.6、厚0.1厘米（图五〇，11）

洪武通宝3枚。平钱、方穿，宽郭，钱体厚重。钱面文为"洪武通宝"四字，上下左右对读。背穿无字。标本：M32：1-2，钱径2.4、穿径0.5、厚0.15厘米（图五〇，12）。

太平通宝3枚。平钱、方穿，宽郭，钱体厚重。钱面文为"太平通宝"四字，上下左右对读。背穿无字。标本：M32：2-1，钱径2.4、穿径0.52、厚0.08厘米（图五〇，6）。

祥符元宝4枚。平钱、方穿，宽郭，钱体厚重。钱面文为"祥符元宝"四字，旋读。背穿无字。标本：M32：2-2，钱径2.45、穿径0.5、厚0.15厘米（图五〇，7）

嘉祐元宝3枚。平钱、方穿，宽郭，钱体厚重。钱面文为"嘉祐元宝"四字，旋读。背穿无字。标本：M32：2-3，钱径2.45、穿径0.6、厚0.1厘米（图五〇，8）。

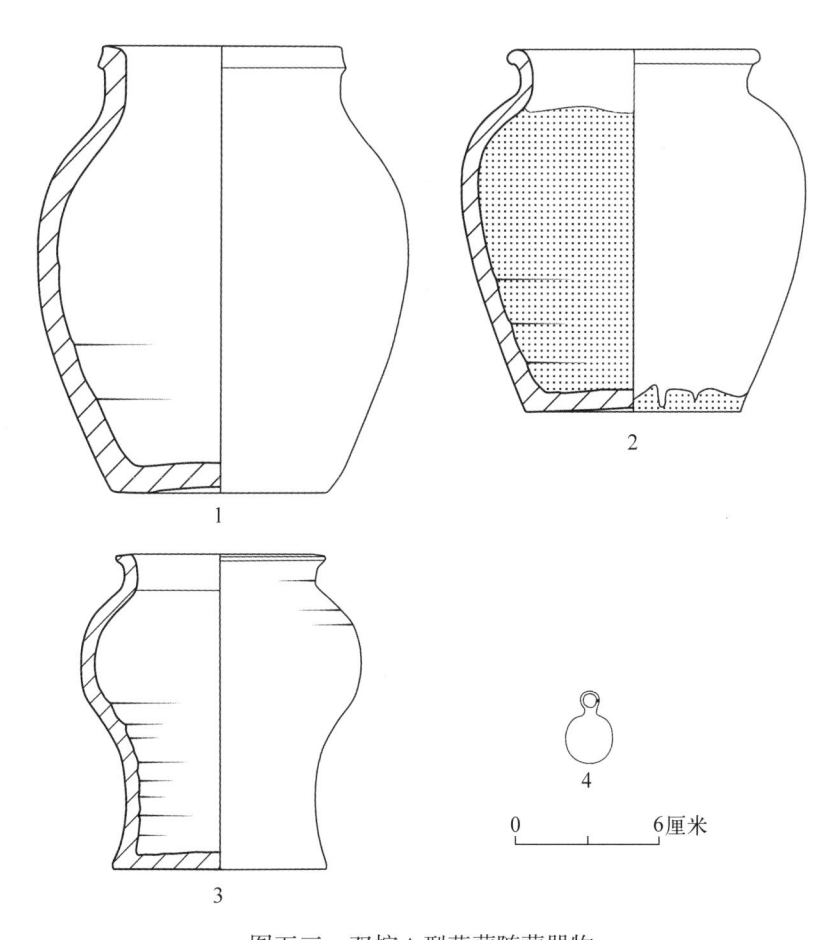

图五三　双棺 A 型墓葬随葬器物
1.陶罐（M32∶3）　2.半釉罐（M33∶1）　3.瓷罐（M34∶1）　4.铜扣（M34∶4）

正隆元宝1枚。M32∶2-4，平钱、方穿，宽郭，钱体厚重。钱面文为"正隆元宝"四字，旋读。背穿无字。钱径2.3、穿径0.5、厚0.1厘米（图五○，9）。

M33　位于发掘区东南部。东西向，方向为275°。墓口距地表深1米，墓底距地表深1.92米。墓圹东西长2.49、南北宽1.68-1.72、深0.92米（图五四；彩版一六，1）。

棺木已朽。南棺残长1.62、宽0.48-0.56、残高0.36米。北棺残长2、宽0.5-0.58、残高0.36米。骨架皆保存较差。棺内人骨性别、年龄均不详，仰身直肢葬。头向西，面向东。内填花土，土质较松。随葬器物有半釉罐1件。

M33∶1，圆唇、敞口，卷沿，束颈，圆肩，斜腹，平底。底部以上外壁及口沿内壁施黄褐釉，有流釉现象，口沿部位有支钉残痕3个。釉面较薄，其余露红褐胎。外壁可见轮制抹痕。素面。口径10.8、肩径14.6、底径9.2、高14.8厘米（图五三，2；彩版三○，2）。

M34　位于发掘区东南部。东西向，方向为275°。墓口距地表深1米，墓底距地表深1.8米。墓圹东西长2.36、南北宽1.74-1.84、深0.8米（图五五；彩版一六，2）。

图五四　M33平、剖面图
1.半釉罐

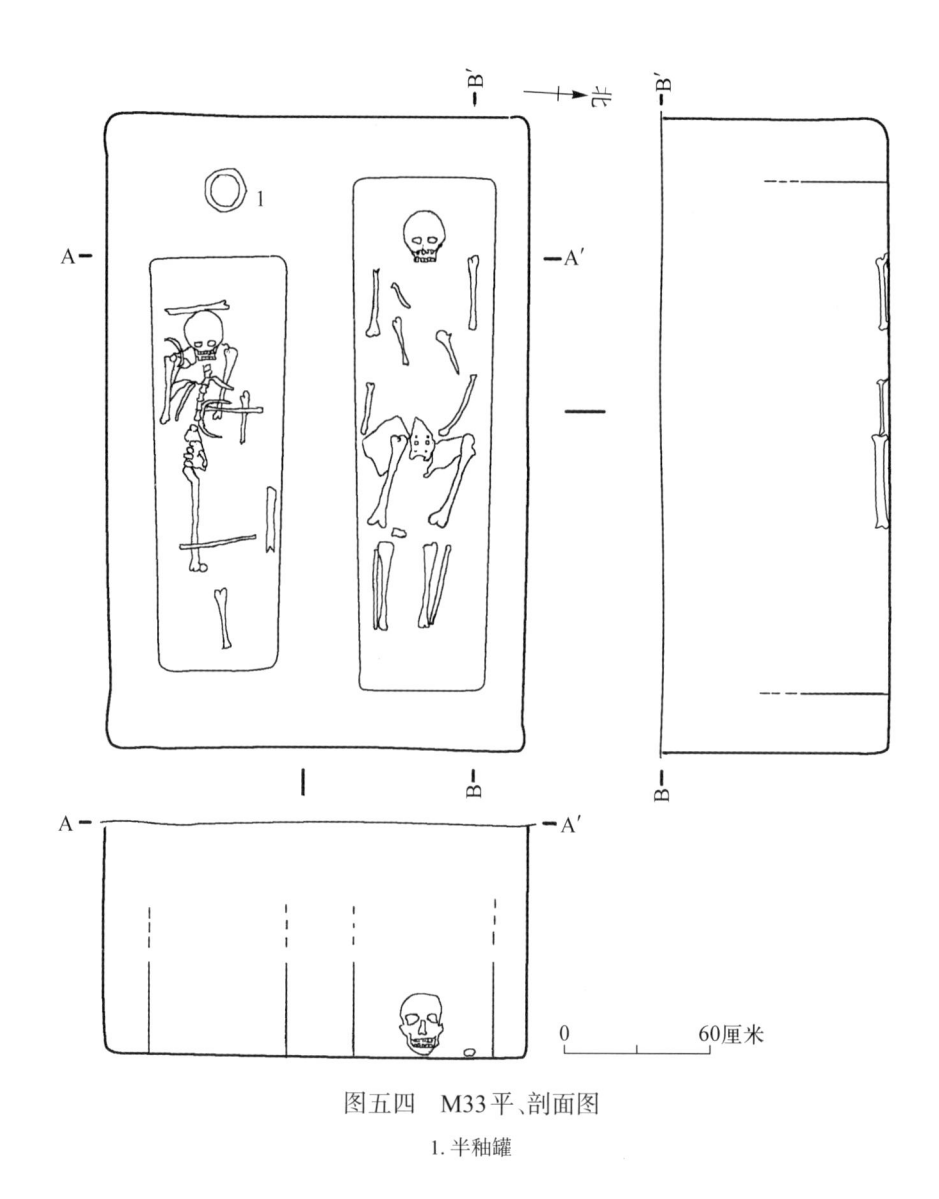

棺木已朽。骨架皆保存较差。北棺残长1.8、宽0.48-0.6、残高0.1米。头向西,面向不详。南棺残长1.58、宽0.48-0.58、残高0.1米。皆性别、年龄均不详,仰身直肢葬。头向西,面向上。内填花土,土质较松。随葬器物有铜扣、瓷罐、铜钱。

铜扣1枚。M34:4,圆球形,顶部铸有圆环,锈蚀严重。高1.5、直径1厘米(图五三,4;彩版三〇,4)。

瓷罐1件。M34:1,圆唇、平沿、直口、束颈、圆鼓肩,腹部以下内收,平底。黄褐胎,胎质疏松。外壁及口沿内壁施浅黄釉,釉面开片细密,其余露褐胎。素面。内壁可见轮制旋纹。口径9、肩径11.8、底径9、高12.9厘米(图五三,3;彩版三〇,3)。

嘉庆通宝5枚。平钱、方穿、宽郭,钱体厚重。钱面文为"嘉庆通宝"四字,上下左右对读。背穿左右为满文"宝泉"局名。标本:M34:2-1,钱径2.45、穿径0.55、厚0.15厘米(图五〇,10)。

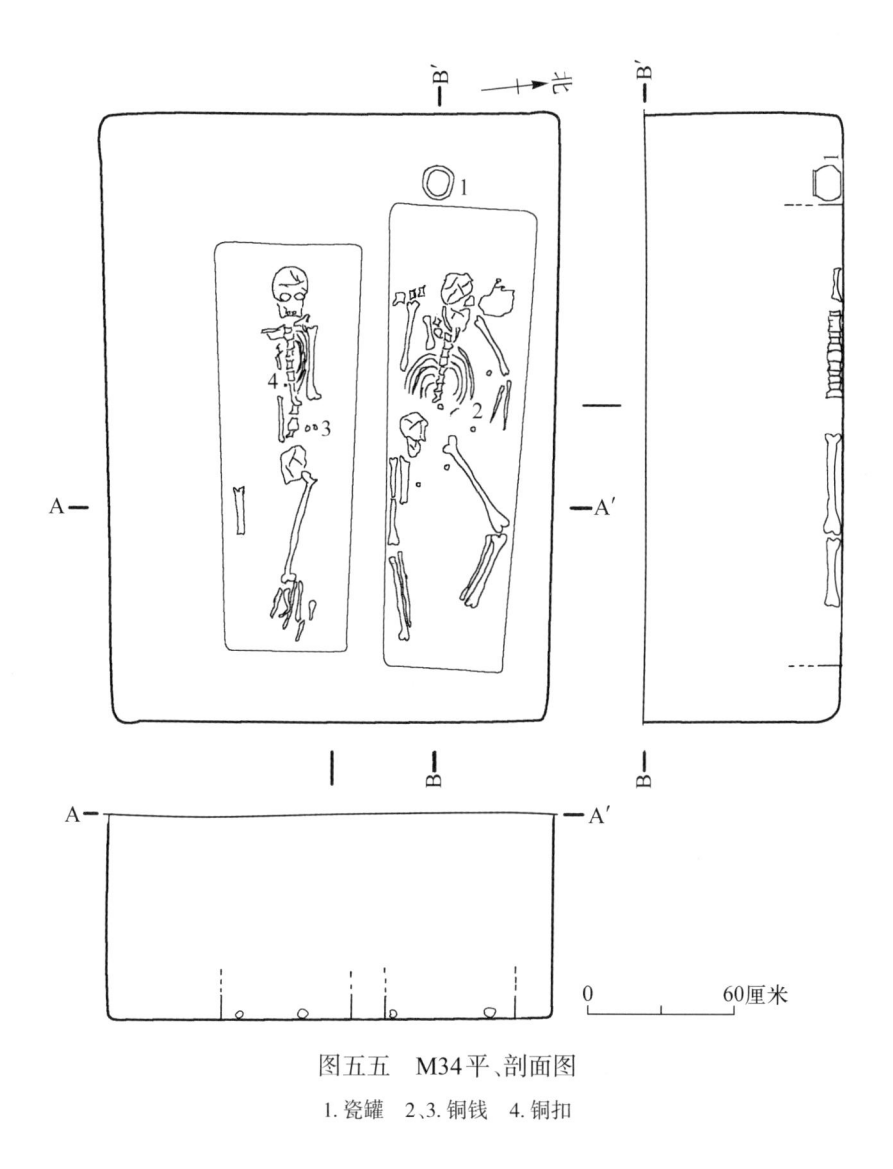

图五五　M34平、剖面图
1. 瓷罐　2、3. 铜钱　4. 铜扣

太平通宝2枚。平钱、方穿、宽郭，钱体厚重。钱面文为"太平通宝"四字，上下左右对读。背穿无字。标本：M34∶3-1，钱径2.4、穿径0.55、厚0.1厘米（图五〇，13）。

M38　位于发掘区东南部。东西向，方向为95°。墓口距地表深1米，墓底距地表深1.69-1.8米。墓圹东西长2.5、南北宽1.72-1.8、深0.69-0.8米（图五六；彩版一六，3）。

棺木已朽。骨架皆保存较差。性别不详。北棺残长2、宽0.58-0.66、残高0.5、厚0.12米。葬式不详。头向东，面向西北。南棺残长1.83、宽0.46-0.62、残高0.5、厚0.07米。仰身直肢葬。头向东，面向西。内填花土，土质较松。未发现随葬器物。

B型　梯形。

M7　位于发掘区中北部，南邻M6。南北向，方向为190°。墓口距地表深1米，墓底距地表深2.1米。墓圹南北长2.82-2.9、东西宽1.82-2.2、深1.1米（图五七；彩版一七，1）。

图五六 M38平、剖面图

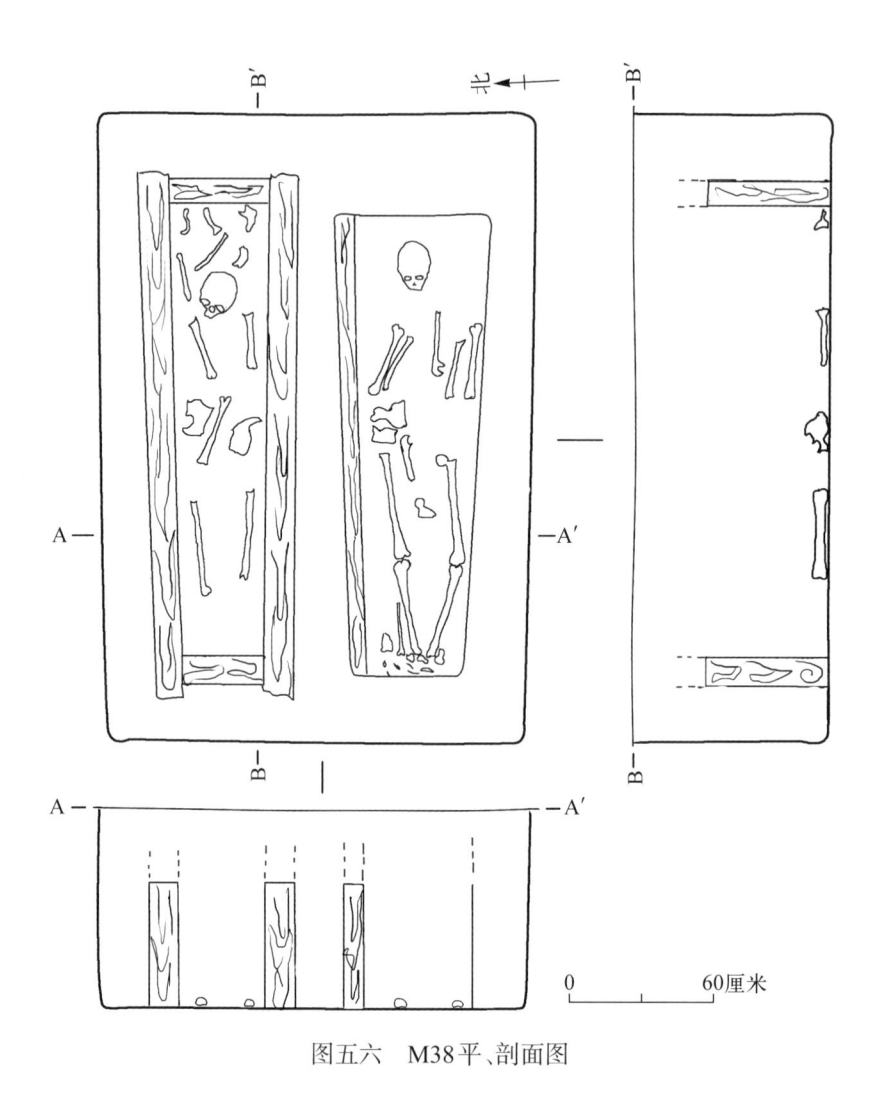

棺木已朽。东棺残长2、宽0.7~0.8、残高0.2米。棺内为老年男性。西棺残长2.2、宽0.7~0.8、残高0.2米。棺内为老年女性。骨架皆保存较差，仰身直肢葬。头向南，面向上。东棺打破西棺。内填花土，土质较松。随葬器物有玉饰、铜钱。

玉饰2件。形制均相同。椭圆形，正面略鼓，背面磨平，中间有三个相切的圆形穿孔，白色。M7:3-1，长1.8、宽1.2、厚0.45、孔径0.4~0.9厘米，重0.88克（图五八，2；彩版三一，1左）。M7:3-2，长1.6、宽1.1、厚0.2、孔径0.3~0.8厘米，重0.51克（图五八，3；彩版三一，1右）。

祥符通宝1枚。M7:2-1，平钱、方穿、宽郭，钱体厚重。钱面文为"祥符通宝"四字，旋读。背穿无字。钱径2.5、穿径0.6、厚0.1厘米（图五八，7）。

元丰通宝1枚。M7:2-2，平钱、方穿、宽郭，钱体厚重。钱面文为"元丰通宝"四字，旋读。背穿无字。钱径2.45、穿径0.62、厚0.1厘米（图五八，8）。

洪武通宝1枚。M7:2-3，平钱、方穿、宽郭，钱体厚重。钱面文为"洪武通宝"四字，上下

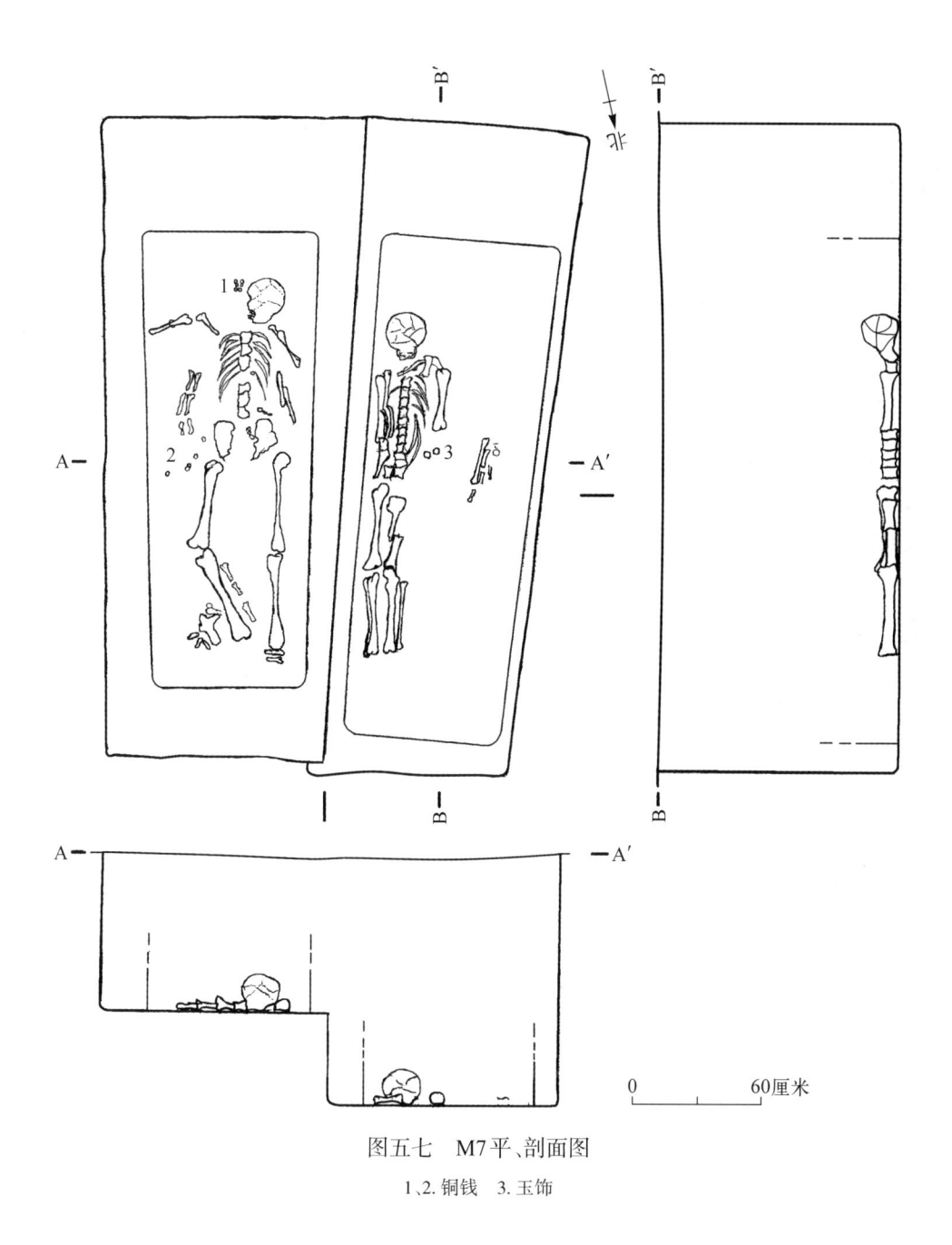

图五七　M7平、剖面图
1、2. 铜钱　3. 玉饰

左右对读。背穿无字。钱径2.38、穿径0.52、厚0.15厘米（图五八，9）。

天启通宝2枚。平钱、方穿，宽郭，钱体厚重。钱面文为"天启通宝"四字，上下左右对读。背穿上为汉字"工"局名。标本：M7∶1-1，钱径2.65、穿径0.52、厚0.12厘米（图五八，5）。

崇祯通宝8枚。平钱、方穿，宽郭，钱体厚重。钱面文为"崇祯通宝"四字，上下左右对读。背穿无字。标本：M7∶1-2，钱径2.6、穿径0.5、厚0.12厘米（图五八，6）。

M17　位于发掘区东南部，西北邻M16。东西向，方向为290°。墓口距地表深0.3米，墓底距地表深1.4-1.5米。墓圹东西长2.5、南北宽1.5-1.8、深1.1-1.2米（图五九；彩版一七，2）。

图五八 双棺B型墓葬随葬器物

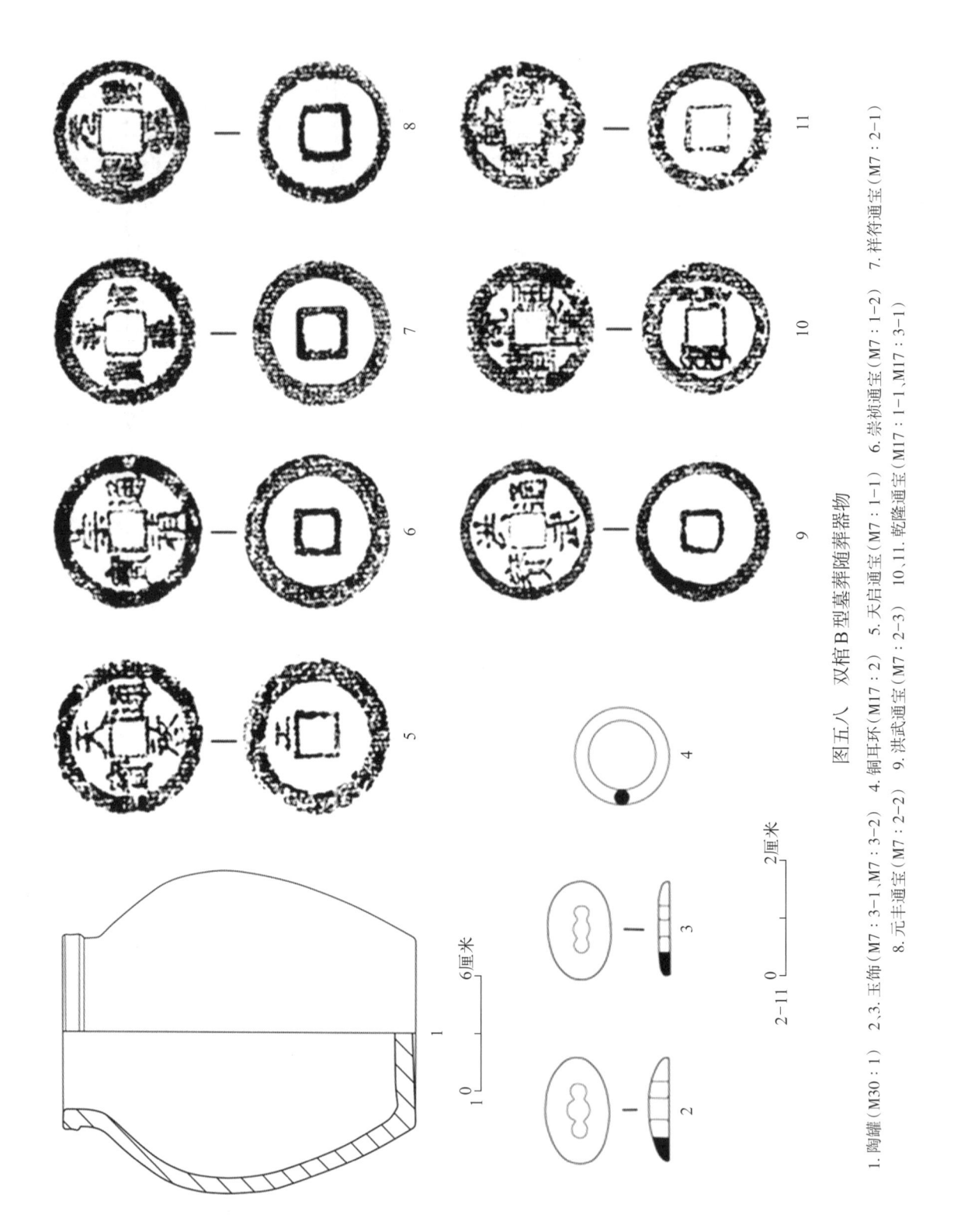

1. 陶罐（M30：1） 2、3. 玉饰（M7：3-1，M7：3-2） 4. 铜耳环（M17：2） 5. 天启通宝（M7：1-1） 6. 崇祯通宝（M7：1-2） 7. 祥符通宝（M7：2-1） 8. 元丰通宝（M7：2-2） 9. 洪武通宝（M7：2-3） 10、11. 乾隆通宝（M17：1-1，M17：3-1）

图五九　M17平、剖面图
1、3. 铜钱　2. 铜耳环

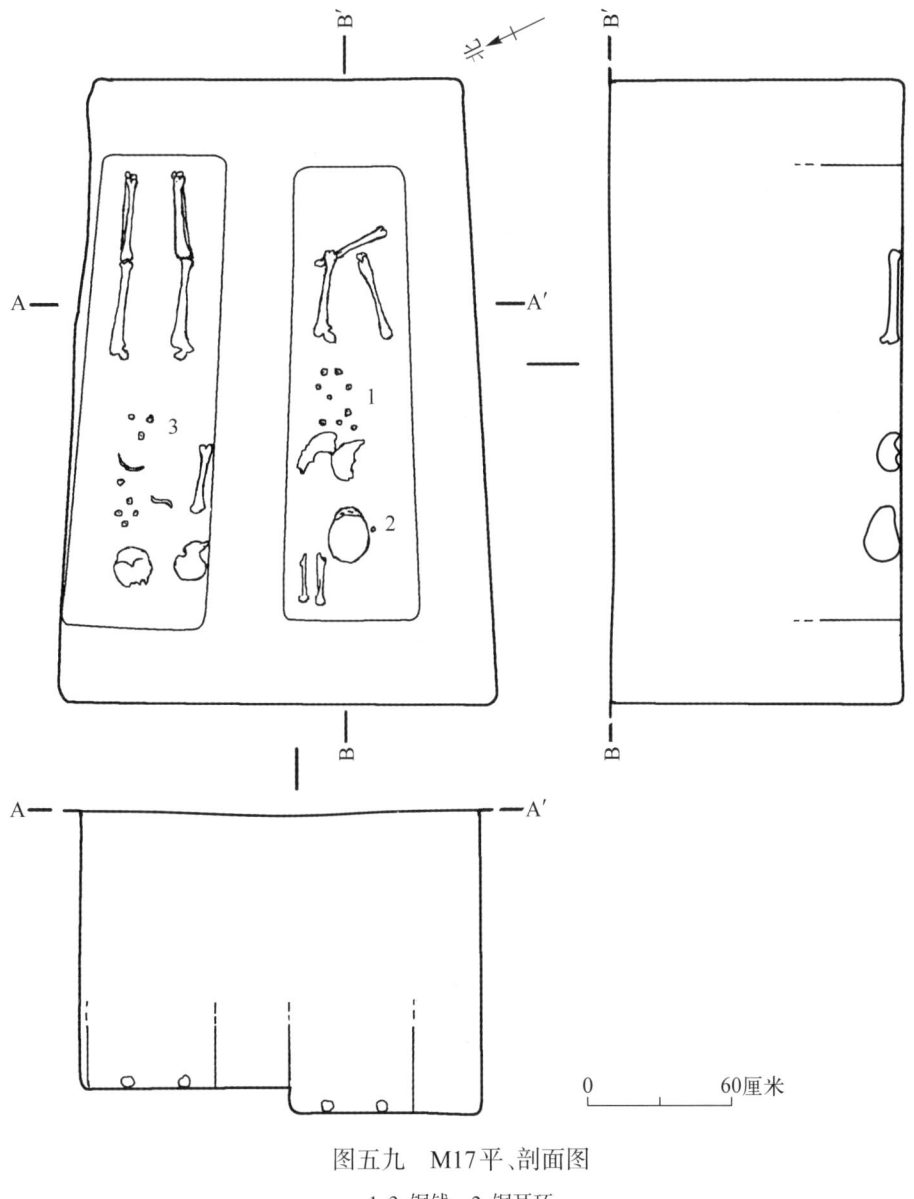

棺木已朽。骨架皆保存较差。北棺残长1.9、宽0.5—0.6、残高0.24米。棺内为老年男性，葬式不详。头向西，面向下。南棺残长1.82、宽0.44—0.56、残高0.35米。棺内为老年女性，葬式不详。头向西，面向东。内填花土，土质较松。随葬器物有铜耳环、铜钱。

铜耳环1支。M17:2，圆形，锈蚀严重。直径1.7、宽0.25、周长4.6厘米（图五八，4；彩版三一，2）。

乾隆通宝15枚。平钱、方穿，宽郭，钱体厚重。钱面文为"乾隆通宝"四字，上下左右对读。标本：M17:1-1，背穿左右为满文"宝泉"局名。钱径2.3、穿径0.5、厚0.1厘米（图五八，10）。标本：M17:3-1，钱径2.2、穿径0.55、厚0.12厘米（图五八，11）。

M30 位于发掘区东南部。东西向,方向为260°。墓口距地表深1米,墓底距地表深1.83-2.04米。墓圹东西长2.4、南北宽1.51-1.76、深0.83-1.04米(图六〇;彩版一七,3)。

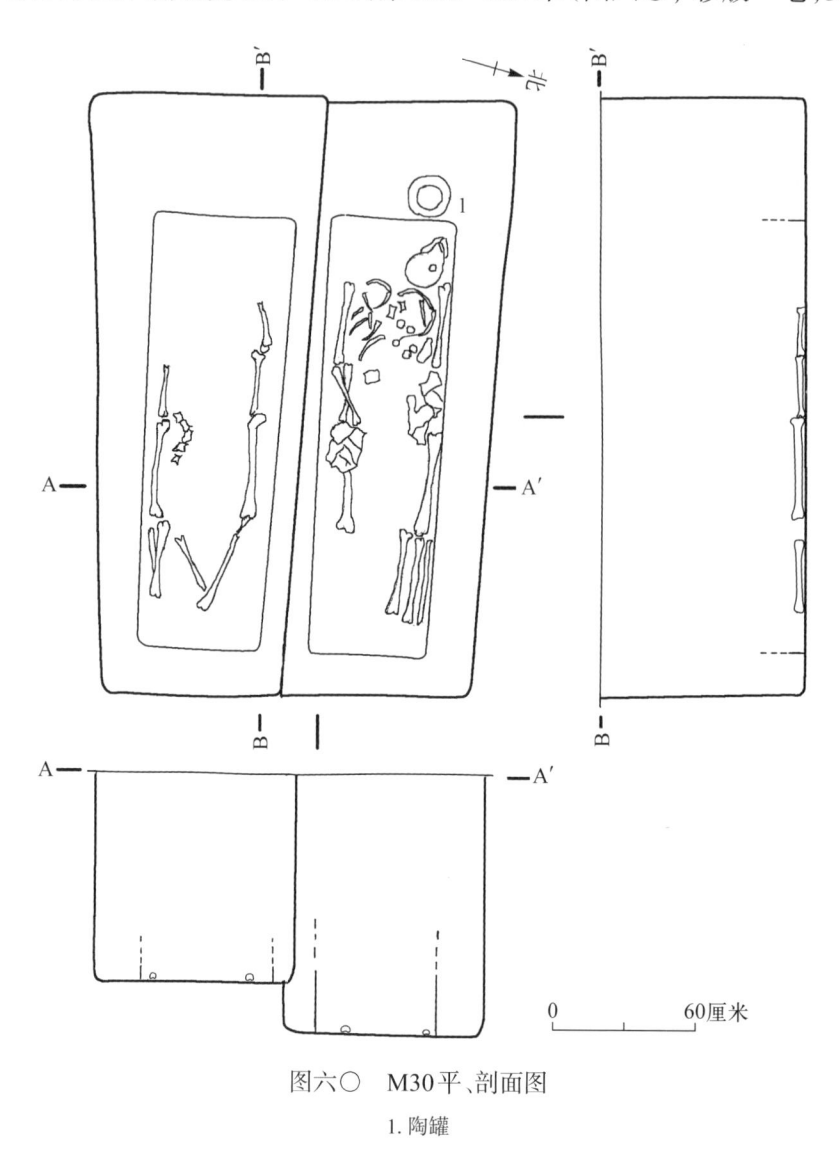

图六〇 M30平、剖面图
1. 陶罐

棺木已朽。骨架皆保存较差。北棺长1.76、宽0.48-0.52、残高0.25米。棺内人骨性别不详,仰身直肢葬。头向西,面向下。南棺长1.74、宽0.52-0.6、残高0.07米。棺内人骨头向西。面向、葬式、性别均不详。内填花土,土质较松。随葬器物有陶罐1件。

M30:1,方唇、直口、卷沿,沿面有浅凹槽近车轨状,颈部较短,圆肩,弧腹,平底略内凹。粗砂褐陶。素面。火候较高,质地坚硬,器体厚重。口径10.3、肩径17、底径10、高19.3厘米(图五八,1;彩版三一,3)。

M39 位于发掘区东南部。东西向,方向为85°。墓口距地表深1米,墓底距地表深1.92米。墓圹东西长2.33、南北宽1.4-1.56、深0.92米(图六一;彩版一七,4)。

图六一　M39平、剖面图

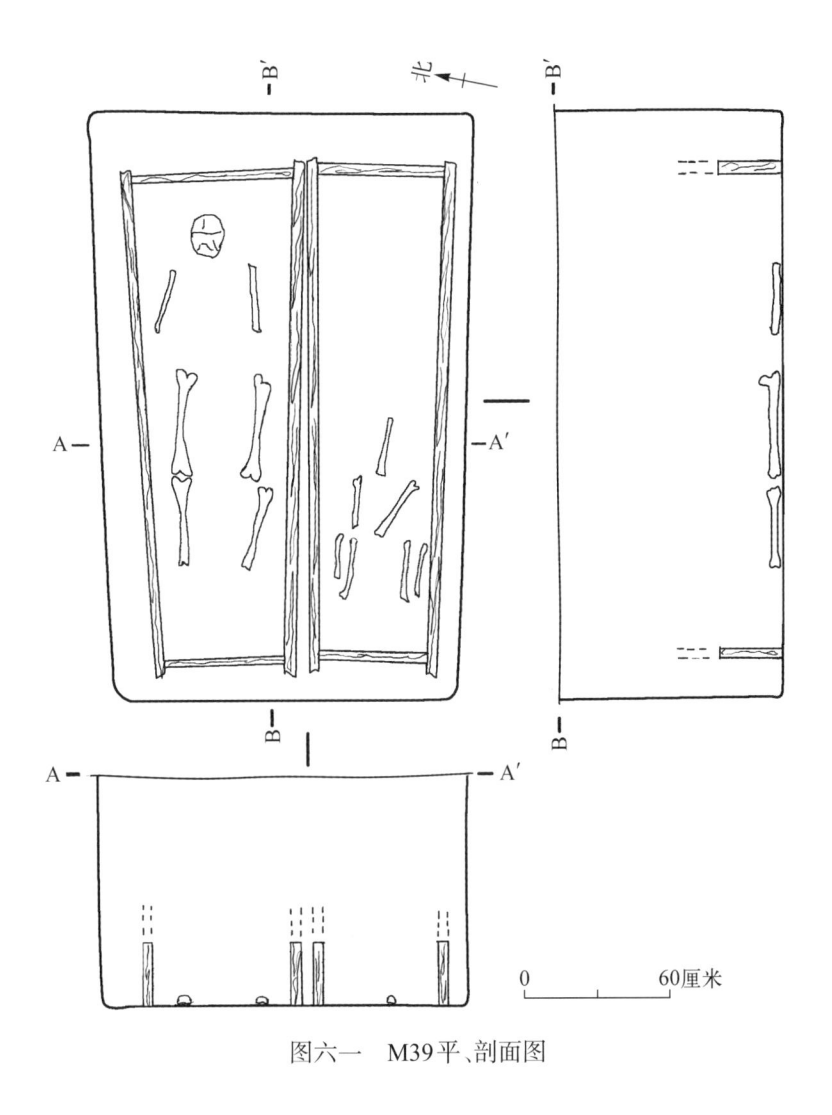

棺木已朽。北棺长1.96、宽0.56-0.65、残高0.26、厚0.03-0.04米。南棺长1.98、宽0.52-0.63、残高0.26、厚0.07米。皆骨架保存较差。头向东，人骨面向、葬式、性别均不详。内填花土，土质较松。未发现随葬器物。

C型　平面呈不规则形。

M2　位于发掘区中北部，北邻M3。南北向，方向为215°。墓口距地表深1米，墓底距地表深1.8米。墓圹南北长2.74、东西宽1.72-2、深0.8米（图六二；彩版一八，1）。

棺木已朽。西棺残长2.06、宽0.54-0.68、残高0.54、厚0.08米。棺内人骨为老年女性。东棺残长2.02、宽0.54-0.7、残高0.54、厚0.08米。棺内人骨为老年男性。皆骨架保存较完整。头向南，面向上。仰身直肢葬。内填花土，土质较松。随葬器物有铜扣、铜簪、铜耳钉、青花瓷罐、铜钱。

铜扣1枚。M2：2，圆球形，锈残严重。直径1、残高1.4厘米（图六三，7；彩版三二，1）。

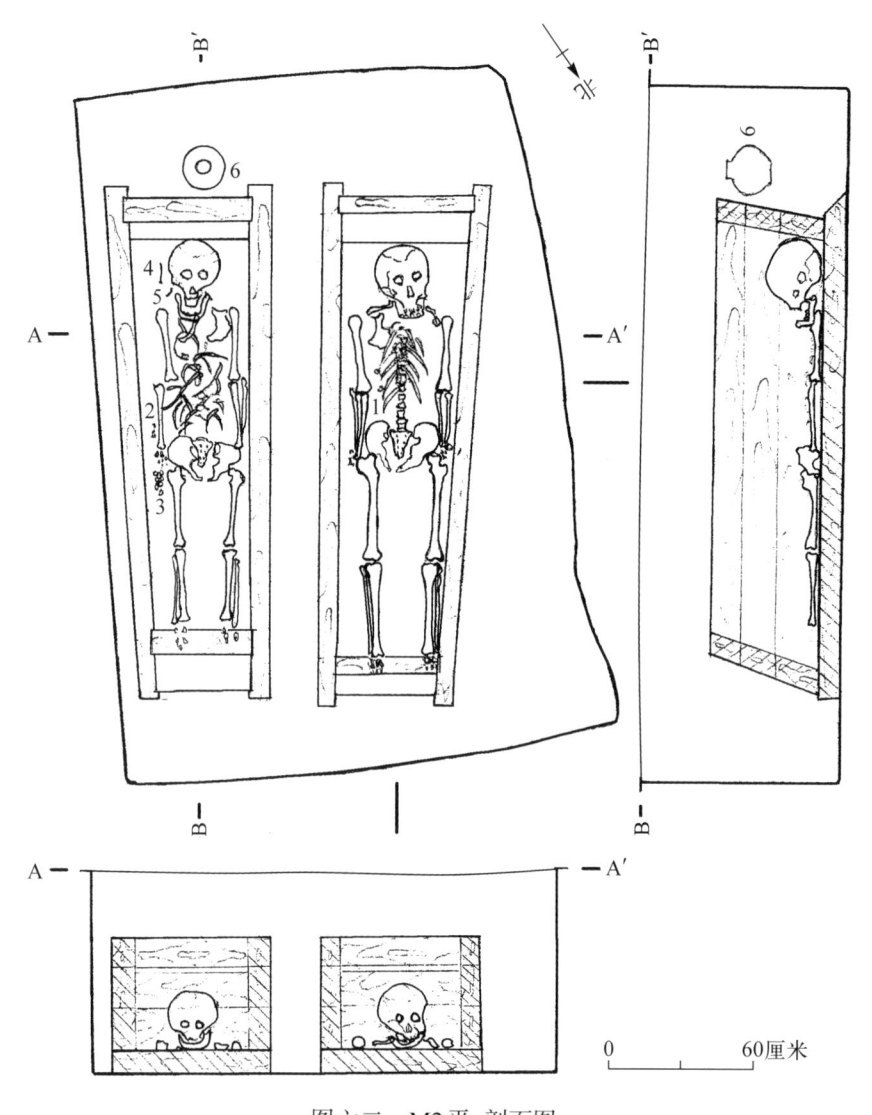

图六二 M2平、剖面图
1、3. 铜钱　2. 铜扣　4. 铜簪　5. 铜耳钉　6. 青花瓷罐

铜簪1件。M2∶4，首作六面禅杖形，每面以丝缠成卷云纹状，中间为一组云纹，上下各一朵云纹，顶为葫芦顶，下挂环。底为莲花托，下接倒莲花座，边缘凸起。颈部饰二周凸弦纹，鼓突。体作圆柱体。首高3.5、首宽2、通长15.2厘米（图六三，2；彩版三二，2）。

铜耳钉1支。M2∶5，首呈五瓣花朵状，间隔三角形五叶，瓣呈半球形，中间以五股呈"S"形的铜丝环夹以一小宝顶，嵌一白色珍珠。体呈圆锥体，尾尖锐。首高0.7、首宽1.4、通长6.2厘米（图六三，4；彩版三二，3）。

青花瓷罐1件。M2∶6，圆唇、直口，颈部微束，圆肩，弧腹，矮圈足。胎土细白，胎质坚致，内外满釉。唇外绘一周弦纹，以下为一周连续边纹。肩部绘一周连续如意云头纹。腹部上部绘云纹，腹部绘四组缠枝花卉纹，胫部绘变形莲瓣纹。青花发色局部深沉浓艳。釉面光滑，

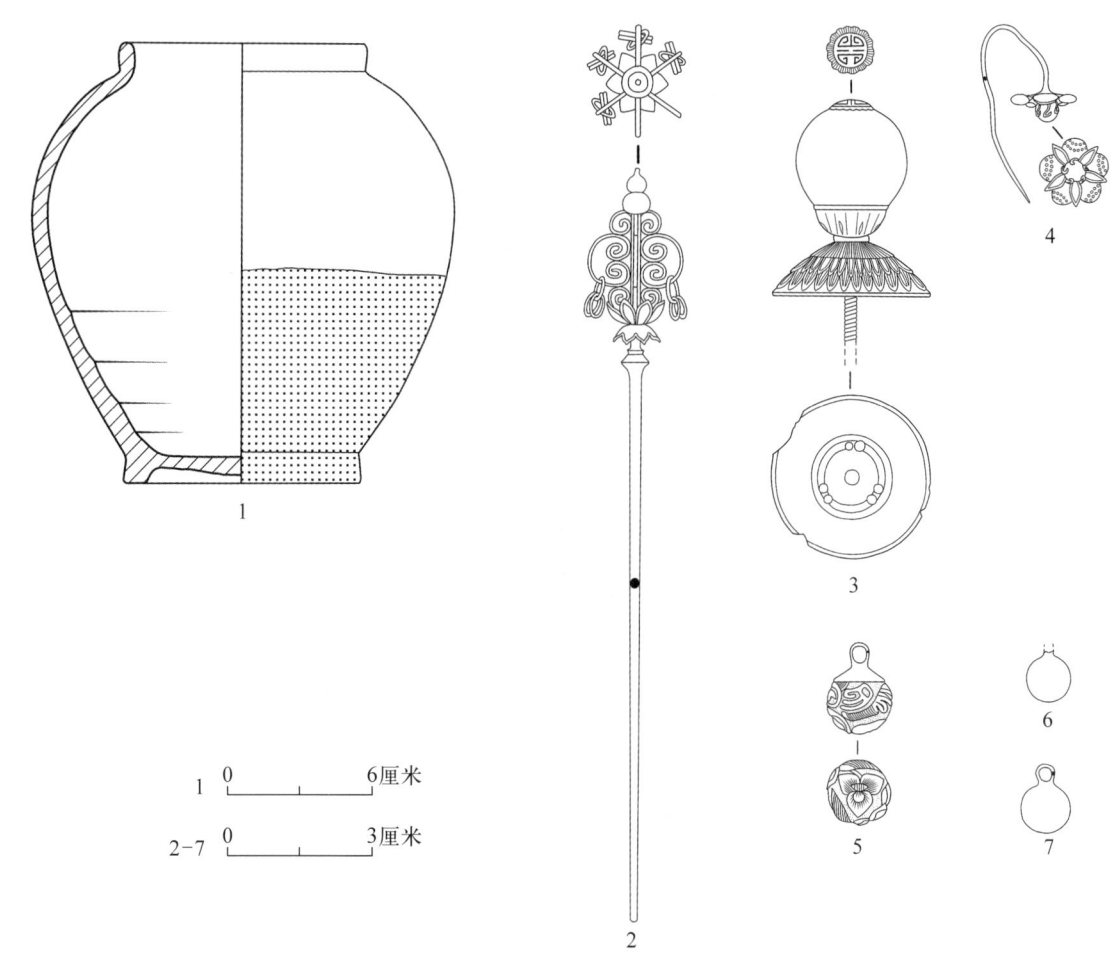

图六三　双棺C型墓葬随葬器物（一）

1.半釉罐（M18:2）　2.铜簪（M2:4）　3.铜顶戴（M6:1）　4.铜耳钉（M2:5）　5-7.铜扣（M6:4-1、M6:4-2、M2:2）

制作精美。此器物为康熙朝作品。口径8、肩径17.8、底径13.6、高17.8厘米（图六四,1；彩版三三,1）。

乾隆通宝4枚。平钱、方穿，宽郭，钱体厚重。钱面文为"乾隆通宝"四字，上下左右对读。背穿左右为满文"宝源"局名。标本：M2:3-1，钱径2.55、穿径0.52、厚0.1厘米（图六五,2）。

嘉庆通宝3枚。平钱、方穿，宽郭，钱体厚重。钱面文为"嘉庆通宝"四字，上下左右对读。背穿左右为满文"宝泉"局名。标本：M2:3-2，钱径2.6、穿径0.5、厚0.1厘米（图六五,1）。

M6　位于发掘区中北部，北邻M7。南北向，方向为215°。墓口距地表深1米，墓底距地表深2.3米。墓圹南北长2.41-2.6、东西宽1.7-1.9、深1.3米（图六六；彩版一九,1）。

棺木已朽。西棺残长2.06、宽0.6-0.66、残高0.6、厚0.06米。骨架保存较好。棺内人骨为老年男性，仰身直肢葬。头向南，面向上。东棺残长2.1、宽0.66-0.8、残高0.6、厚0.06米。骨

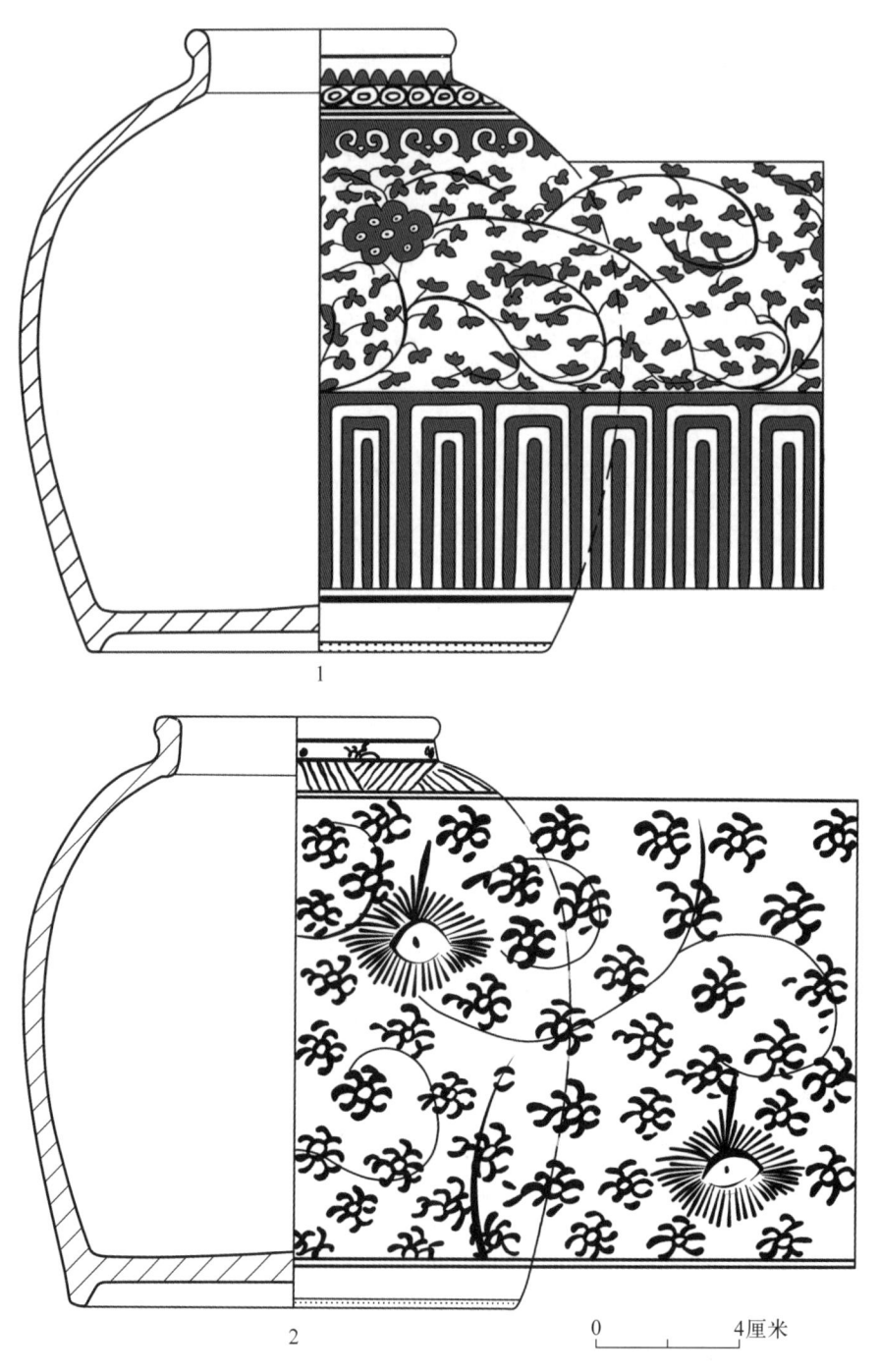

图六四 双棺 C 型墓葬随葬器物（二）

1、2. 青花瓷罐（M2∶6、M6∶3）

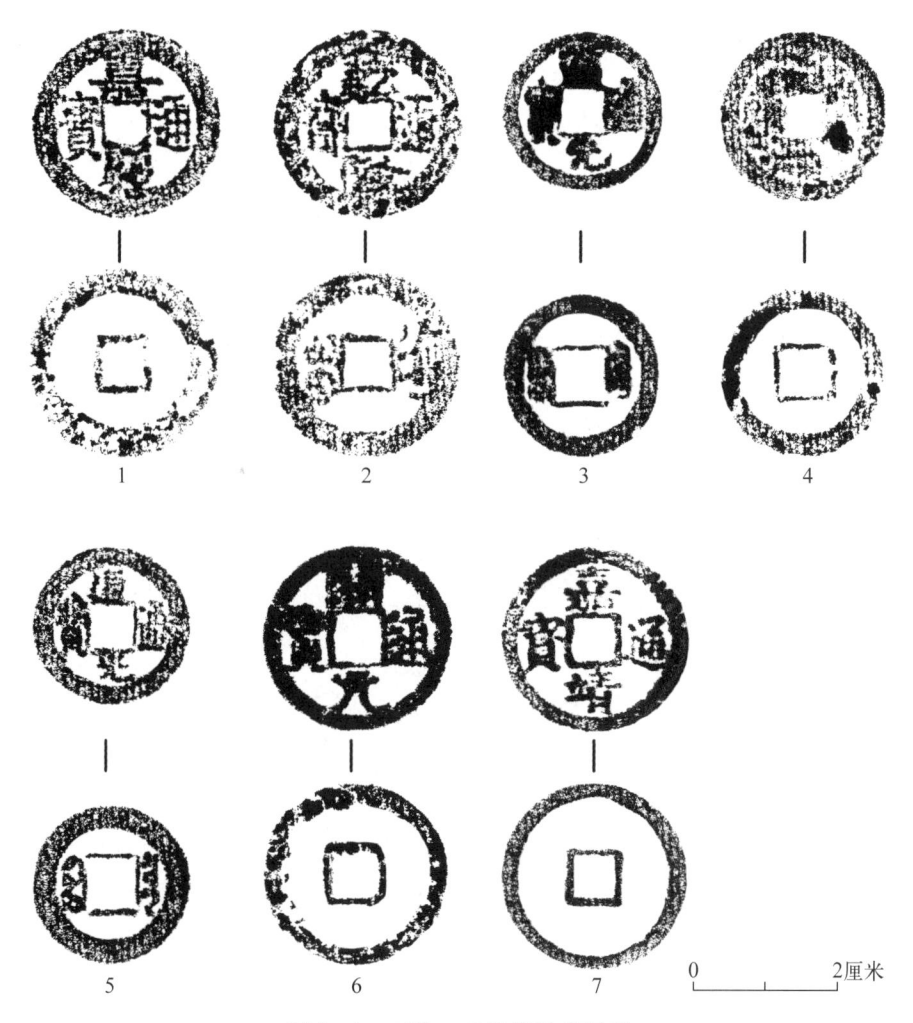

图六五　双棺C型墓葬随葬铜钱

1、4.嘉庆通宝（M2∶3-2、M6∶5-1）　2.乾隆通宝（M2∶3-1）　3、5.道光通宝（M6∶2-1、M6∶7-1）
6.开元通宝（M21∶1-1）　7.嘉靖通宝（M36∶1-1）

架保存较差。棺内人骨为老年女性，仰身直肢葬。头向南，面向西。东棺北部清理出铭文石一块。内填花土，土质较松。随葬器物有铜顶戴、铜扣、青花瓷罐、白瓷罐、铜钱。

铜顶戴1件。M6∶1，首呈圆球状，中空，顶端贴铸圆寿纹，圆寿纹边缘为短线纹。下为半圆形托，有柳叶形镂孔六个，间隔以刻叶脉纹。下接伞状底座，自上而下分为三层，第一层为梯形，第二、三层为柳叶形花瓣，边缘凸起。座衬为圆片，上有镂孔6个。下接圆形实柱，上有螺旋纹。高5、宽2.4-3.4厘米（图六三，3；彩版三二，4）。

铜扣2枚。形状基本相同。圆球状，顶端系环。M6∶4-1，上刻花叶纹。环扁平，上有凹弦纹。高1.9、直径1.4厘米（图六三，5；彩版三四，1右）。M6∶4-2，素面。残高1.1、直径0.95厘米（图六三，6；彩版三四，1左）。

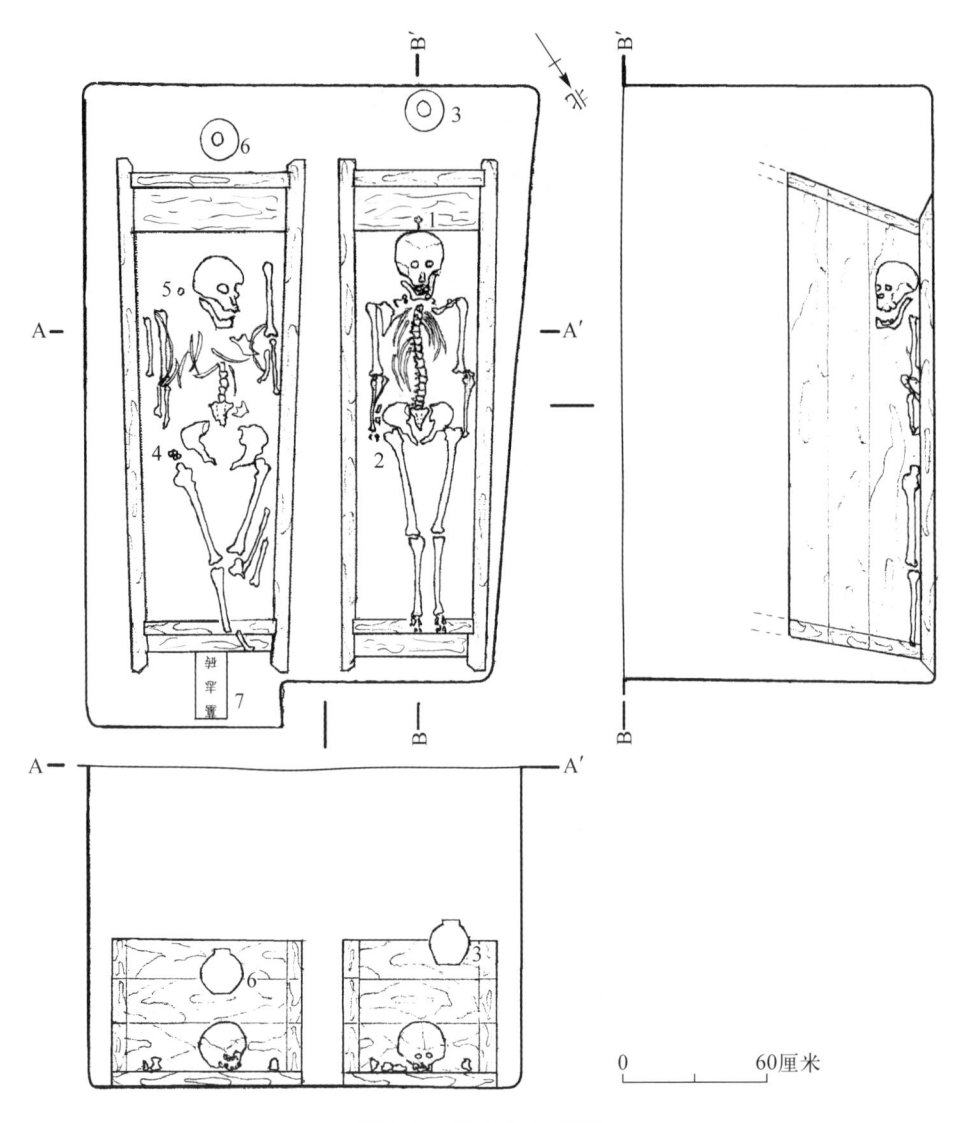

图六六 M6平、剖面图
1.铜顶戴 2、5.铜钱 3.青花瓷罐 4.铜扣 6.白瓷罐 7.铭文石

青花瓷罐1件。M6:3,方唇、直口,卷沿,颈部较短,溜肩,弧腹,矮圈足。圈足足背露胎。细白胎,釉面透明度高,密布气泡。唇下绘一周弦纹,以下为草叶纹。肩部绘不同方向的斜线纹。颈、肩大面积残破。腹部绘上下两组各3朵扁菊纹。青花纹饰草率,青花发色灰暗。口径8.4、肩径16.2、底径13.6、高16.8厘米(图六四,2;彩版三三,2)。

白瓷罐1件。M6:6,方唇、盘口,折沿,矮颈,圆扩肩,弧腹,平底略内凹。足背宽平,露胎处显灰白色。外壁、底部中心处施白釉,器里无釉,局部釉面开细密纹片,釉面呈半木光。口径11、肩径19.2、底径12.7、高17.1厘米(图六七,1;彩版三四,2)。

铭文石1件。M6:8,青色艾叶石质,长27、宽13、厚6厘米。上刻"乙酉朱太太墓"字样(图六八;彩版一九,2)。

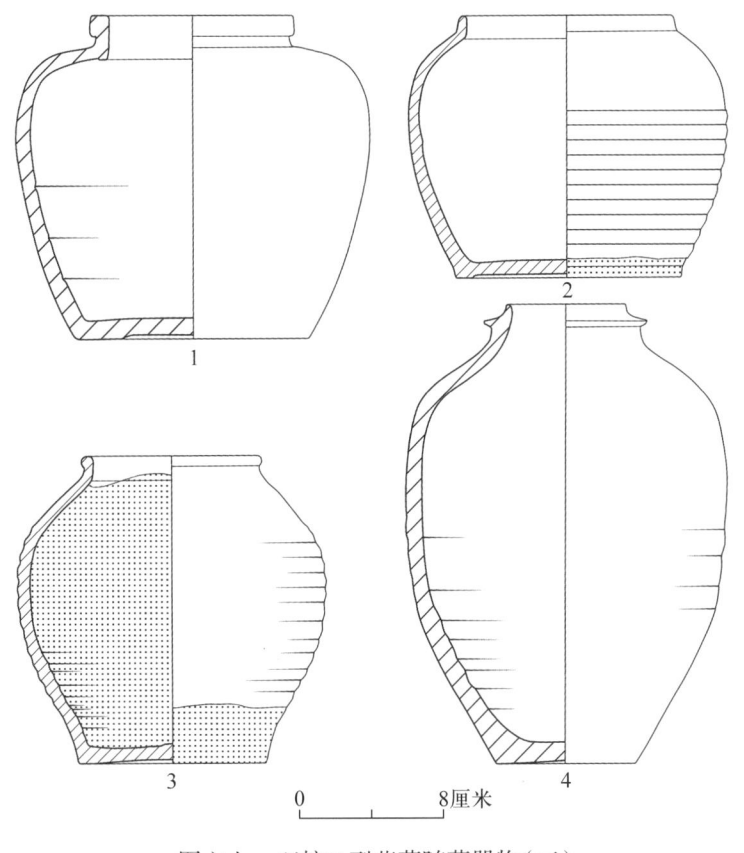

图六七　双棺C型墓葬随葬器物（三）
1. 白瓷罐（M6∶6）　2、3. 半釉罐（M36∶2、M18∶1）　4. 陶罐（M21∶2）

图六八　铭文石（M6∶8）

道光通宝6枚。平钱、方穿，宽郭，钱体厚重。钱面文为"道光通宝"四字，上下左右对读。背穿左右为满文"宝泉"局名。标本：M6∶2-1，钱径2.25、穿径0.5、厚0.15厘米（图六五，3）。标本：M6∶7-1，钱径2.2、穿径0.51、厚0.15厘米（图六五，5）。

嘉庆通宝3枚。平钱、方穿，宽郭，钱体厚重。钱面文为"嘉庆通宝"四字，上下左右对读。背穿左右为满文"宝源"局名。标本：M6∶5-1，钱径2.4、穿径0.5、厚0.1厘米（图六五，4）。

M18　位于发掘区东南部。东西向，方向为275°。墓口距地表深1米，墓底距地表深1.96-1.99米。墓圹东西长2.34-2.43、南北宽1.74-2、深0.96-0.99米（图六九；彩版一八，2）。

棺木已朽。北棺残长1.8、宽0.52-0.6、残高0.2米。骨架保存较差。棺内人骨头向西，面向、性别不详，仰身直肢葬。南棺残长1.9、宽0.5-0.6、残高0.2米。未发现骨架。北棺打破南棺。内填花土，土质较松。随葬器物有瓷罐、半釉罐。

瓷罐1件。M18∶1，圆唇，侈口，卷沿，矮颈，圆肩，弧腹，平底。底部以上外壁及内壁施灰褐釉，釉面较薄，其余露灰胎。素面。口径11.6、肩径16.9、底径12、高13.6厘米（图六七，3；彩版三四，3）。

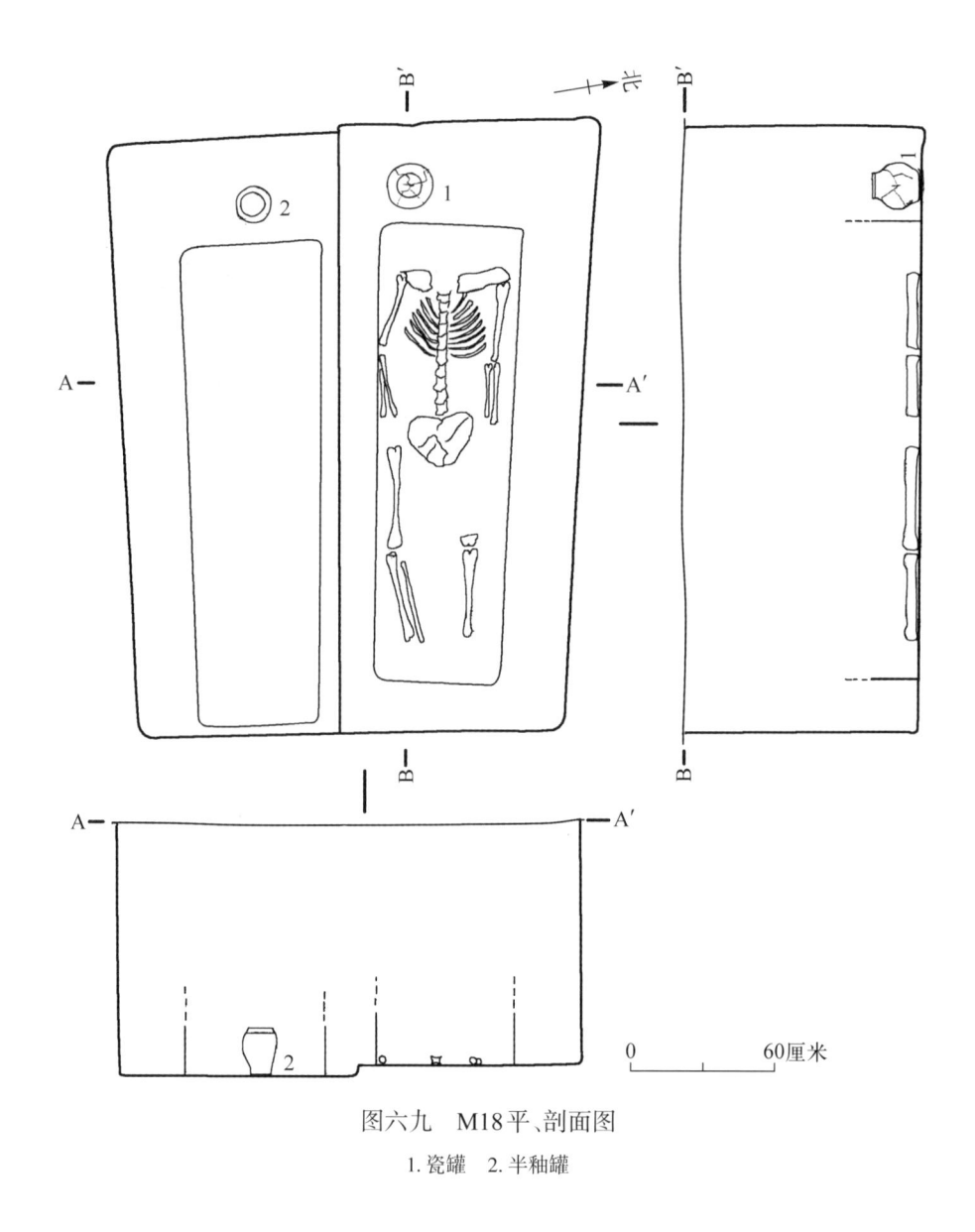

图六九 M18平、剖面图
1. 瓷罐 2. 半釉罐

半釉罐1件。M18:2，圆唇、直口，卷沿，直领，圆肩，弧腹，矮圈足。腹部以上外壁及口沿内壁施酱釉，有流釉现象，其余露红褐胎。素面。口径10.2、肩径16.6、底径9.4、高16.9厘米（图六三,1；彩版三五,1）。

M21 位于发掘区东南部。东西向，方向为265°。墓口距地表深1米，墓底距地表深1.86-1.96米。墓圹长2.3-2.41、宽1.46-1.81、深0.86-0.96米（图七〇；彩版一九,3）。

棺木已朽。北棺残长1.84、宽0.44-0.54、残高0.15米。南棺残长1.8、宽0.42-0.53、残高0.25米。皆骨架保存较差。头向西，面向东。人骨性别不详，仰身直肢葬。南棺晚于北棺。内填花土，土质较松。随葬器物有陶罐、铜钱。

陶罐1件。M21:2，尖唇、母口，颈较短，鼓肩，弧腹，平底略内凹。细砂褐陶，外壁施深褐

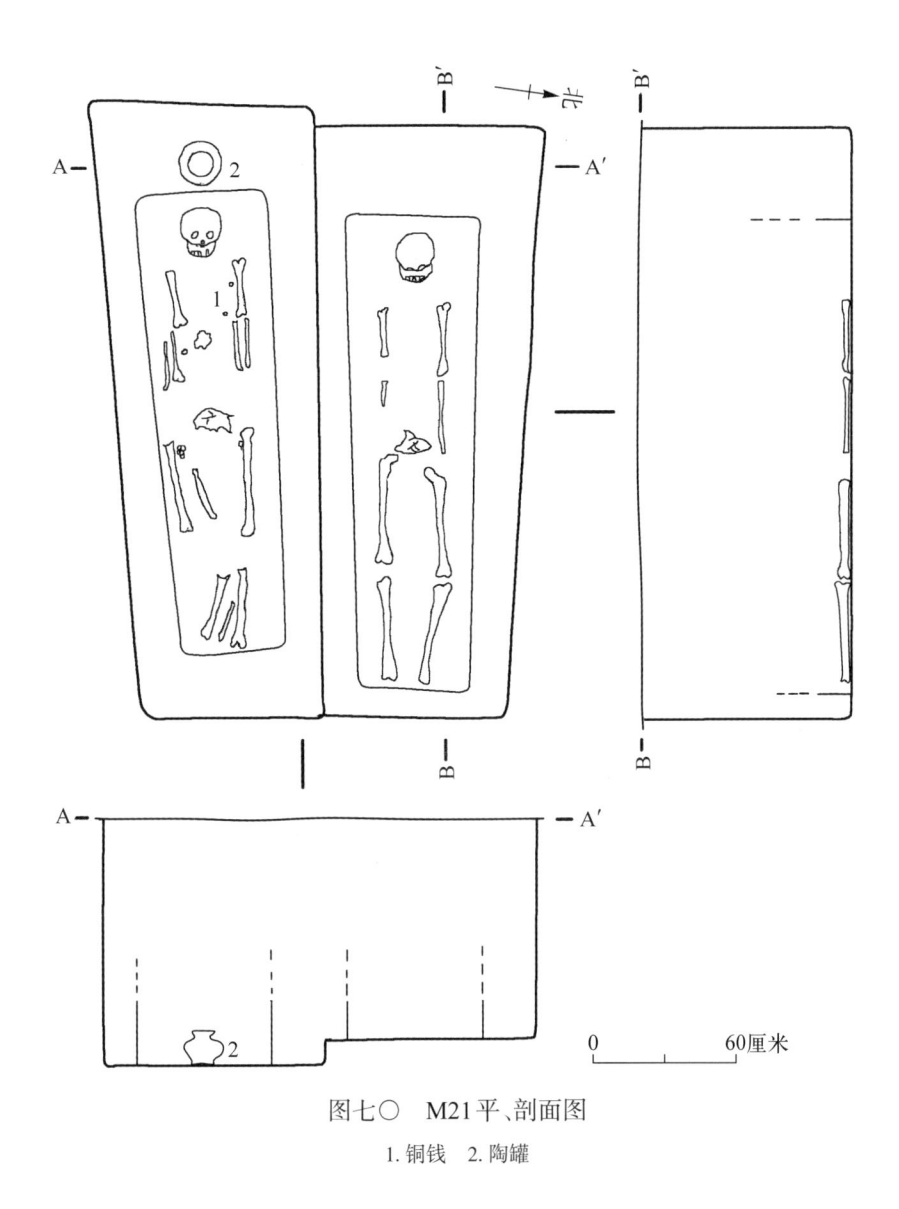

图七〇 M21平、剖面图
1. 铜钱 2. 陶罐

釉，有脱釉现象。素面。外壁可见轮制旋纹。火候较高，质地坚硬器体厚重。口径6.5、肩径17.5、底径7.4、高24.4厘米（图六七，4；彩版三五，2）。

开元通宝8枚。平钱、方穿，宽郭，钱体厚重。钱面文为"开元通宝"四字，上下左右对读。背穿无字。标本：M21∶1-1，钱径2.45、穿径0.62、厚0.12厘米（图六五，6）。

M36 位于发掘区东南部。南北向，方向为5°。墓口距地表深1米，墓底距地表深2-2.1米。墓圹南北长2.74-2.8、东西宽1.63-1.68、深1-1.1米（图七一；彩版一九，4）。

棺木已朽。骨架保存皆较差。东棺残长1.8、宽0.48-0.6、残高0.3米。棺内人骨头向北，面向、葬式、性别均不详。西棺残长1.75、宽0.4-0.54、残高0.2米。棺内人骨性别、面向均不详，仰身直肢葬。头向北。东棺早于西棺。内填花土，土质较松。随葬器物有半釉罐、铜钱。

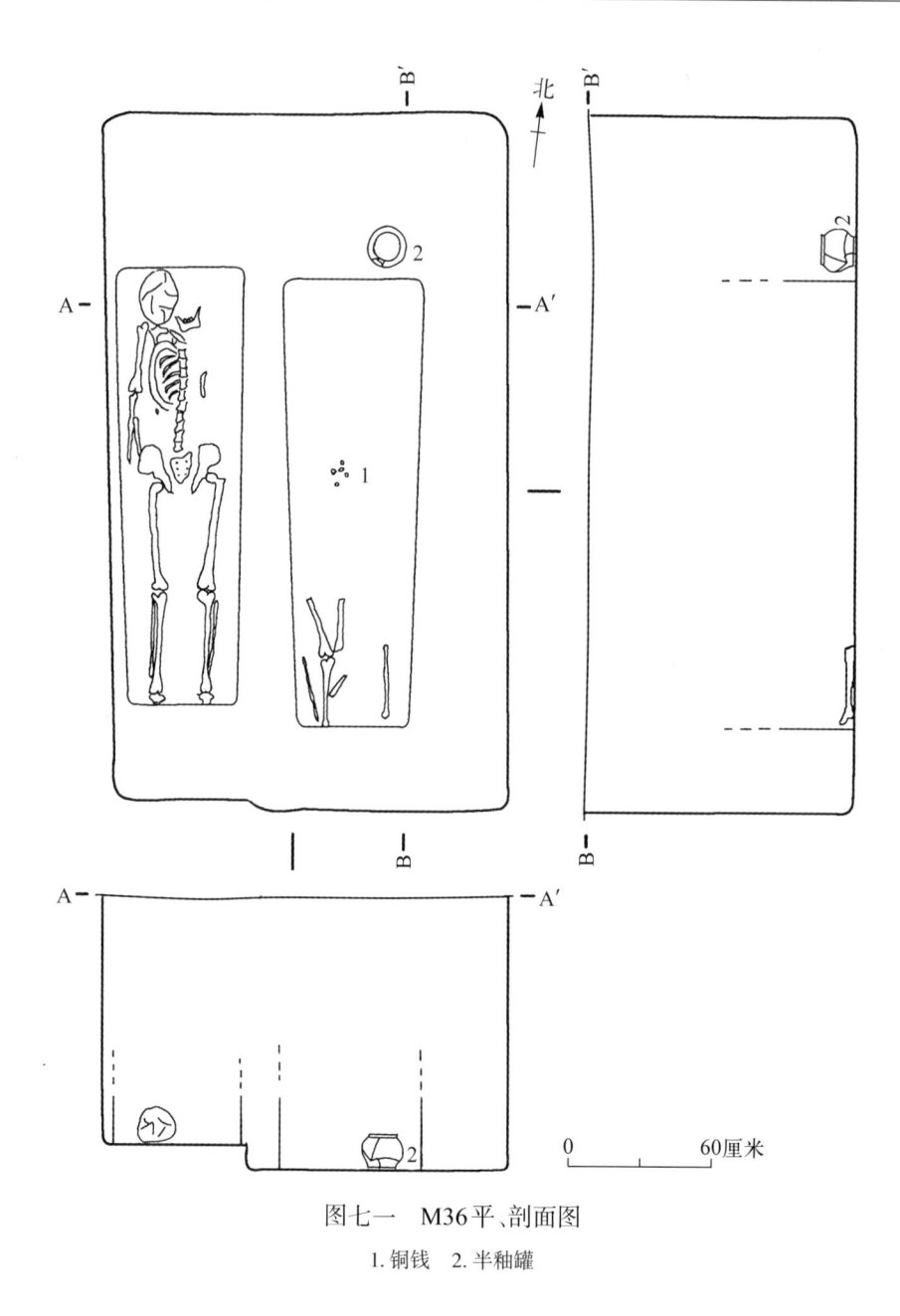

图七一　M36平、剖面图
1. 铜钱　2. 半釉罐

半釉罐1件。M36:2，圆唇、敞口，卷沿，颈部较短，圆肩，斜腹，平底。下腹以上外壁及口沿内壁施灰釉，颈部有蘸釉施釉痕迹，有流釉现象，其余露褐胎。外壁饰凸弦纹。细砂灰陶。胎质坚致。口径9.8、肩径17、底径10.3、高16.5厘米（图六七，2；彩版三五，3）。

嘉靖通宝5枚。平钱、方穿，宽郭，钱体厚重。钱面文为"嘉靖通宝"四字，上下左右对读。背穿无字。标本：M36:1-1，钱径2.5、穿径0.5、厚0.15厘米（图六五，7）。

3. 三棺墓，2座。平面均呈不规则形。

M4　位于发掘区中北部，南邻M3。南北向，方向为200°。墓口距地表深1米，墓底距地表深1.79~2.3米。墓圹南北长2.66~2.8、东西宽2.14~2.6、深0.79~1.3米（图七二；彩版二〇，1、2）。

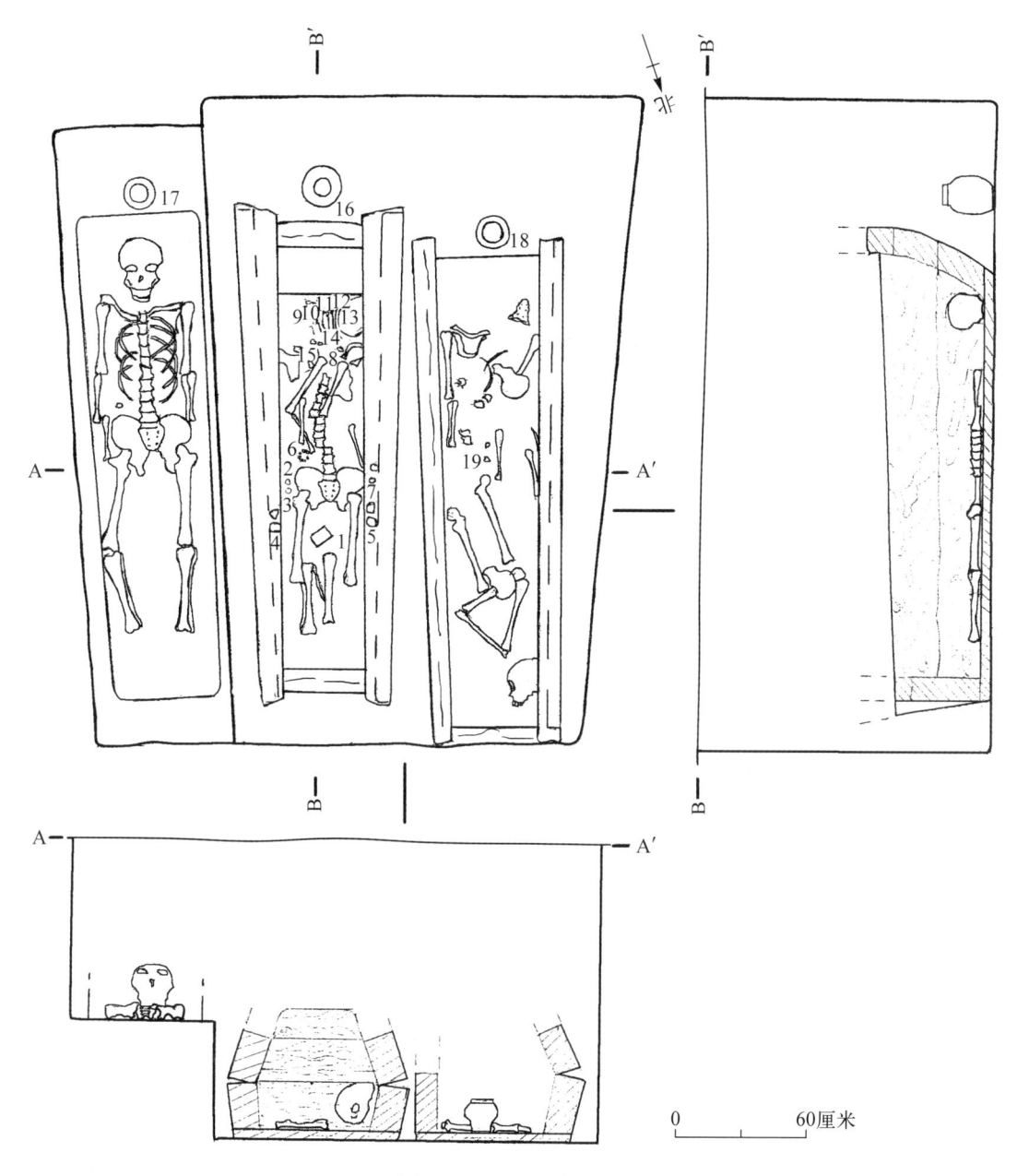

图七二　M4平、剖面图

1. 牌饰　2. 银戒指　3. 玉戒指　4. 铜手镯　5. 玉手镯　6. 玛瑙串珠　7. 玉环　8. 铜耳环　9、10、11、12、14. 银簪　13. 铜簪　15. 银押发　16. 青花瓷罐　17. 陶罐　18. 半釉罐　19. 铜钱

棺木已朽。骨架保存皆较差。东棺残长2.1、宽0.48-0.58、残高0.12米。棺内人骨为老年男性，仰身直肢葬。头向南，面向上。中棺残长2.14、宽0.68-0.8、残高0.4-0.56、厚0.1-0.18米。棺内人骨为老年女性，仰身直肢葬。头向南，面向南。西棺残长2.18、宽0.6-0.72、残高0.3-0.5、厚0.1米。棺内人骨为老年女性，仰身直肢葬。头向南，面向东。内填花土，土质较松。随葬器物有牌饰、玉手镯、玉环、玉戒指、串珠、银簪、银押发、银戒指、铜簪、铜手镯、铜耳环、青

花瓷罐、半釉罐、陶罐、铜钱。

牌饰4件。M4∶1-1，玉质，灰褐色，边缘黑色。正面中间刻一大花瓶，内插牡丹三支，瓶身刻曲线、直线、弦纹，下腹镂空刻钱纹。瓶置于供桌上，桌上镂空刻卷云纹。两侧各有一小花瓶，内插五瓣梅花两朵，瓶身刻曲线纹。下接如意云纹。边缘刻凹弦纹一周。背面磨光。技法高超。长7.2、宽5.55、厚0.1厘米，重12.1克（图七三，1；彩版三六，1）。玻璃质，皆白色，长方形，四角圆弧，上未雕刻。M4∶1-2，长7.4、宽5.55、厚0.1厘米，重15克（图七三，2；彩版三六，

图七三　M4随葬牌饰
1. M4∶1-1　2. M4∶1-2　3. M4∶1-3　4. M4∶1-4

2）。M4∶1-3，长7.1、宽5.2、厚0.1厘米，重15克（图七三，3；彩版三六，3）。M4∶1-4，边缘沁锈，长7.5、宽5.55、厚0.1厘米，重15克（图七三，4；彩版三七，1）。

玉手镯2件。形制、大小基本相同。圆形，通体磨光，白色略黄。M4∶5-1，直径7.9、宽0.9、周长25.2厘米，重47.5克（图七四，16；彩版三八，2，左）；M4∶5-2，直径7.9、宽0.95、周长25厘米，重47.8克（图七四，17；彩版三八，2，右）。

玉环2件。形制、大小基本相同。圆形，扁平，中间穿孔，局部青色。M4∶7-1，直径2.42、孔径0.9、厚0.22厘米，重2.3克（图七六，4；彩版三九，1，左）；M4∶7-2，直径2.4、孔径0.9、厚0.25厘米，重2.3克（图七六，5；彩版三九，1，右）。

玉戒指2件。M4∶3-1，绿色，深浅不一。圆形，正面加厚呈马鞍形。表面圆鼓，背面磨平。直径2.15、宽0.7、周长7.4厘米，重4.3克（图七四，15；彩版三七，3，右）。M4∶3-2，白色，圆形，表面打磨近钻石状菱形。直径2.2、宽0.6-0.8、周长6.8厘米，重3.2克（图七四，14；彩版三七，3，左）。

串珠35件（彩版三八，3）。M4∶6，分为四种形状。

桃形1件。M4∶6-1，褐色玛瑙质，扁平，底部有两桃叶衬，一侧有穿孔。长3.1、宽2.3、高0.5-1厘米，重11.4克（图七四，5）。

正方形10件。褐色玛瑙质，扁平，四角磨平，四边稍做打磨，侧面有两个横穿孔，薄厚不一。标本：M4∶6-2，长1.5、宽1.6、厚0.8厘米，重3.1克（图七四，6）。标本：M4∶6-3，长1.45、宽1.5、厚0.6厘米，重2.5克（图七四，7）。

宝顶形1件。M4∶6-4，白色玉石质，下有座，对穿。直径0.4-0.8、孔径0.3、高1.2厘米，重1.6克（图七四，8）。

圆球形23件。标本：M4∶6-5，白色玉石质，三面有穿孔。直径1.3、左右孔径0.3、上孔径0.2厘米，重5.1克（图七四，9）。标本：M4∶6-6，浅粉色玛瑙质，对穿，褐色。直径0.9、孔径0.3厘米，重1.1克（图七四，10）。褐色玛瑙质，21件。标本：M4∶6-7，褐紫色，对穿，直径0.6、孔径0.2厘米，重0.25克（图七四，11）。

银簪5件。M4∶9，首近桃状，下接两凸弦纹，体呈圆锥状，尾尖。通长11.5、首高0.8、首宽0.45厘米，重4克（图七六，3；彩版三九，3）。M4∶12，首残，体扁平，尾尖锐。宽0.15、通长6.6厘米，重0.4克（图七四，4；彩版四〇，3）。M4∶10，鎏金，首近椭圆形，上有一穿孔。体扁平，尾尖。表面略鼓，背面刻"□□"。孔径0.2-0.4、宽0.2-0.4、通长12.5厘米，重4.3克（图七四，1；彩版四〇，1）。M4∶11，鎏金，首作云纹状，上刻如意云纹头，有弯别。体上部扁平，下部呈圆锥形。自上而下依次刻蝙蝠纹、花叶纹，边缘刻一周回字纹。背面刻"□元"。做工精湛。首高1.5、首宽2.4、通长14.9厘米，重11.9克（图七六，2；彩版四〇，2）。M4∶14，鎏金，首呈耳勺状，内弯，下刻五道凸弦纹。体扁平，表面略光滑。上部近中国结状，下刻花草纹。背面刻"荣华"。

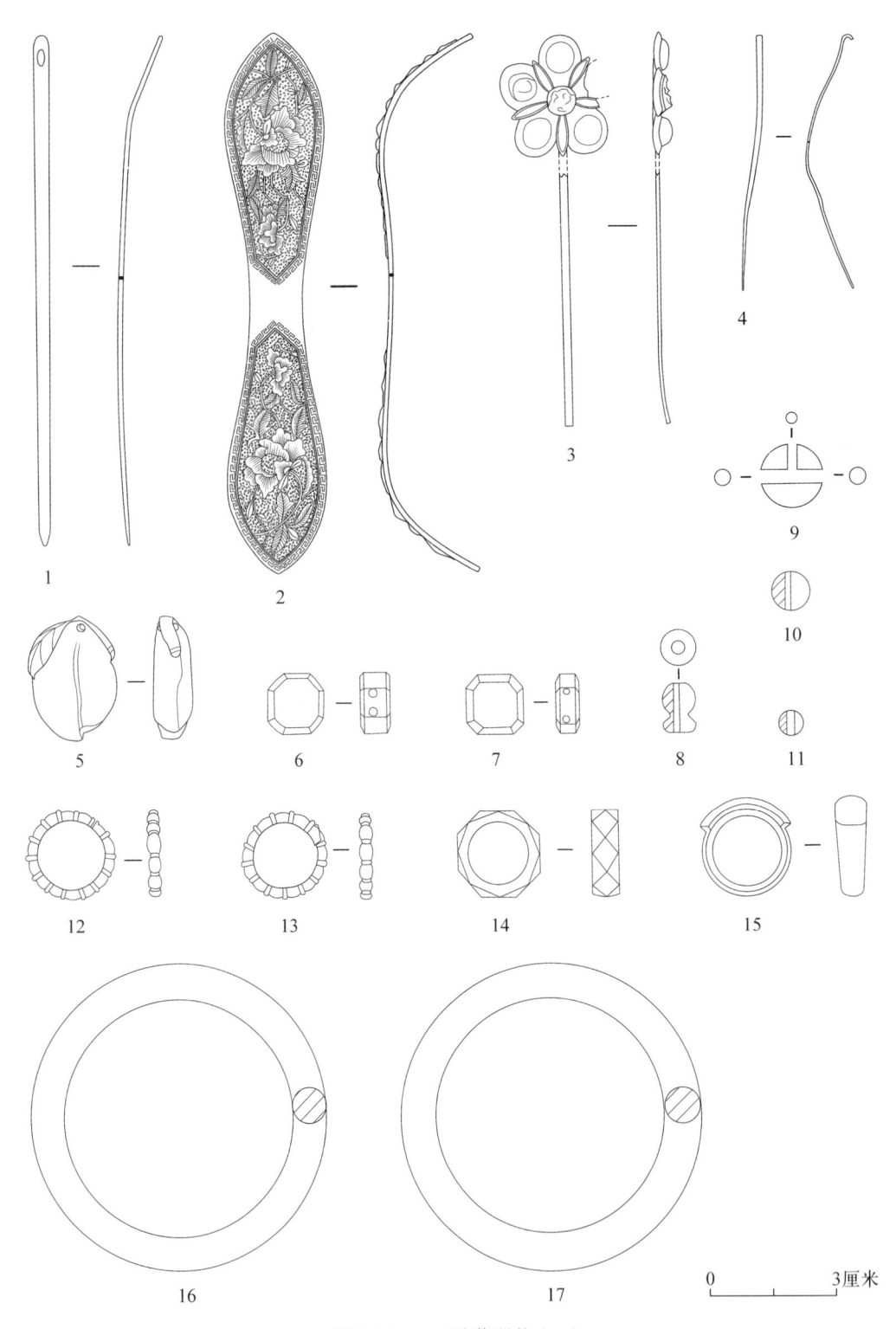

图七四　M4随葬器物（一）

1、3、4.银簪（M4:10、M4:13、M4:12）　2.银押发（M4:15）　5-11.玛瑙串珠（M4:6-1、M4:6-2、M4:6-3、M4:6-4、M4:6-5、M4:6-6、M4:6-7）　12、13.银戒指（M4:2-1、M4:2-2）　14、15.玉戒指（M4:3-2、M4:3-1）　16、17.玉手镯（M4:5-1、M4:5-2）

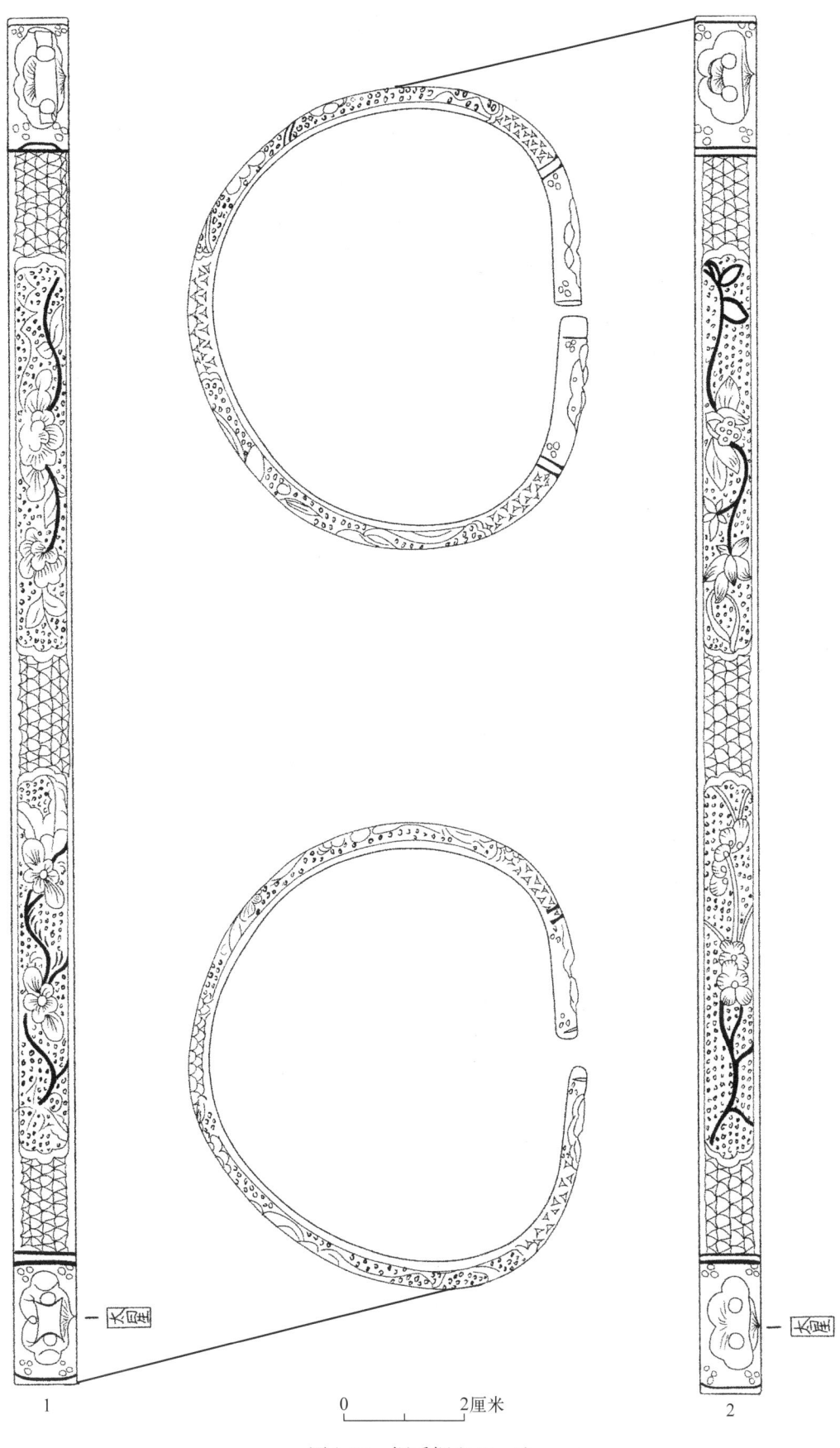

图七五 铜手镯（M4:4）

1. M4:4-1　2. M4:4-2

做工精湛。首高0.6、首宽0.5、宽0.2-3、通长24.4厘米，重21克（图七六，1；彩版四一，2）。

银押发1件。M4∶15，柳叶形，内弯，束腰，两端尖。两端各刻相同图案的花草纹，边缘刻一周回字纹。体扁平。通长13.4、宽1.3-2.5厘米，重29.2克（图七四，2；彩版四一，3）。

银戒指2件。形制、大小基本相同。圆形，里面磨平，竹节状。每节中间略鼓，间隔以凸弦纹。M4∶2-1，直径2.3、宽0.2-0.3、周长6.2厘米，重3.37克（图七四，12；彩版三七，2，左）；M4∶2-2，接口不齐，直径2.15、宽0.2-0.3、周长6.1厘米，重3.39克（图七四，13；彩版三七，2，右）。

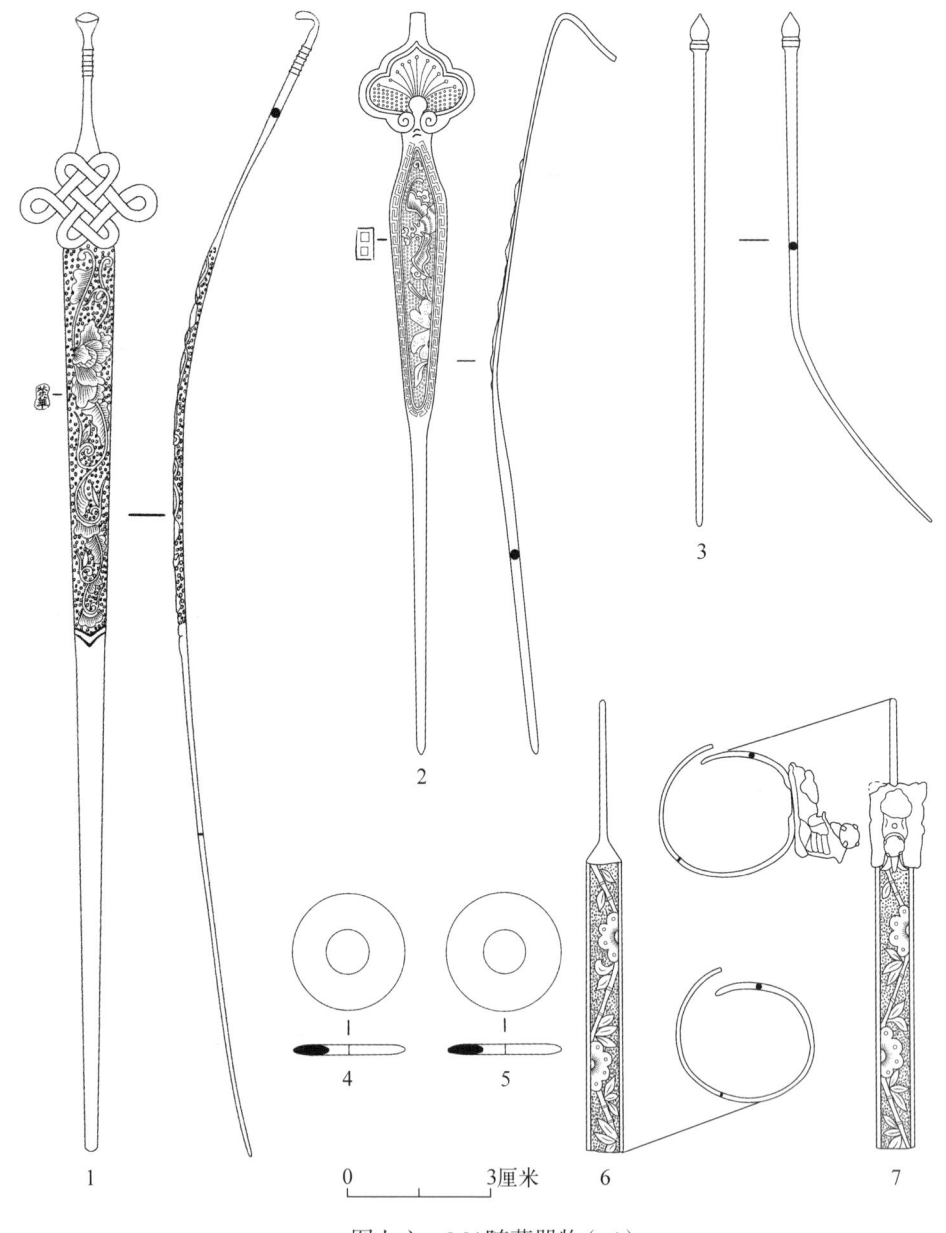

图七六　M4随葬器物（二）

1、2. 银簪（M4∶14、M4∶11）　3. 银簪（M4∶9）　4、5. 玉环（M4∶7-1、M4∶7-2）　6、7. 铜耳环（M4∶8-1、M4∶8-2）

铜簪1件。M4∶13,首为五瓣花朵状,每瓣花朵内镶紫色玛瑙,间隔五片叶子,顶部镶嵌物缺失。背面附圆片衬,铸成一体。体扁平。首高0.5、首宽3、残长9.5厘米(图七四,3;彩版四一,1)。

铜手镯2件。形制、大小基本相同。平面近桃形,剖面近半圆形。正面接口两侧刻如意云纹状,中间两目突出如兽面,后依次接细密三角纹、点纹、花卉纹、草叶纹,背面扁平,刻"太星"。接口不齐。M4∶4-1,周长21.5、宽1、直径6.5-7.3厘米,重64.4克(图七五,1;彩版三八,1,左);M4∶4-2,周长21.7、宽1、直径6.4-7.3厘米,重64.1克(图七五,2;彩版三八,1,右)。

铜耳环2件。形制、大小基本相同。体扁平,一端呈圆柱状,正面刻两组花草纹,每组方向相反,间刻细密圆点纹,上下边缘略凸。M4∶8-1,背面刻"德源"。宽0.1-0.78、周长8.1厘米(图七六,6;彩版三九,2,右)。M4∶8-2,外表锈蚀严重。宽0.15-0.8、周长8.1、首高1.4、首宽1.4厘米(图七六,7;彩版三九,2,左)。

青花瓷罐1件。M4∶16,厚圆唇、直口,折沿,颈部微束,圆肩,弧腹,圈足,大平底。细白胎,局部有漏釉缩釉现象。唇下绘一周弦纹。颈部绘一周回字纹。腹部以双钩技法绘上下两组缠枝花卉纹。釉面光滑,制作精美,釉色较浅,青花淡雅。口径8、肩径18.2、底径14.6、高17.7厘米(图七七,1;彩版四二,1)。

半釉罐1件。M4∶18,方唇、平沿,直口,束颈,圆肩,肩部以下弧收,平底略内凹。口沿外壁及内壁施绿釉,其余露红褐胎。素面。外壁可见轮制抹痕。口径9.4、肩径13.8、底径9.6、高13.2厘米(图七七,3;彩版四二,3)。

陶罐1件。M4∶17,方唇、侈口,卷沿,束颈,圆肩,斜腹,平底略内凹。泥制红褐陶,局部泛白。素面。腹部以下刻凹弦纹数条,外壁有轮制抹痕。口径9.3、肩径12.8、底径8、高10.3厘米(图七七,2;彩版四二,2)。

乾隆通宝2枚。平钱、方穿、宽郭,钱体厚重。钱面文为"乾隆通宝"四字,上下左右对读。背穿左右为满文"宝源"局名。标本:M4∶19-1,钱径2.35、穿径0.6、厚0.12厘米(图七八,1)。

M16 位于发掘区东南部。东西向,方向为275°。墓口距地表深1米,墓底距地表深1.64-1.8米。墓圹东西长2.48-2.64、南北宽2.8、深0.64-0.8米(图七九;彩版二〇,3)。

棺木已朽。北棺残长1.89、宽0.54-0.6、残高0.24米。中棺残长1.89、宽0.54、残高0.24米。南棺残长1.84、宽0.5-0.7、残高0.06米。棺内骨架皆保存较差。人骨头向、面向、葬式、性别均不详。南棺打破中棺。内填花土,土质较松。随葬器物有陶罐、铜钱。

半釉罐1件。M16∶1,厚方唇、直口,颈部微束,溜肩,斜腹,平底略内凹。肩部以上外壁及口沿内壁施酱绿釉,有流釉现象,其余露红褐胎。底部不规整。外壁有轮制抹痕,底部有偏心旋纹。细砂褐陶,器体较重。素面。口径9.2、肩径10、底径7.2、高10.4厘米(图七七,4;彩版四二,4)。

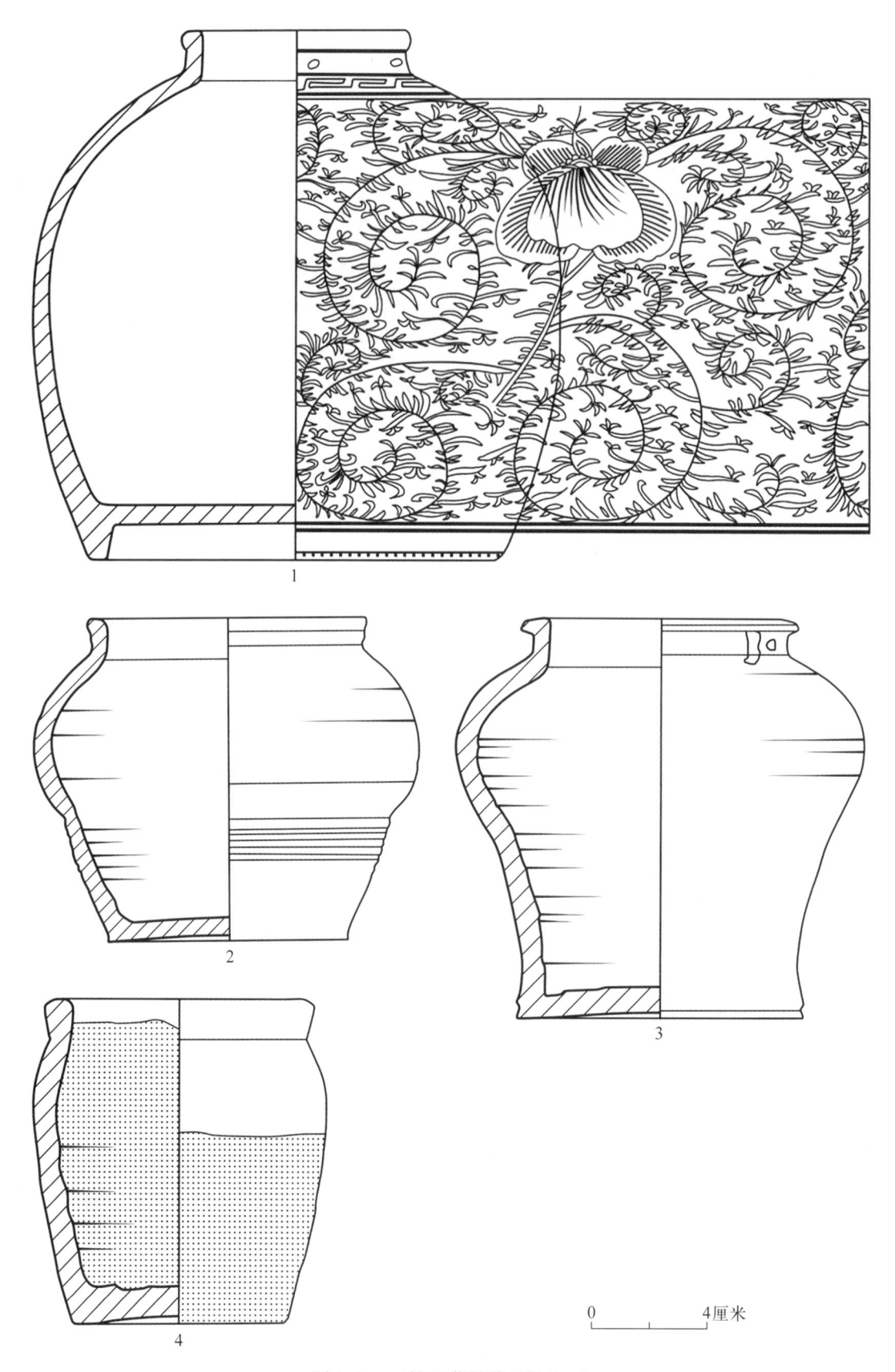

图七七 三棺墓葬随葬器物(一)

1. 青花瓷罐(M4:16) 2、4. 陶罐(M4:17、M16:1) 3. 半釉罐(M4:18)

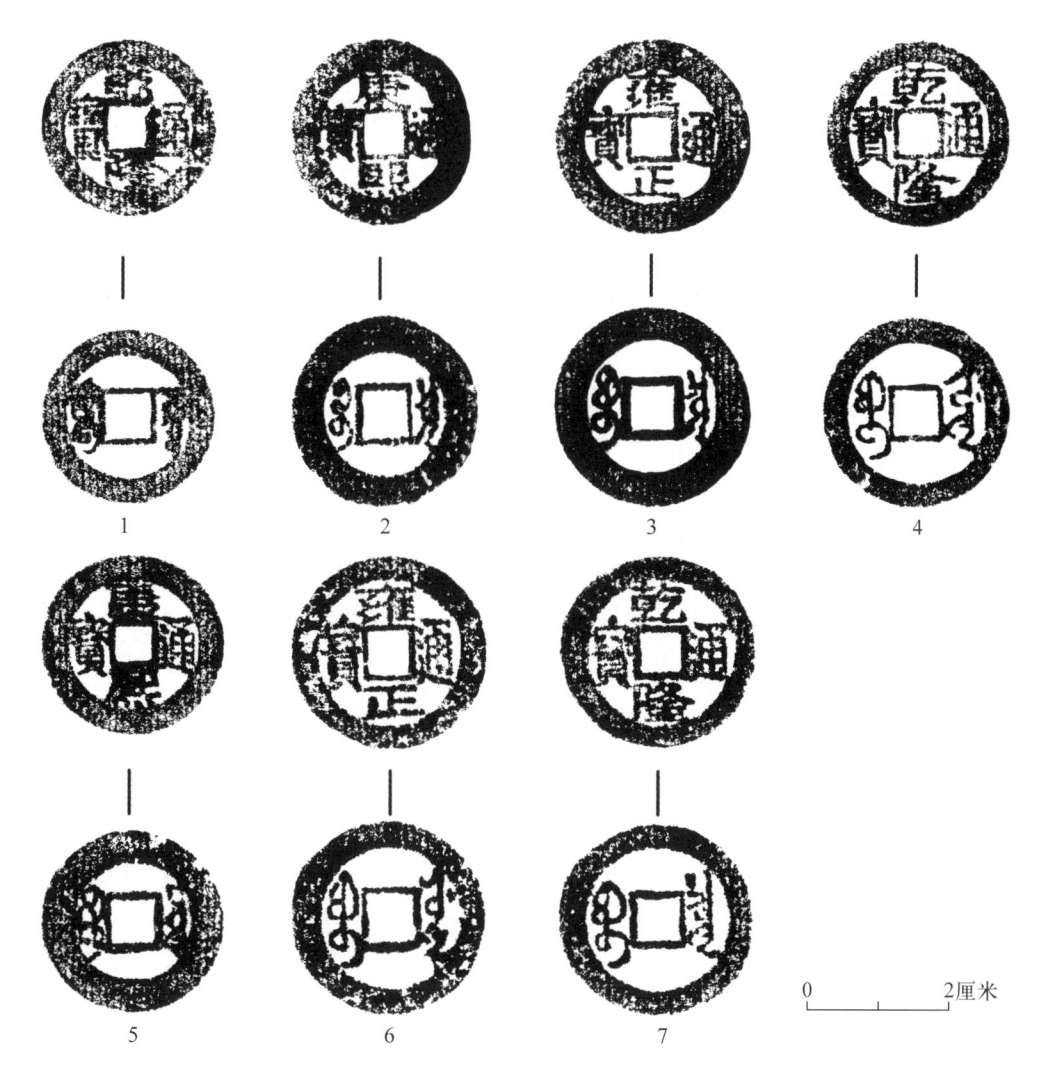

图七八　三棺墓葬随葬铜钱

1、4、7. 乾隆通宝（M4：19-1、M16：2-3、M16：3-3）　2、5. 康熙通宝（M16：2-1、M16：3-1）
3、6. 雍正通宝（M16：2-2、M16：3-2）

康熙通宝5枚。平钱、方穿，宽郭，钱体厚重。钱面文为"康熙通宝"四字，上下左右对读。背穿左右为满文"宝泉"局名。标本：M16：2-1，钱径2.6、穿径0.55、厚0.1厘米（图七八，2）。标本：M16：3-1，钱径2.4、穿径0.5、厚0.1厘米（图七八，5）。

雍正通宝4枚。平钱、方穿，宽郭，钱体厚重。钱面文为"雍正通宝"四字，上下左右对读。标本：M16：2-2，背穿左右为满文"宝泉"局名。钱径2.65、穿径0.5、厚0.1厘米（图七八，3）。标本：M16：3-2，背穿左右为满文"宝源"局名。钱径2.6、穿径0.55、厚0.1厘米（图七八，6）。

乾隆通宝4枚。平钱、方穿，宽郭，钱体厚重。钱面文为"乾隆通宝"四字，上下左右对读。标本：M16：2-3，背穿左右为满文"宝源"局名。钱径2.55、穿径0.52、厚0.1厘米（图七八，4）。标本：M16：3-3，背穿左右为满文"宝泉"局名。钱径2.55、穿径0.48、厚0.1厘米（图七八，7）。

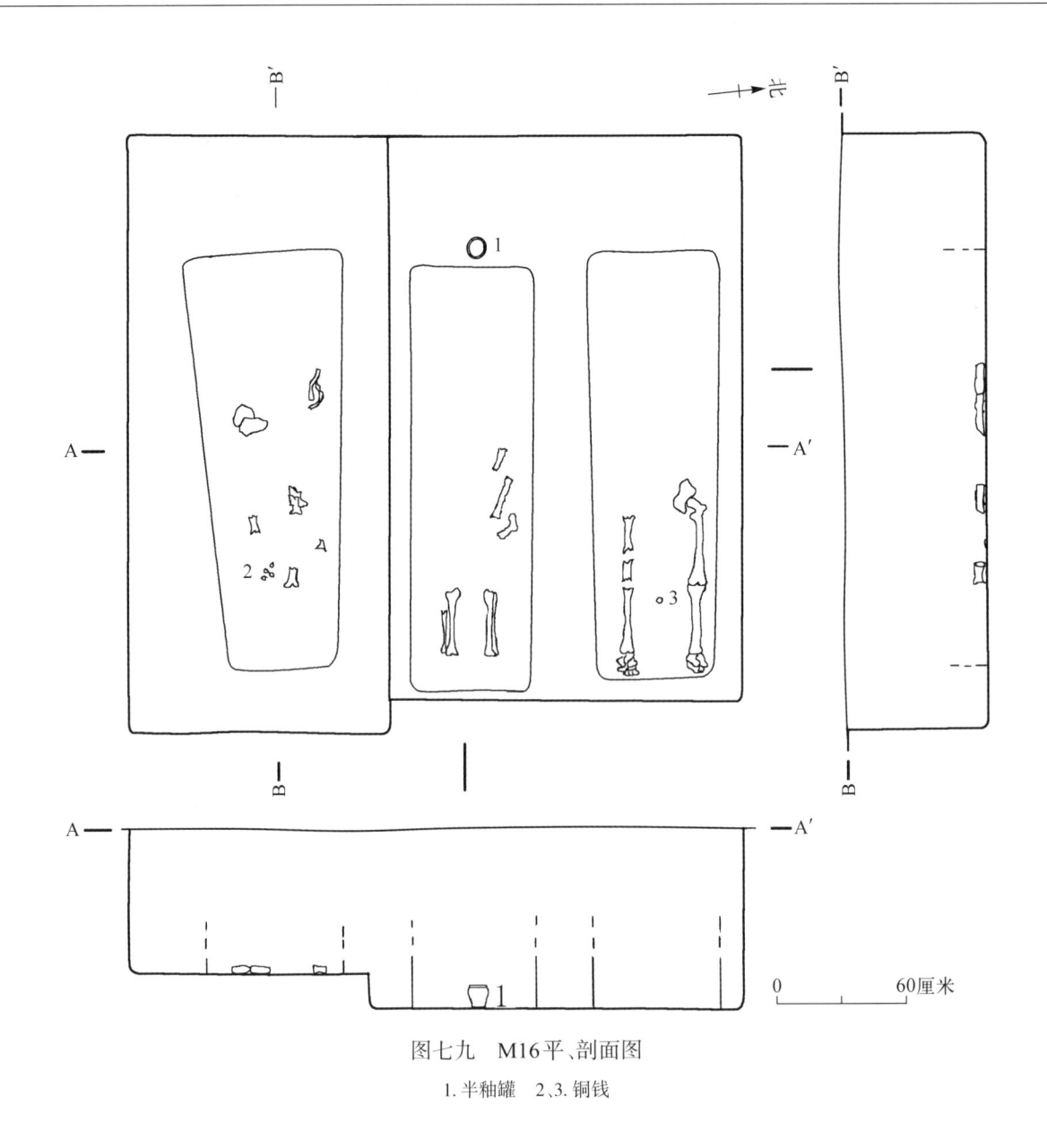

图七九　M16平、剖面图
1.半釉罐　2、3.铜钱

4. 四棺墓

M3　位于发掘区中北部，南邻M2。南北向，方向为200°。平面呈长方形。墓口距地表深1米，墓底距地表深1.75-2.3米。墓圹长2.9、宽3.8、深0.75-1.3米（图八○；彩版二一，1、2）。

棺木已朽。由西向东分为A、B、C、D棺。A棺残长2.1、宽0.7-0.8、残高0.46、厚0.12米。骨架保存较差。棺内人骨为老年女性，头向、面向、葬式均不详。B棺残长2.16、宽0.7-0.8、残高0.3、厚0.12米。骨架保存较好。棺内人骨为老年女性，仰身直肢葬。头向南，面向东。C棺残长1.72、宽0.58-0.66、残高0.5、厚0.1米。骨架保存较好。棺内人骨为老年女性，仰身直肢葬。头向南，面向南。D棺残长2.18、宽0.76-0.88、残高0.3、厚0.12米。骨架保存较差。棺内人骨为老年男性，仰身直肢葬。头向南，面向上。内填花土，土质较松。随葬器物有银簪、玉戒指、铜

第三章　C4地块考古发掘报告

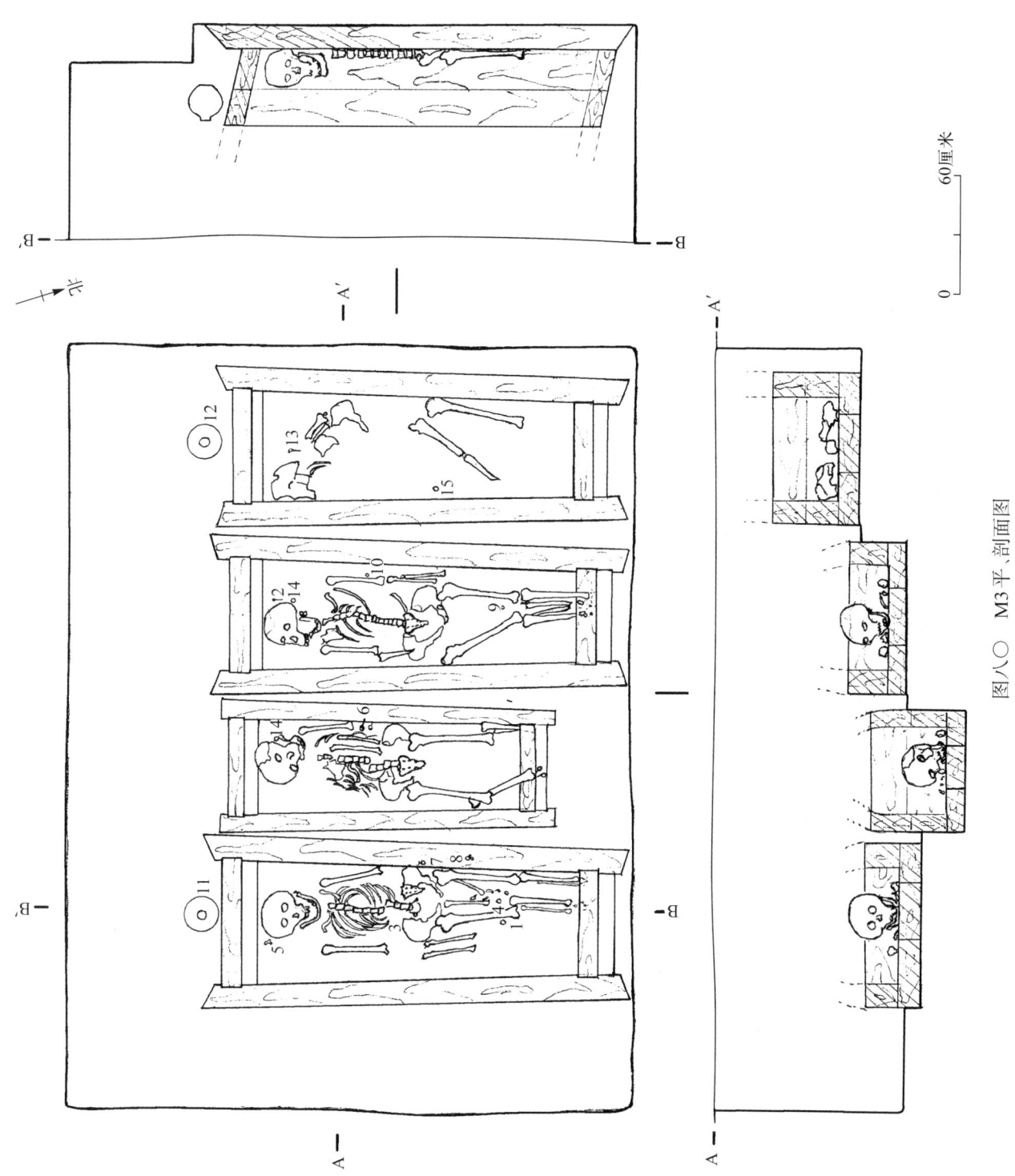

图八〇　M3平、剖面图

1、4、9、15. 铜钱　2. 银簪　3. 铜扣　5. 铜顶戴　6. 棺钉　7. 鼻烟壶　8. 骨托盘　10. 玉戒指　11. 青花瓷罐　12. 白瓷罐　13. 铜簪　14. 铜耳钉

扣、铜顶戴、铜簪、铜耳钉、铁棺钉、鼻烟壶、骨托盘、青花瓷罐、白瓷罐、铜钱。

银簪1件。M3:2，首呈佛手拈花状，银锤揲成片，同向卷曲，腕部以丝缠成如意云纹头。体呈圆锥状，尾尖锐。首高2、首宽1.5、通长14.6厘米，重3.6克（图八一，4；彩版四三，1）。

玉戒指1件。M3:10，白色，圆形，表面略鼓，背面扁平。通体磨光。直径2.5、宽0.7、周长7.2厘米，重3.5克（图八一，8；彩版四五，1）。

铜扣1枚。M3:3，圆球形，上铸花纹，间隔细密圆点纹，模糊不清，附有纺织物。残高0.6、直径1.2厘米（图八一，9；彩版四三，2）。

铜顶戴1件。M3:5，圆球状，顶部贴圆寿纹，底托为三层镂空莲花瓣状，中联以凸弦纹，下接帽盔状座，上铸四层镂空莲花瓣，中焊缀圆珠，底平沿。内有实隼，上有螺纹。高5.1、直径3.2-3.6厘米（图八一，5；彩版四三，3）。

铜簪1件。M3:13，首呈六面禅杖形，每面以丝缠成如意纹云纹状，下系铜环，顶为葫芦状，颈部鼓凸，饰两道凸弦纹，体呈圆锥状。首高4、首宽1.8、通长16.2厘米（图八一，3；彩版四五，2）。

铜耳钉1支。M3:14，钉面圆形，上刻圆寿纹，体弯曲呈倒"5"字形，尾折。首宽1.5、首高0.1、通长5.4厘米（图八一，7；彩版四五，3）。

铁棺钉1件。柱状，弯曲，残断。M3:6，残长8.4、宽0.3-1.3厘米（图八一，10；彩版四四，1）。

鼻烟壶1件。M3:7，白色玉质，直口，颈部较短，圆腹，平底内凹，体扁平，两侧凸出。通体磨光，晶莹润泽。盖为青铜质，上部为瓷质，釉面脱落，露白胎。口径1.8、底径2、肩颈5、宽1.1-2.3、通高6.8厘米，重92克（图八一，6；彩版四四，2）。顶直径1.6、高0.7厘米。

骨托盘1件。M3:8，褐色，圆唇，侈口，浅腹，平底，矮圈足。通体磨光。口径4.6、底径3.6、高0.8厘米（图八一，11；彩版四四，3）。

青花瓷罐1件。M3:11，圆唇、直口、折沿，矮直颈，圆肩，弧腹，矮圈足，缺盖。颈、肩处一周未施釉露白胎，下部绘变形回字纹。肩部绘一周连续如意云头纹，下腹部绘五组缠枝花卉纹。底部绘变形莲瓣纹。釉面光滑，做工精美。此器物为康熙朝作品。口径8.2、肩径20、底径15.2、高18.5厘米（图八一，1；彩版四六，1）。

白瓷罐1件。M3:12，方唇，平沿，盘口，矮直颈，圆宽肩，弧腹，底部略内凹，足背宽平。胎土细白，胎质坚致。外壁、底部中心部位施白釉，釉面呈细密冰裂片状，唇部、底部外圈未施釉露白胎。釉面光滑，呈半木光，制作精美。口径10.8、肩径18.4、底径12.6、高15.8厘米（图八一，2；彩版四六，2）。

宽永通宝3枚。平钱、方穿，宽郭，钱体厚重。钱面文为"宽永通宝"四字，上下左右对读。背穿无字。标本：M3:1-1，钱径2.45、穿径0.6、厚0.1厘米（图八一，12）。

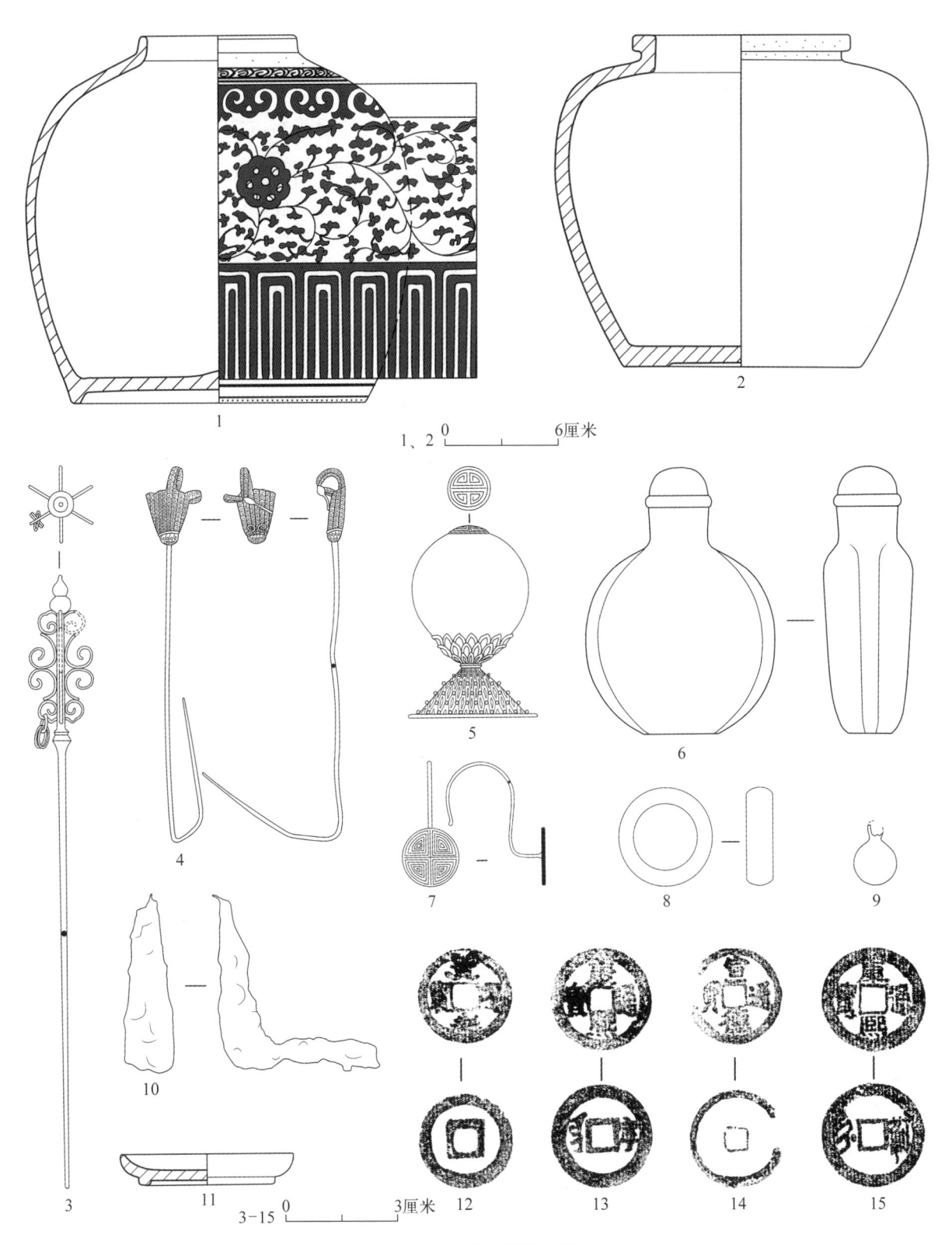

图八一 四棺墓葬随葬器物

1. 青花瓷罐（M3:11） 2. 白瓷罐（M3:12） 3. 铜簪（M3:13） 4. 银簪（M3:2） 5. 铜顶戴（M3:5） 6. 鼻烟壶（M3:7）
7. 铜耳钉（M3:14） 8. 玉戒指（M3:10） 9. 铜扣（M3:3） 10. 棺钉（M3:6） 11. 骨托盘（M3:8） 12. 宽永通宝
13、15. 康熙通宝（M3:4、M3:15-1） 14. 宣德通宝（M3:9）

宣德通宝1枚。M3∶9，平钱、方穿，宽郭，钱体厚重。钱面文为"宣德通宝"四字，上下左右对读。背穿无字。钱径2.5、穿径0.5、厚0.1厘米（图八一，14）。

康熙通宝5枚。平钱、方穿，宽郭，钱体厚重。钱面文为"康熙通宝"四字，上下左右对读。标本：M3∶4，背穿左为满文"宁"，右为汉字"宁"局名。钱径2.65、穿径0.52、厚0.1厘米（图八一，13）。标本：M3∶15-1，背穿左为满文"蓟"，右为汉字"蓟"局名。钱径2.72、穿径0.52、厚0.1厘米（图八一，15）。

5. 搬迁墓，共分两型。平面均呈长方形。

A型 单棺，7座。

M1 位于发掘区西北部。南北向，方向为330°。墓口距地表深1.2米，墓底距地表深1.9米。墓圹南北长2.4、东西宽1.1、深0.7米（图八二；彩版二二，1）。

内填花土，土质较松。未发现骨架、葬具及随葬器物。

M5 位于发掘区中北部，西邻M2，北邻M6。南北向，方向为225°。墓口距地表深1.3米，墓底距地表深1.7米。墓圹南北长2.5、东西宽1.1、深0.4米（图八三；彩版二二，2）。

内填花土，土质较松。未发现骨架、葬具及随葬器物。

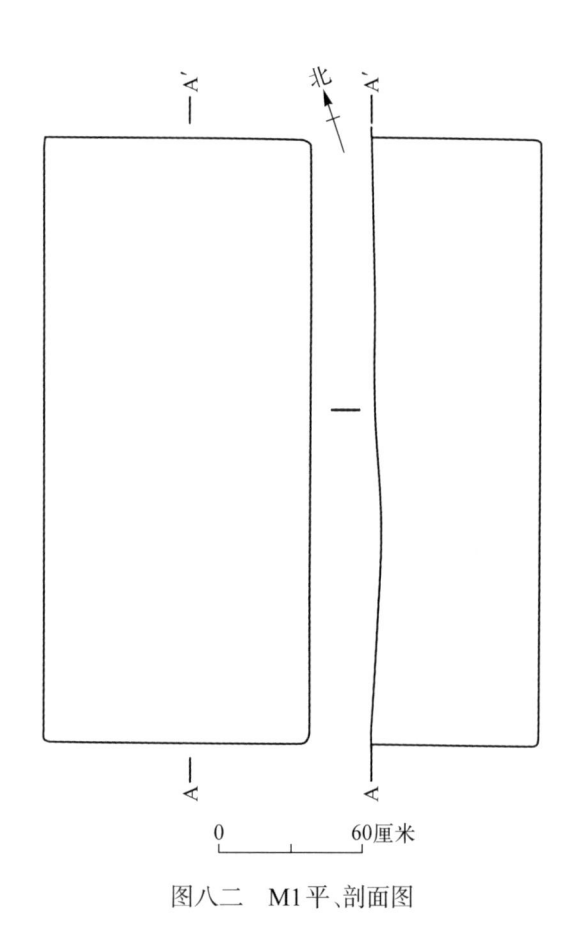

图八二 M1平、剖面图

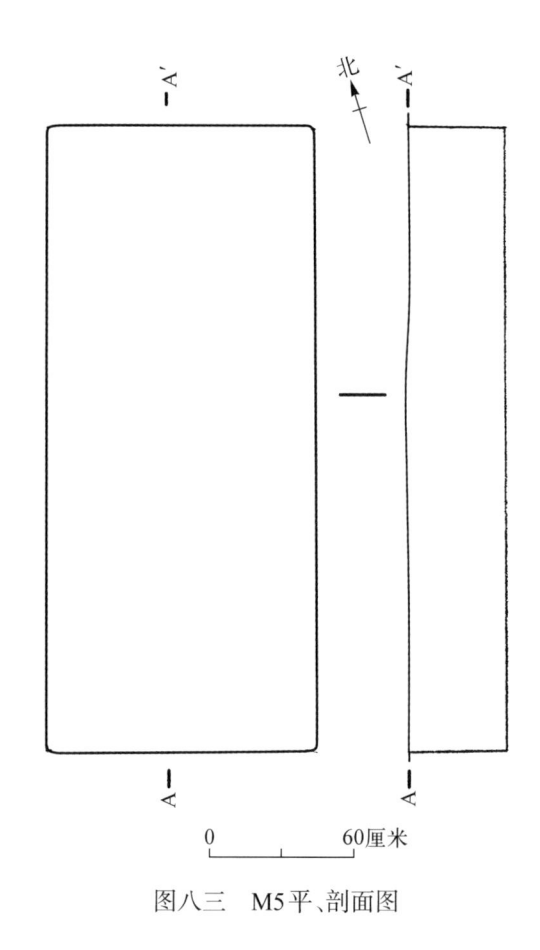

图八三 M5平、剖面图

M12 位于发掘区东南部。东西向，方向为260°。墓口距地表深0.3米，墓底距地表深1.1米。墓圹东西长2.6、南北宽1.12-1.2、深0.8米（图八四；彩版二三，1）。

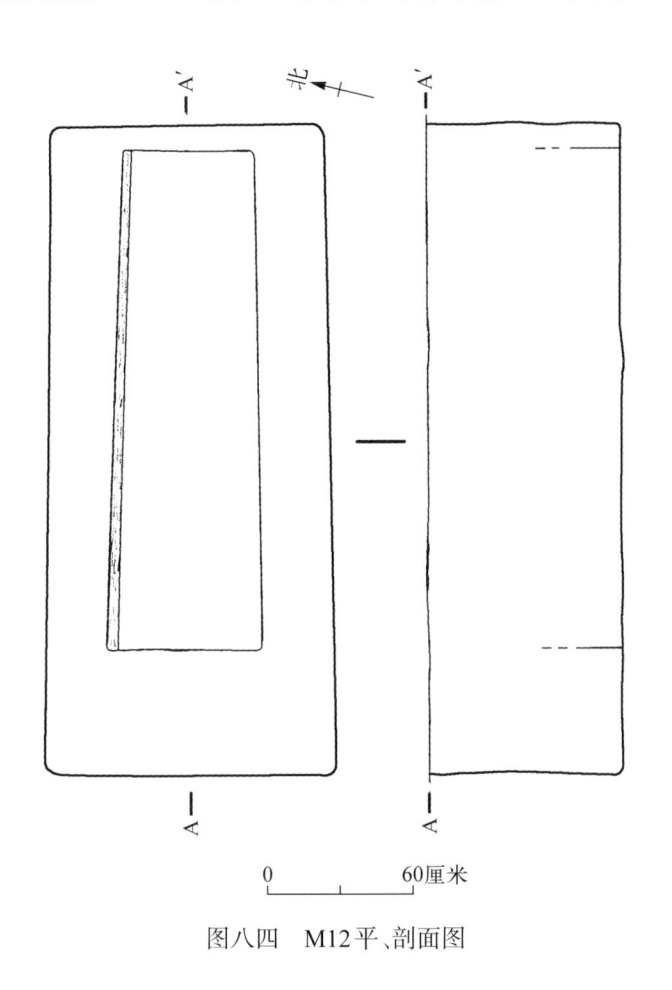

图八四 M12平、剖面图

棺木已朽。残长2、宽0.54-0.64、残高0.2米。内填花土，土质较松。未发现骨架及随葬器物。

M22 位于发掘区东南部。东西向，方向为265°。墓口距地表深1米，墓底距地表深2.04米。墓圹东西长2.16、南北宽1-1.02、深1.04米（图八五；彩版二三，2）。

棺木已朽。棺残长1.69、宽0.4-0.46、残高0.2米。内填花土，土质较松。未发现骨架及随葬器物。

M23 位于发掘区东南部。东西向，方向为265°。墓口距地表深1米，墓底距地表深1.48米。墓圹东西长2.65、南北宽0.73-0.89、深0.48米（图八六；彩版二三，3）。

棺木已朽。残长2.04、宽0.5-0.6、残高0.08米。棺内仅存几根肢骨。内填花土，土质较松。随葬器物有半釉罐1件。

M23：1，方唇、直口、溜肩、弧腹、平底。肩部以上外壁及口沿内壁施酱黄釉，有流釉现象，

图八五　M22平、剖面图

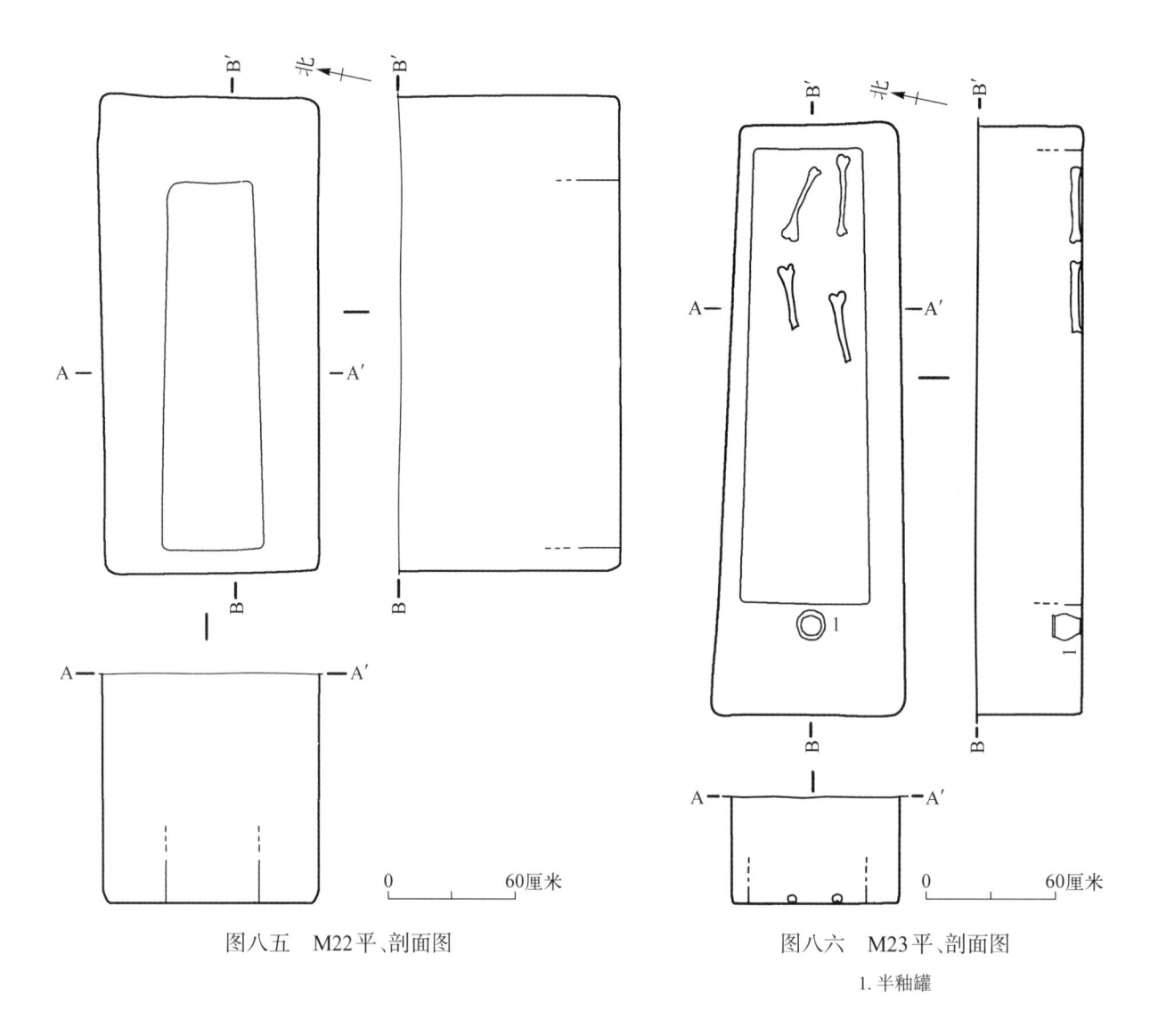

图八六　M23平、剖面图
1. 半釉罐

其余露红褐胎。外壁可见轮制抹痕，底部有偏心旋纹。口径8.8、肩径11.4、底径7.4、高11.7厘米（图八七，1；彩版四七，1）。

M24　位于发掘区东南部。东西向，方向为275°。墓口距地表深1米，墓底距地表深2米。墓圹东西长2.33、南北宽0.8-0.99、深1米（图八八；彩版二四，1）。

棺木已朽。残长1.78、宽0.42-0.52、残高0.18米。棺内仅余头骨、盆骨。内填花土，土质较松。随葬器物有陶罐1件。

M24：1，方唇、侈口，卷沿，唇面有浅凹槽近车轨状，束颈，溜肩，鼓腹，平底。外壁颈部、腹部拍横篮纹后抹平。火候较高，质地坚硬，器体厚重。粗砂褐陶。口径9.7、肩径16.2、底径10.2、高19.4厘米（图八七，2；彩版四七，2）。

M43　位于发掘区东南部。东西向，方向为265°。墓口距地表深1米，墓底距地表深1.8米。墓圹东西长2.4、南北宽1.2、深0.8米（图八九；彩版二四，2）。

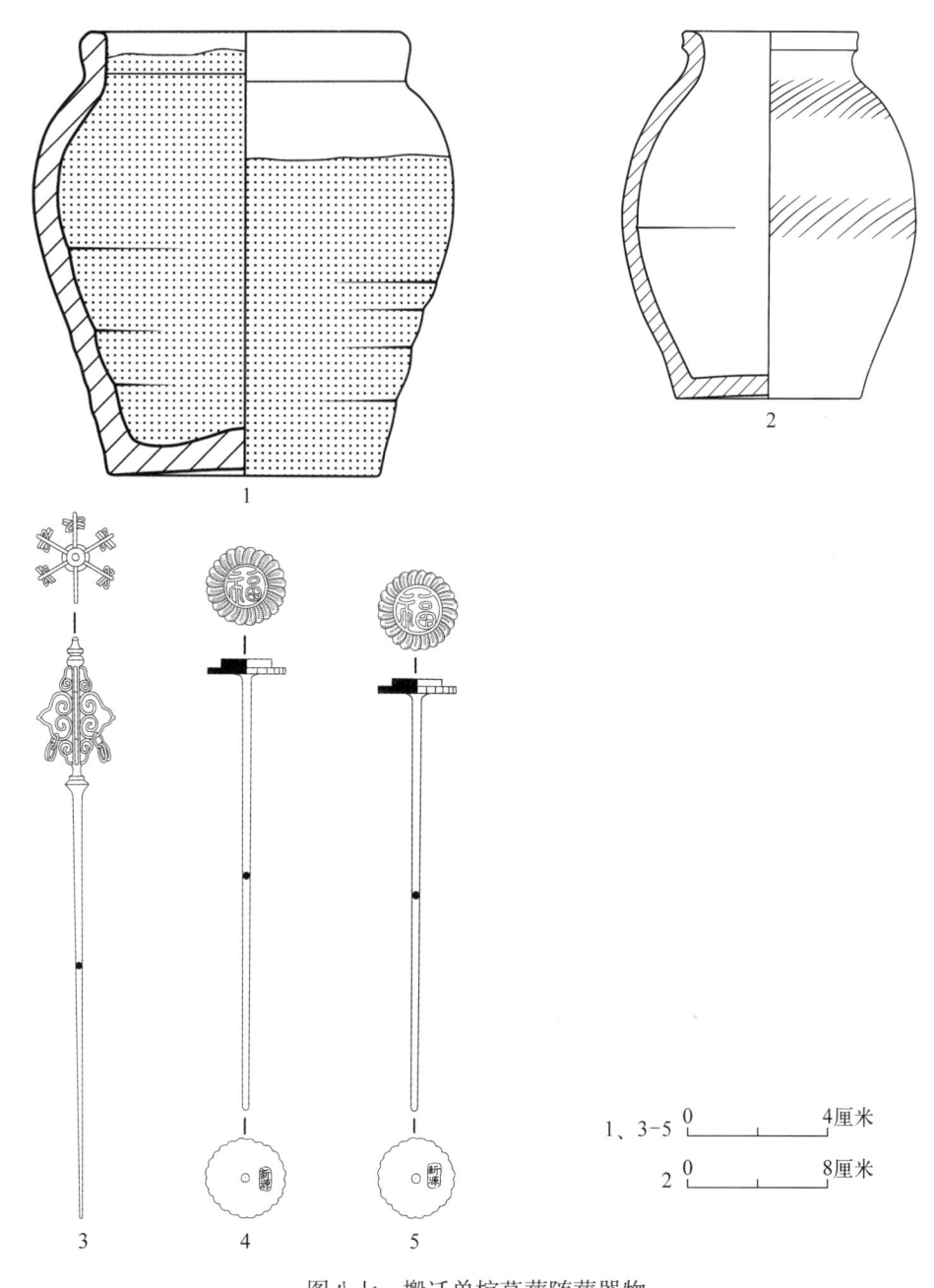

图八七　搬迁单棺墓葬随葬器物
1. 半釉罐（M23:1）　2. 陶罐（M24:1）　3-5. 铜簪（M43:3、M43:2、M43:1）

棺木已朽。残长2.1、宽0.66-0.78、残高0.2、厚0.09米。骨架保存较差，仅余几根肢骨。内填花土，土质较松。随葬器物有铜簪。

铜簪3件。葵圆形簪首，分为内外两部分。外为顺时针转的花瓣，瓣上刻细密的叶脉纹。内为圆形凸起，里铸一"福"字。背面戳印"新源"。体呈圆锥状，尾钝。M43:1，首宽2.2、首高0.4、通长11.9厘米（图八七，5；彩版四七，3）。M43:2，首宽2.2、首高0.4、通长12.3厘

图八九 M43 平、剖面图
1-3. 铜簪

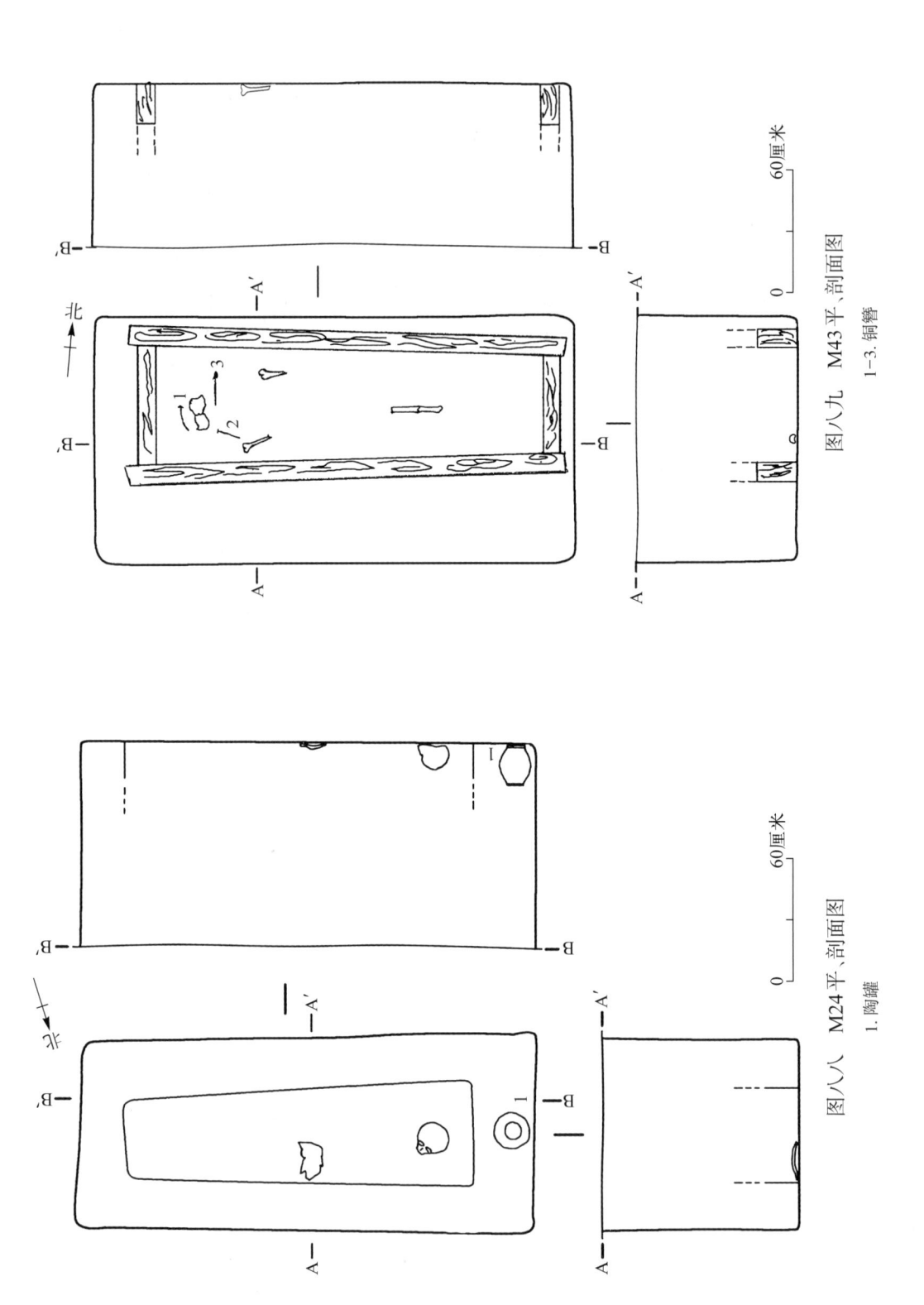

图八八 M24 平、剖面图
1. 陶罐

米(图八七,4;彩版四八,1、2)。M43:3,首为六面禅杖形,每面为如意纹状,由中间一组如意纹和上下各单朵云纹组成。顶为葫芦状,下部拴三个铜环,后两个共拴上一环,颈部饰两道凸弦纹,鼓凸。体为圆锥体。制作精美。首宽2.4、首高3.7、通长16.9厘米(图八七,3;彩版四八,3)。

B型 双棺墓,4座。

M11 位于发掘区东南部。东西向,方向为265°。墓口距地表深0.3米,墓底距地表深1.6米。墓圹东西长2.6、南北宽2~2.22、深1.3米(图九○;彩版二五,1)。

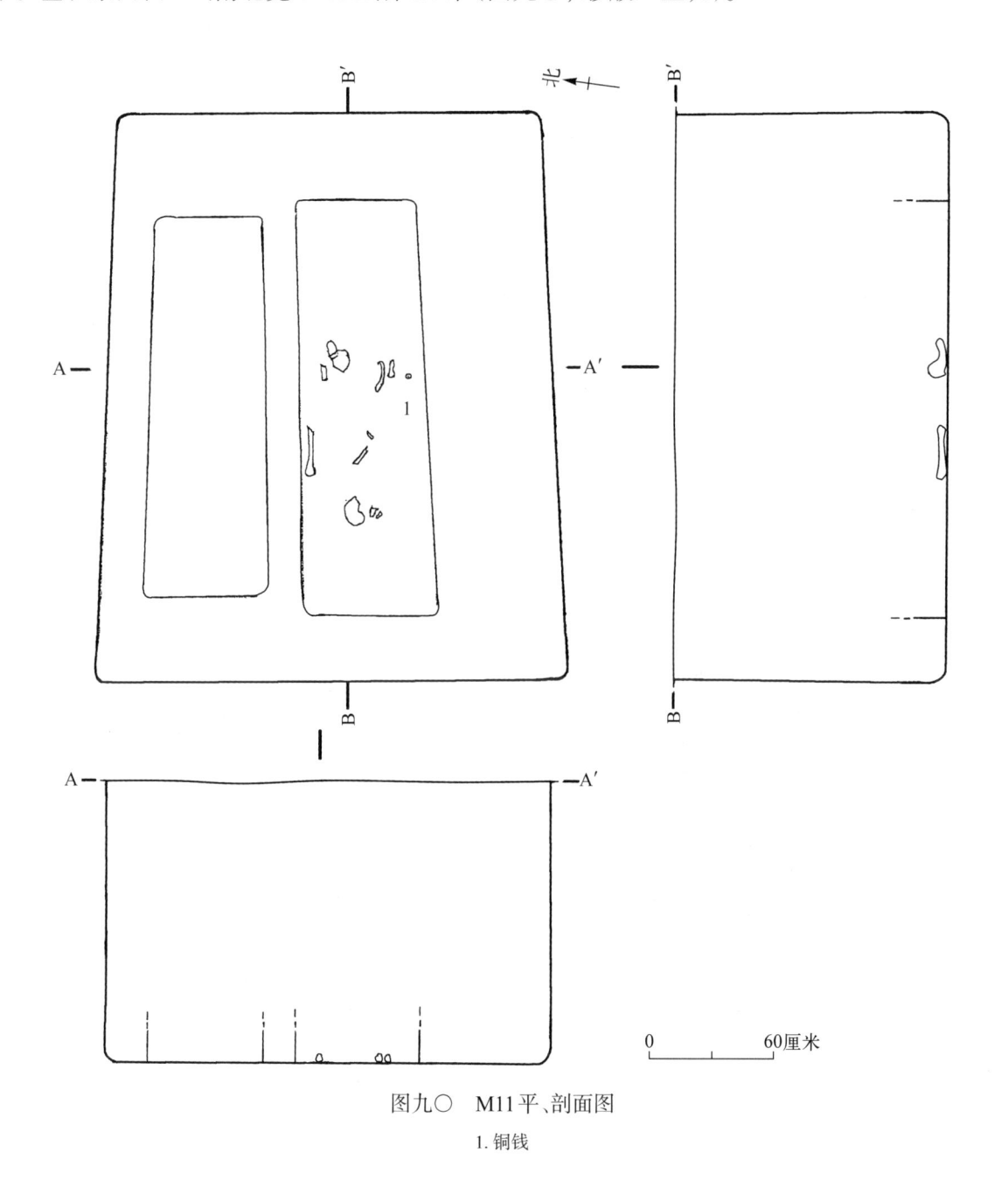

图九○ M11平、剖面图
1.铜钱

棺木已朽。北棺残长1.75、宽0.5-0.59、残高0.15米。未发现骨架。南棺残长1.92、宽0.57-0.64、残高0.15米。棺内仅余残骨。内填花土，土质较松。随葬器物有铜钱。

祥符通宝1枚。M11：1，平钱、方穿，宽郭，钱体厚重。钱面文为"祥符通宝"四字，旋读。背穿无字。钱径2.45、穿径0.62、厚0.1厘米（图九一，3）。

M19 位于发掘区东南部。东西向，方向为250°。墓口距地表深1米，墓底距地表深1.64-1.82米。墓圹东西长2.34-2.5、南北宽1.8、深0.64-0.82米（图九二；彩版二五，2）。

棺木已朽。北棺残长1.9、宽0.44-0.56、残高0.38米。棺内仅余几根肢骨。南棺残长1.66、宽0.4-0.6、残高0.21米。棺内未发现骨架。北棺晚于南棺。内填花土，土质较松。随葬器物有铜钱。

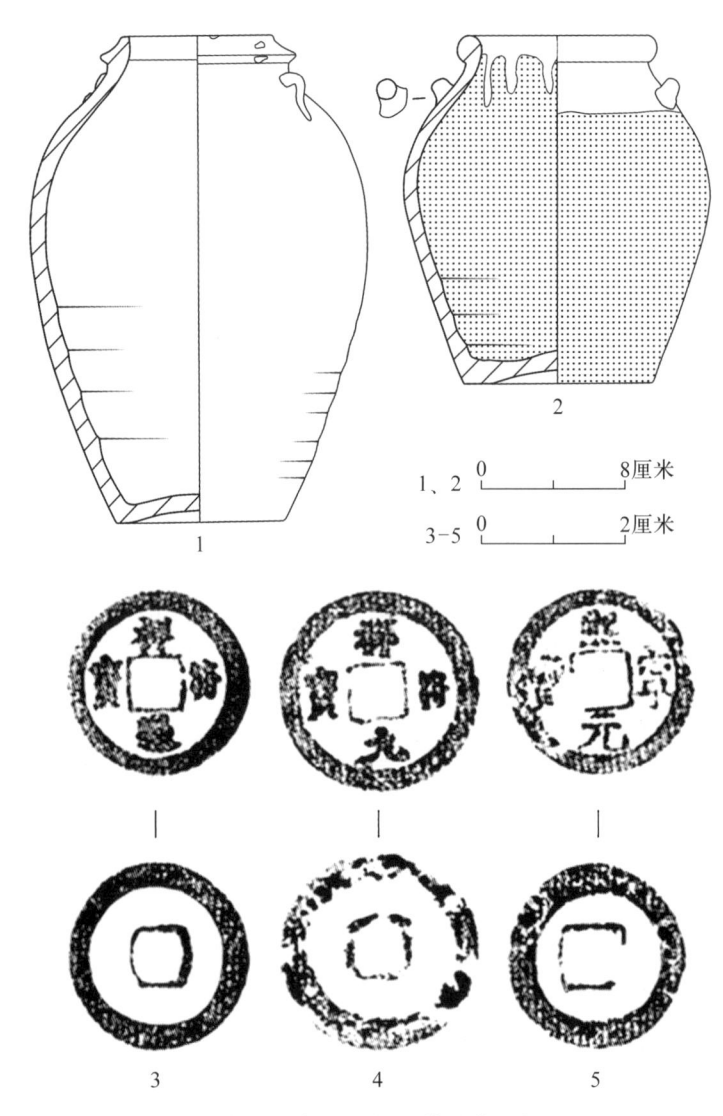

图九一 搬迁双棺墓葬随葬器物

1.瓷罐（M41：2） 2.半釉罐（M41：1） 3.祥符通宝（M11：1） 4.祥符元宝（M19：1-1） 5.熙宁元宝（M19：1-2）

图九二　M19平、剖面图
1.铜钱

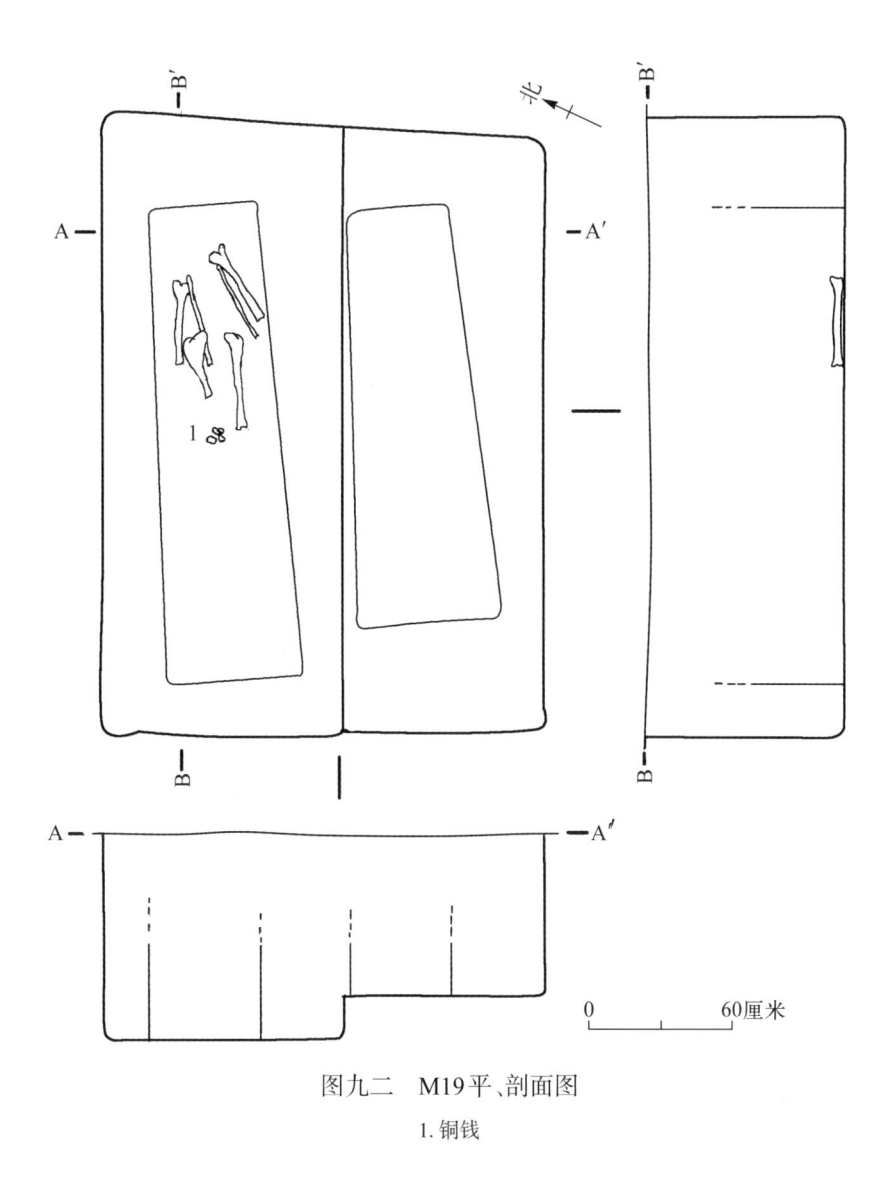

祥符元宝5枚。平钱、方穿，宽郭，钱体厚重。钱面文为"祥符元宝"四字，旋读。背穿无字。标本：M19:1-1，钱径2.5、穿径0.6、厚0.1厘米（图九一，4）。

熙宁元宝3枚。平钱、方穿，宽郭，钱体厚重。钱面文为"熙宁元宝"四字，旋读。背穿无字。标本：M19:1-2，钱径2.4、穿径0.65、厚0.1厘米（图九一，5）。

M41　位于发掘区东南部。东西向，方向为250°。墓口距地表深1米，墓底距地表深2.6米。墓圹东西长2.8、南北宽1.76-1.8、深1.6米（图九三；彩版二五，3）。

棺木已朽。北棺残长1.56、宽0.38-0.46、残高0.5米。南棺残长1.84、宽0.48-0.56、残高0.5米。棺内仅余几根肢骨。内填花土，土质较松。随葬器物有半釉罐、瓷罐。

半釉罐1件。M41:1，厚圆唇、侈口，卷沿，颈部较短，鼓肩，斜腹，底部内凹。肩部以上外壁及口沿内壁施黑釉，有流釉现象，其余露红褐胎。肩部对称贴附象鼻形横向双系。胎土经淘

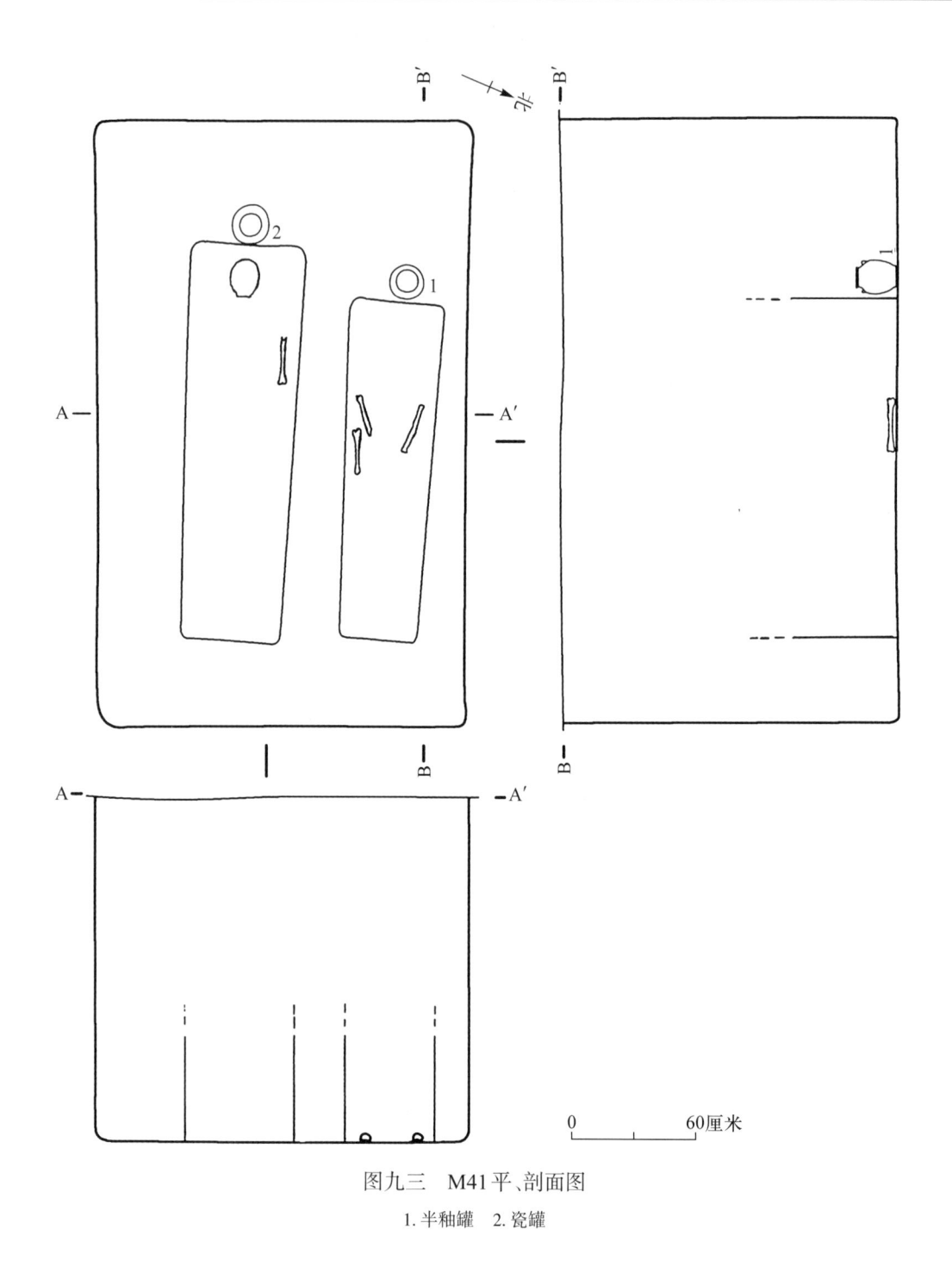

图九三　M41平、剖面图
1. 半釉罐　2. 瓷罐

洗，器身轻薄。素面。口径10.6、肩径16.2、底径10.2、高18厘米（图九一，2；彩版四九，1）。

瓷罐1件。M41：2，尖唇、母口，溜肩，弧腹，底部内凹。肩部贴附两两对称的桥形四系，不平均分布。粗砂褐胎。外表施褐釉，唇部、底部露褐胎。肩部、腹部可见轮制旋纹。火候较高，质地坚硬，器体厚重。口径7.8、肩径17.4、底径8.8、高24.4厘米（图九一，1；彩版四九，2）。

M42 位于发掘区东南部。东西向,方向为280°。墓口距地表深1米,墓底距地表深1.7米。墓圹东西长2.7、南北宽2.32—2.34、深0.7米(图九四;彩版二六,1)。

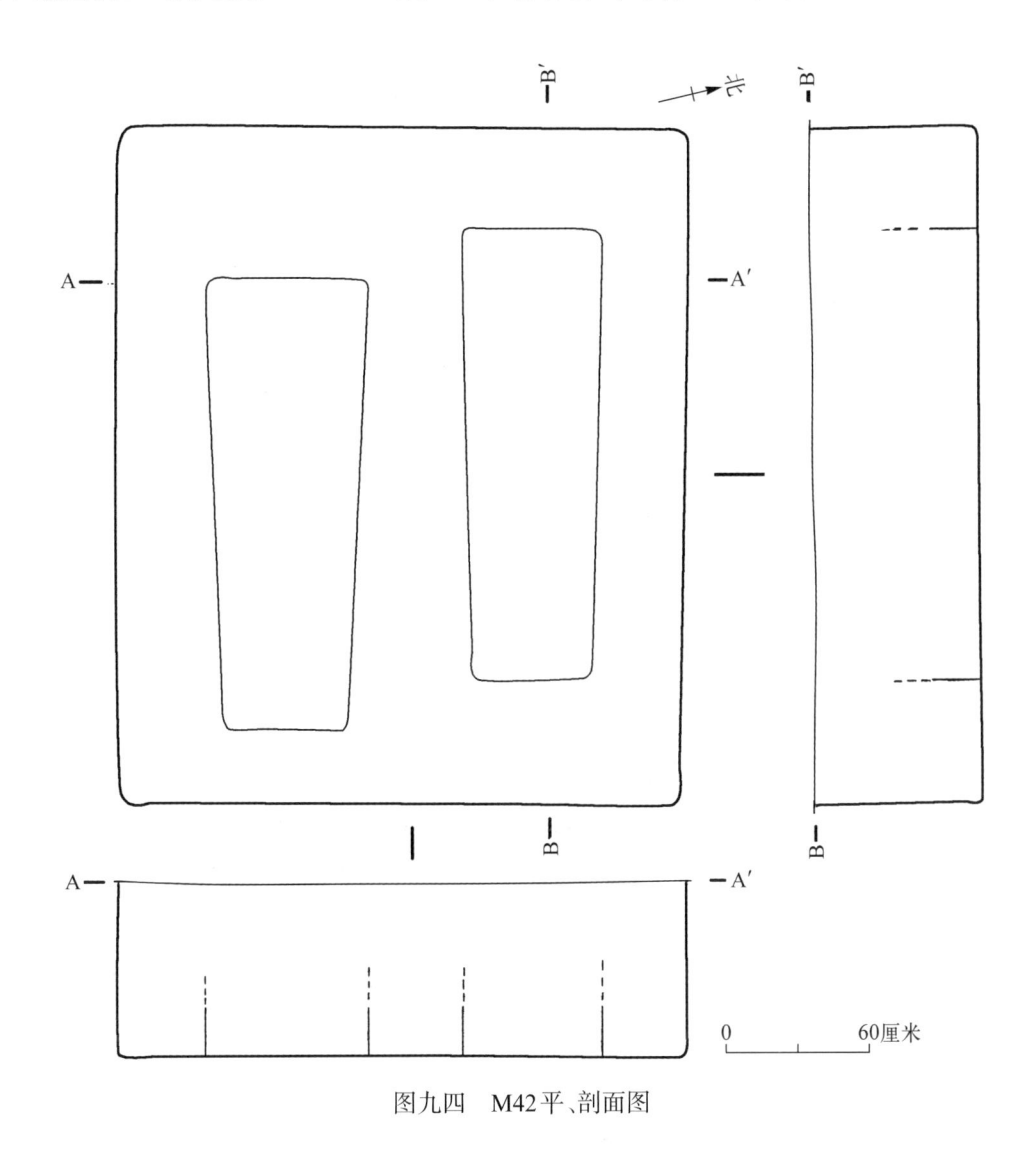

图九四 M42平、剖面图

棺木已朽。北棺残长1.8、宽0.48—0.58、残高0.2米。南棺残长1.8、宽0.5—0.66、残高0.2米。内填花土,土质较松。未发现骨架及随葬器物。

6. 砖室墓

M40 位于发掘区东南部。东西向,方向为230°。平面呈梯形。由于破坏严重仅残留土圹。墓口距地表深1米,墓底距地表深1.52米。墓圹东西长1.13—1.37、南北宽1.28、深0.52米(图九五;彩版二六,2)。

室内未发现葬具、骨架及随葬器物,内含大量青砖残块,墓底南端出方砖一块。内填花土,土质较松。

图九五　M40平、剖面图

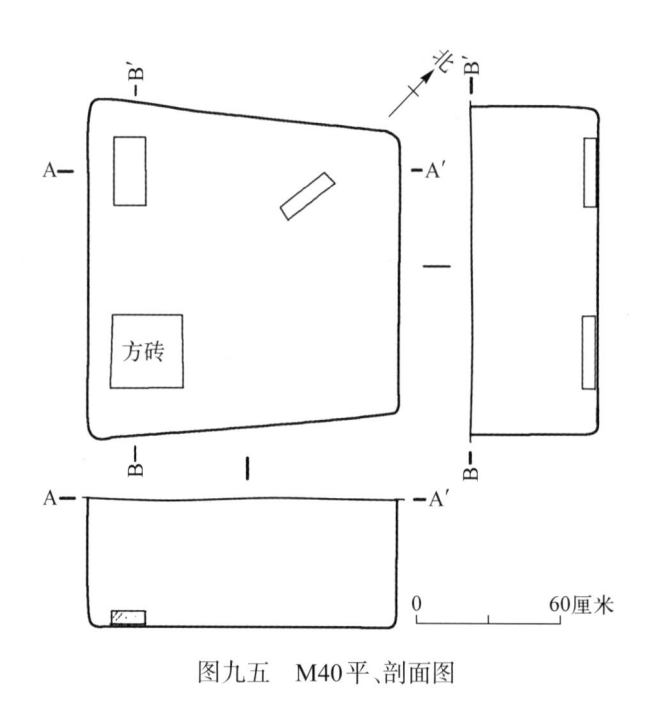

第四节　小　结

共发掘汉代墓葬1座，明代墓葬1座，清代墓葬41座，出土各类文物73件（不计铜钱）。清代墓葬中单棺墓11座，占27%；双棺墓15座，占37%；三棺墓2座，占5%；四棺墓1座，占2%；搬迁墓11座，占27%；砖室墓1座，占2%。墓向以东西方向居多，葬式绝大多数为仰身直肢葬。

出土器物中，大多为北京清代常见的器物。福寿簪M10∶1、M10∶3、M43∶1、M43∶2与昌平沙河M16∶4[①]、密云大唐庄M82∶2[②]、丽泽M149∶1[③]、通州东石村与北小营村B2地块M9∶1-2[④]等相似。八棱锤形首簪M10∶2与大兴小营M33∶2-3[⑤]、通州东石村与北小营村B1地块M14∶1[⑥]等相似。禅杖形簪M2∶4、M3∶13、M43∶3与通州田家府村E6地块M83∶4[⑦]、

[①] 北京市文物研究所：《昌平沙河——汉、西晋、唐、元、明、清代墓葬发掘报告》，科学出版社，2012年。
[②] 北京市文物研究所：《密云大唐庄——白河流域古代墓葬发掘报告》，上海古籍出版社，2010年。
[③] 北京市文物研究所：《丽泽墓地——丽泽金融商务区园区规划绿地工程发掘报告》，科学出版社，2016年。
[④] 北京市考古研究院：《通州东石村与北小营村——北京轻轨L2线通州段次渠站等土地开发项目考古发掘报告》，上海古籍出版社，2022年。
[⑤] 北京市文物研究所：《小营与西红门——北京大兴考古发掘报告》，上海古籍出版社，2018年。
[⑥] 北京市考古研究院：《通州东石村与北小营村——北京轻轨L2线通州段次渠站等土地开发项目考古发掘报告》，上海古籍出版社，2022年。
[⑦] 北京市文物研究所：《通州田家府村——通州文化旅游区A8、E1、E6地块考古发掘报告》，上海古籍出版社，2020年。

通州东石村与北小营村B2地块M29：3-1[1]等相近。首部穿孔簪M4：10与通州田家府村E6地块M85：2[2]等相近。五瓣形首簪M4：13与中坞M13：3[3]等相近。佛手簪M3：2与昌平张营M92：7[4]等相近。镶珍珠梅花形耳钉M2：5与奥运一期工程M17：3[5]等相近。如意纹簪柄M4：14与郑常庄燃气热电厂工程M1：6[6]等相近。圆柱形铜耳环M17：2与丽泽M225：2[7]等相近。圆寿纹铜耳钉M3：14与通州东石村与北小营村D1地块M3：6[8]等相近。弓形银押发M4：15与丰台王佐M67：3[9]等相近。铜顶戴M6：1、M3：5与六间房M1：1[10]、密云大唐庄M81：3[11]等相近。竹节状玉戒指M4：2与新街M7：1[12]等相近。长方形圆柱尾刻花铜耳环M4：8与丽泽M251：2、M251：3[13]等相近。圆环形和马鞍形玉戒指M4：3与奥林匹克会议中心M8：13[14]、奥运村M36：26[15]等相近。手镯M4：4与郑常庄燃气热电厂工程M3：1[16]等相近。料饰M4：6与通州田家府村E1地块M1：4-2[17]等相近。玉环M4：7与射击场M126：12[18]等相

---

[1] 北京市考古研究院：《通州东石村与北小营村——北京轻轨L2线通州段次渠站等土地开发项目考古发掘报告》，上海古籍出版社，2022年。
[2] 北京市文物研究所：《通州田家府村——通州文化旅游区A8、E1、E6地块考古发掘报告》，上海古籍出版社，2020年。
[3] 北京市文物研究所：《海淀中坞——北京市南水北调配套工程团城湖调节池工程考古发掘报告》，科学出版社，2017年。
[4] 北京市文物研究所：《昌平张营遗址北区墓葬发掘报告》，《北京考古》第二辑，北京燕山出版社，2008年。
[5] 《奥运一期工程考古发掘报告》，北京市文物局、北京市文物研究所：《北京奥运场馆考古发掘报告》，科学出版社，2007年。
[6] 《郑常庄燃气热电工程考古发掘报告》，北京市文物局、北京市文物研究所：《北京奥运场馆考古发掘报告》，科学出版社，2007年。
[7] 北京市文物研究所：《丽泽墓地——丽泽金融商务区园区规划绿地工程发掘报告》，科学出版社，2016年。
[8] 北京市考古研究院：《通州东石村与北小营村——北京轻轨L2线通州段次渠站等土地开发项目考古发掘报告》，上海古籍出版社，2022年。
[9] 北京市文物研究所：《丰台王佐遗址》，科学出版社，2010年。
[10] 《六间房墓葬区发掘报告》，北京市文物研究所：《北京段考古发掘报告集》，科学出版社，2008年。
[11] 北京市文物研究所：《密云大唐庄——白河流域古代墓葬发掘报告》，上海古籍出版社，2010年。
[12] 《新街墓葬区发掘报告》，北京市文物研究所：《北京段考古发掘报告集》，科学出版社，2008年。
[13] 北京市文物研究所：《丽泽墓地——丽泽金融商务区园区规划绿地工程发掘报告》，科学出版社，2016年。
[14] 《奥林匹克会议中心工程考古发掘报告》，北京市文物局、北京市文物研究所：《北京奥运场馆考古发掘报告》，科学出版社，2007年。
[15] 《奥运村工程考古发掘报告》，北京市文物局、北京市文物研究所：《北京奥运场馆考古发掘报告》，科学出版社，2007年。
[16] 《郑常庄燃气热电工程考古发掘报告》，北京市文物局、北京市文物研究所：《北京奥运场馆考古发掘报告》，科学出版社，2007年。
[17] 北京市文物研究所：《通州田家府村——通州文化旅游区A8、E1、E6地块考古发掘报告》，上海古籍出版社，2020年。
[18] 《北京射击场工程考古发掘报告》，北京市文物局、北京市文物研究所：《北京奥运场馆考古发掘报告》，科学出版社，2007年。

近。扁圆形玉鼻烟壶M3∶7与奥林匹克森林公园M13∶1[①]、中关村电子城西区E5研发中心三期M8∶10[②]等相近。

银簪、铜耳环等背面戳印的文字，目前可以辨别的有"□英""太星""德源""□元""新源"。这些文字的发现，为手工业史和商业史的研究增加了新的资料。

方唇盘口圆肩白瓷罐M6∶6、M3∶12与采育西组团M8∶2[③]等相近。下腹弧收半釉罐M27∶1与通州东石村与北小营村B1地块M9∶1[④]等相近。青花瓷罐在北京清代单个墓地中出土较多，M2∶6、M6∶3、M4∶16、M3∶11与通州田家府村E1地块M1∶6[⑤]、大兴西红门M53∶1[⑥]、丰台亚林西三期M5∶3[⑦]、丰台岳各庄[⑧]、奥运村M42∶1[⑨]、五棵松篮球馆M48∶1[⑩]、鲁谷M8∶14、M10∶6、M8∶13[⑪]、丽泽墓地M17∶1和M238∶1[⑫]、新少年宫M31∶1[⑬]、姚家园M26∶1[⑭]、朝阳亮马住宅K地块出土瓷罐[⑮]等相近。它们的共同点是均为小口鼓腹青花罐，器体通身绘缠枝花草纹，不同的是罐体上所绘的具体花纹有所不同，有的底部加绘变形莲瓣纹。根据它们的形制、用料和绘画特点，可推断为清代景德镇窑烧制。

玉饰M7∶3、玉牌M4∶1-1、玉镯M4∶5、双系半釉罐M41∶1、双系瓷罐M41∶2等较少见。

出土铜钱的种类较杂。年代最早的为唐代的开元通宝，北宋的有祥符通宝、元丰通宝、淳化元宝、咸平元宝、景德元宝、元祐元宝、大观通宝、政和通宝、熙宁元宝、太平通宝，金代的有正

---

① 北京市文物研究所：《奥林匹克森林公园工程考古发掘报告》，《北京考古》（第二辑），北京燕山出版社，2008年。
② 《中关村电子城西区E5研发中心三期地块考古发掘报告》，北京市文物研究所：《单店与黑庄户——朝阳区考古发掘报告集》，上海古籍出版社，2021年。
③ 北京市文物研究所：《大兴古墓葬考古发掘报告集》，科学出版社，2020年。
④ 北京市考古研究院：《通州东石村与北小营村——北京轻轨L2线通州段次渠站等土地开发项目考古发掘报告》，上海古籍出版社，2022年。
⑤ 北京市文物研究所：《通州田家府村——通州文化旅游区A8、E1、E6地块考古发掘报告》，上海古籍出版社，2020年。
⑥ 《西红门商业综合区一、二、三号地块考古发掘报告》，北京市文物研究所：《小营与西红门——北京大兴考古发掘报告》，上海古籍出版社，2018年。
⑦ 北京市文物研究所：《北京市丰台区亚林西三期明清墓葬发掘简报》，《北京文博文丛》2014年第四辑。
⑧ 北京市文物研究所2009年发掘资料。
⑨ 《奥运村工程考古发掘报告》，北京市文物局、北京市文物研究所：《北京奥运场馆考古发掘报告》，科学出版社，2007年。
⑩ 《五棵松篮球馆工程考古发掘报告》，北京市文物局、北京市文物研究所：《北京奥运场馆考古发掘报告》，科学出版社，2007年。
⑪ 北京市文物研究所：《鲁谷金代吕氏家族墓葬发掘报告》，科学出版社，2010年。
⑫ 北京市文物研究所：《丽泽墓地——丽泽金融商务区园区规划绿地工程发掘报告》，科学出版社，2016年。
⑬ 《北京市新少年宫考古发掘报告》，北京市文物研究所：《京沪高铁北京段与北京新少年宫考古发掘报告集》，上海古籍出版社，2014年。
⑭ 北京市考古研究院：《朝阳姚家园——姚家园新村E地块配套中学考古发掘报告》，上海古籍出版社，2023年。
⑮ 北京市文物研究所2015年发掘资料。

隆元宝,明代的有洪武通宝、宣德通宝、天启通宝、嘉靖通宝、弘治通宝、万历通宝、泰昌通宝、崇祯通宝、宽永通宝,清代的有康熙通宝、雍正通宝、乾隆通宝、嘉庆通宝、道光通宝。

根据出土器物及铜钱,推断这批墓葬大部分年代为清代早中期,小部分可到清代晚期。

M6所出铭文石刻"乙酉朱太太墓",清代乙酉年有1885、1825、1765、1705、1645五个年份。因M6已出道光通宝,又未见咸丰、同治、光绪通宝,故推断墓主人葬于道光五年(1825)。

此次发掘为研究清代早中期该地区的丧葬习俗与墓葬形制提供了新的资料。

第四章　D1地块考古发掘报告

第一节　概　况

2016年5月26日-6月30日，北京市文物研究所（现北京市考古研究院）对通州区文化旅游区D1地块项目占地范围内的古代墓葬进行了考古发掘（彩版五〇）。考古发掘证照号为考执字（2016）第（394）号。

发掘区东邻大高力庄路、北邻群芳南街、南部和西部为耕地。中心区域GPS数据为N39°51′34.1″，E116°40′16.9″，H20米（图九六）。共发掘辽代墓2座、明墓9座（附表五），出土各类文物共计19件（不计铜钱），发掘面积共计150平方米（图九七）。

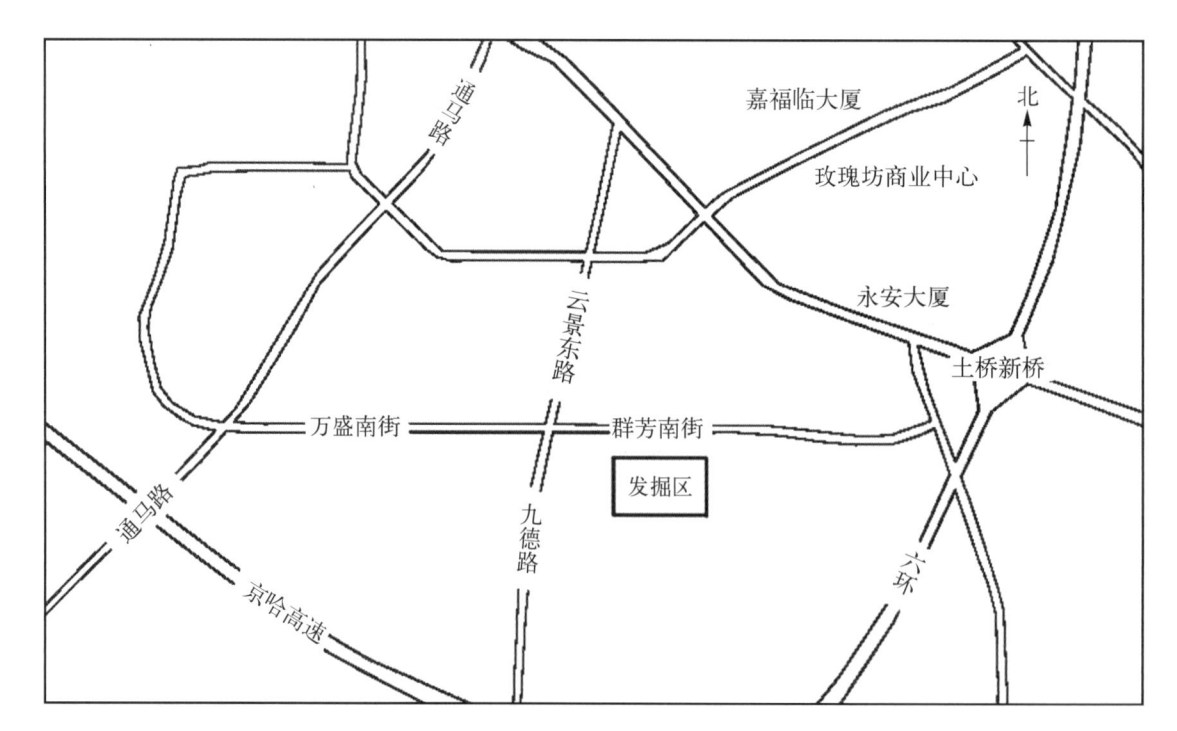

图九六　发掘区位置示意图

图九七 总平面图

第二节 地层堆积

发掘区的地层堆积可分三层(图九八):

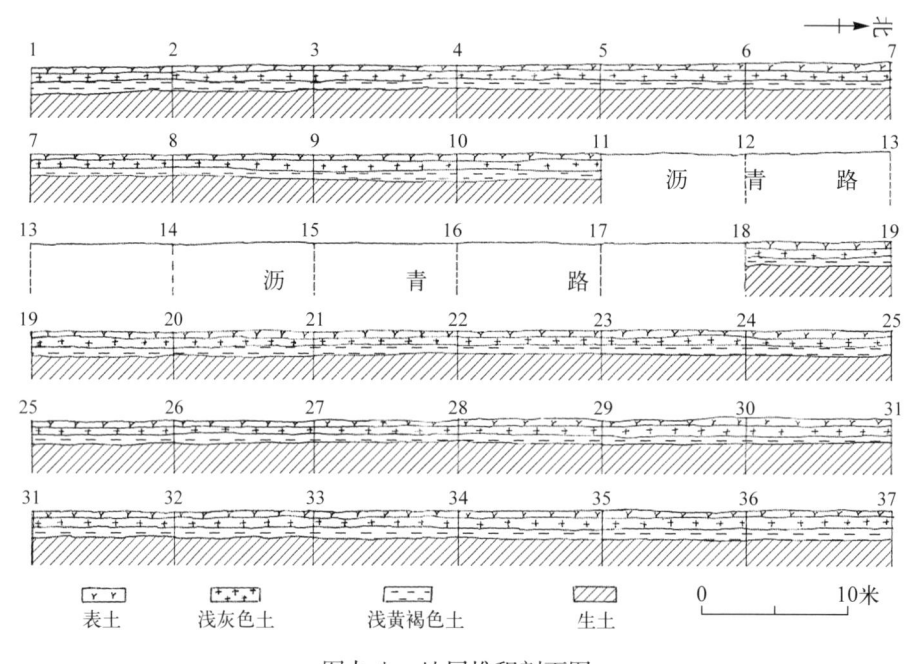

图九八 地层堆积剖面图

第①层:表土层,厚约0.2-0.45米,呈浅灰褐色,较松散,含植物根系。局部见大量建筑垃圾,厚约1.5-2米。

第②层:浅灰色土层,厚约0.2-0.4米,深0.3-0.7米,较致密,含木炭、煤渣。

第③层:浅黄褐色土层,厚约0.3-0.5米,深0.4-1.1米,较致密,较纯净。

该层下为黄褐色生土。

第三节 墓葬和遗物

(一) 辽代墓葬

均为土坑单室砖室墓,开口于③层下。

M7 位于发掘区的中北部,西邻M8。南北向,方向为25°。平面近似方形,由于破坏严重仅残留底部。墓口距地表深0.4米,墓底距地表深0.64米。墓圹南北长1.1、东西宽1.32、深0.24

米(图九九;彩版五一,1)。

墓室内长0.54、宽0.84、残高0.1米。周壁较直。周壁用青砖及青砖残块逐层错缝平砌。底部有铺地砖,用青砖两竖一横对缝平铺。用砖规格为0.34×0.17×0.05米。内填花土,土质疏松。墓室清理出少量骨渣。出土随葬品有白瓷碗1件。

M7:1,圆唇、敞口、弧腹、矮圈足。灰色胎,白釉泛黄,内外壁均施釉,外壁下腹部及圈足无釉。口径21.6、厚1、底径8.4、通高6.8厘米(图一〇〇;彩版五五,1)。

图九九　M7平、剖面图
1.白瓷碗

墓砖标本1块。泥质灰陶。平面呈长方形,素面无纹。模制。长36.1、宽16.1、厚6.5厘米(图一〇一;彩版五五,2)。

M10　位于发掘区的中北部,南邻M8。南北向,方向为10°。由于破坏严重仅残留土圹,平面近似甲字形。墓口距地表深0.7米,墓底距地表深2.36米。墓圹南北通长7.2、东西宽0.45-4.4、深1.66米。由墓道、甬道和墓室组成(图一〇二;彩版五一,2)。

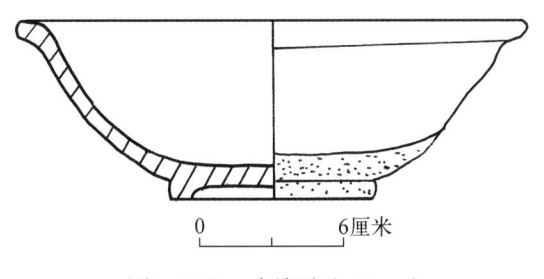

图一〇〇　白瓷碗(M7:1)

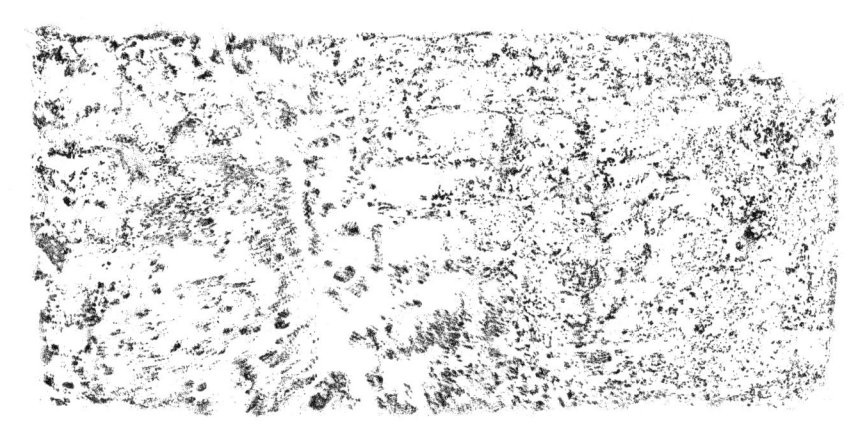

图一〇一　M7墓砖

图一〇二　M10平、剖面图

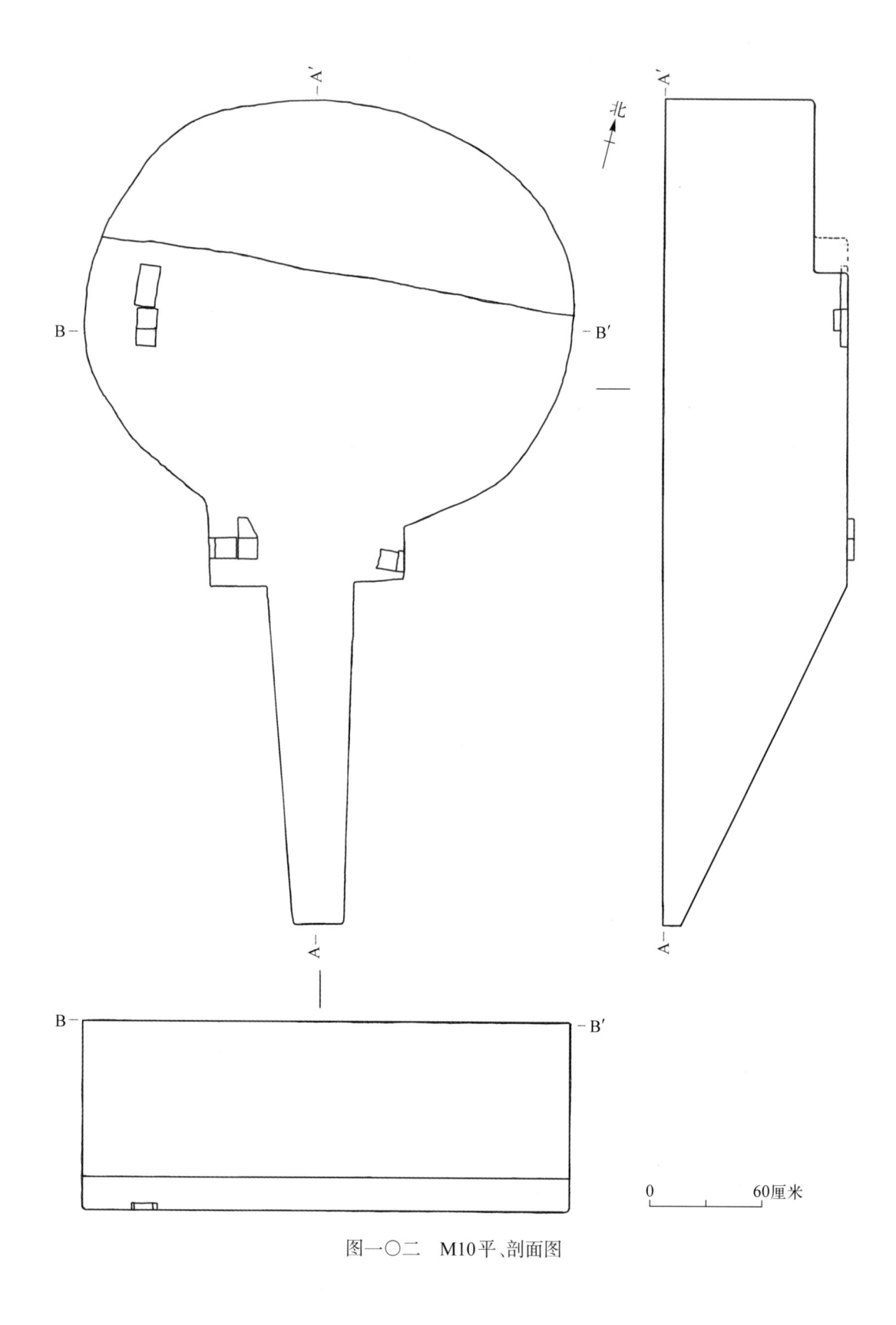

墓道位于甬道的南部，平面呈梯形，剖面为斜坡状，北宽南窄。长3、宽0.45-0.76、深0.16-1.66米。底坡长3.3米。内填花土，土质疏松。

甬道位于墓道的北部。宽1.74、进深0.7米。底部残留少量铺地砖。用砖规格为0.36×0.18×0.06米。

墓室位于甬道的北部，平面呈近似椭圆形。南北长3.7、东西宽4.36、深1.66米。在墓室北部置一直尺形棺床，东西长4.2、南北宽1.5、高0.3米。未发现葬具、骨架和随葬品。

绳纹砖标本1块。残，泥质灰陶。平面呈长方形，正面饰绳纹23道，背面素面无纹。模制。长35.4、宽17、厚6.2厘米（图一〇三；彩版五五，3）。

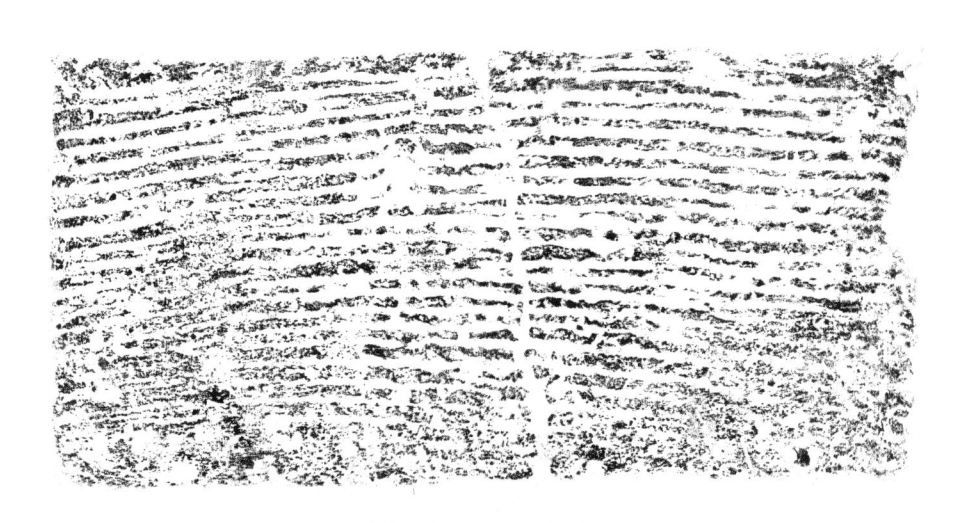

图一〇三　M10墓砖

（二）明代墓葬

均为竖穴土坑墓，开口于②层下。

1. 单棺墓

M1　位于发掘区的西南部，西邻M2。南北向，方向为20°。平面呈长方形。墓口距地表深1.2米，墓底距地表深1.5米。墓圹南北长2.3、东西宽1.3、深0.3米（图一〇四；彩版五二，1）。

棺木已朽。棺长1.84、宽0.8-0.84、残高0.1米。棺内骨架保存较差，长1.24米，头北足南，面向上。墓主人年龄、性别不详。仰身直肢葬。棺底铺有青灰。周壁较直。内填花土，土质疏松。出土随葬品有瓷罐、铜钱。

瓷罐1件。M1:2，双唇、直口、束颈、溜肩、鼓腹、小平底。内外壁施一层紫褐色釉浆水。轮制，通体遗有轮旋痕。口径4.4、腹径10.8、底径5.2、高19.2厘米（图一〇五，1；彩版五六，1）。

政和通宝1枚。M1:1，小平钱，外圆郭，方穿，钱面文为"政和通宝"，上下左右对读，光背。直径2.43、穿径0.62、郭厚0.1厘米（图一〇六，1；附表六）。

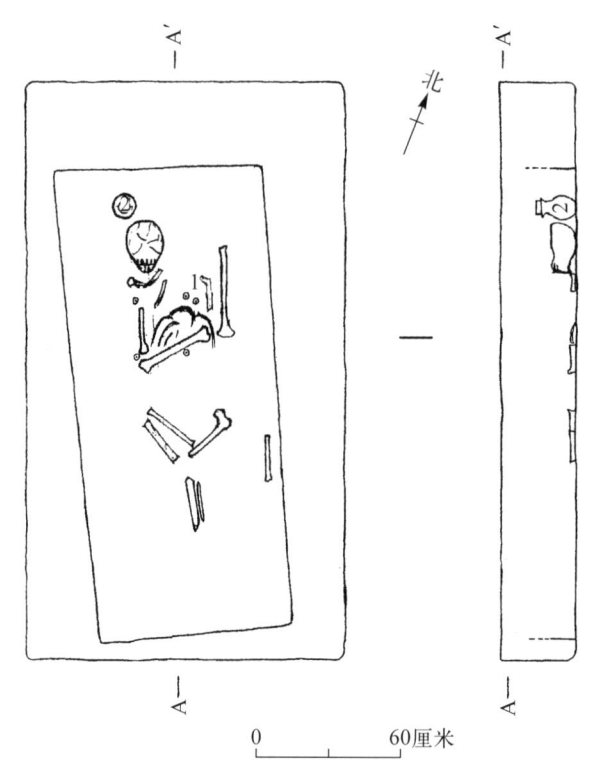

图一〇四　M1平、剖面图

1. 铜钱　2. 瓷罐

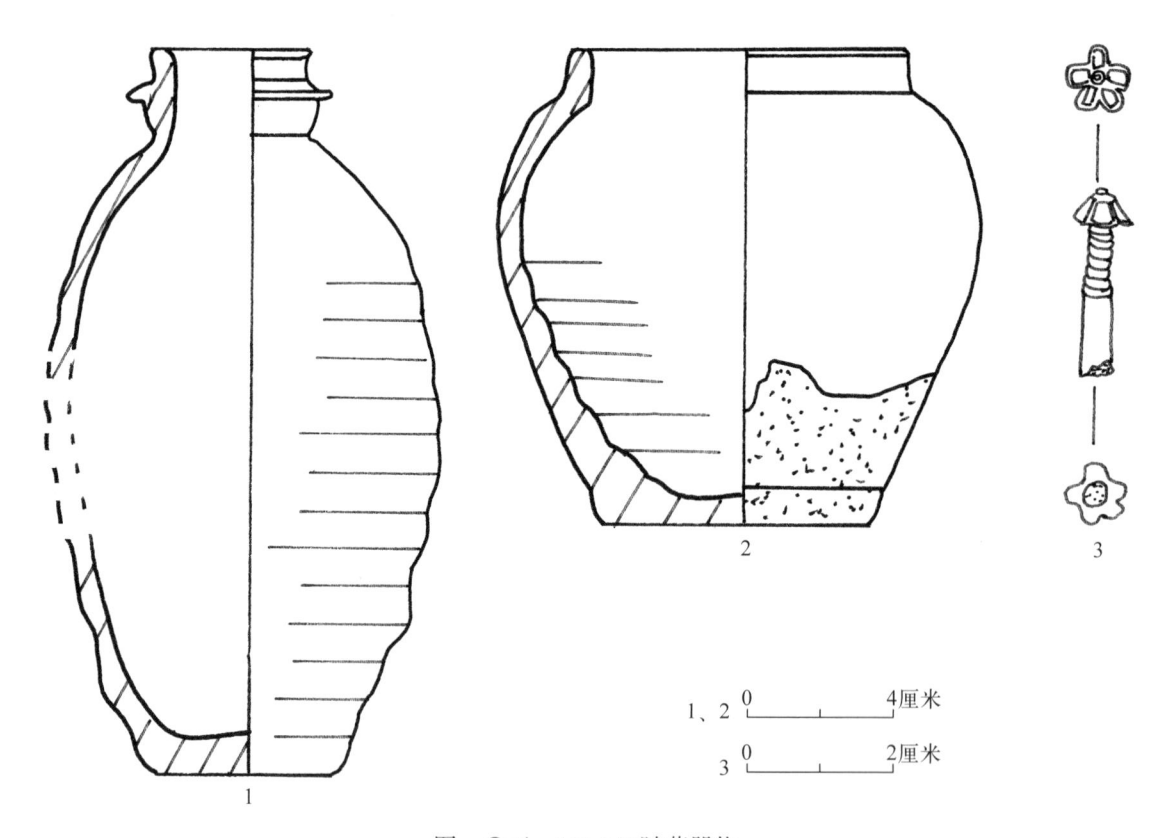

图一〇五　M1、M9随葬器物

1、2. 瓷罐（M1:2、M9:1）　3. 铜簪（M9:3）

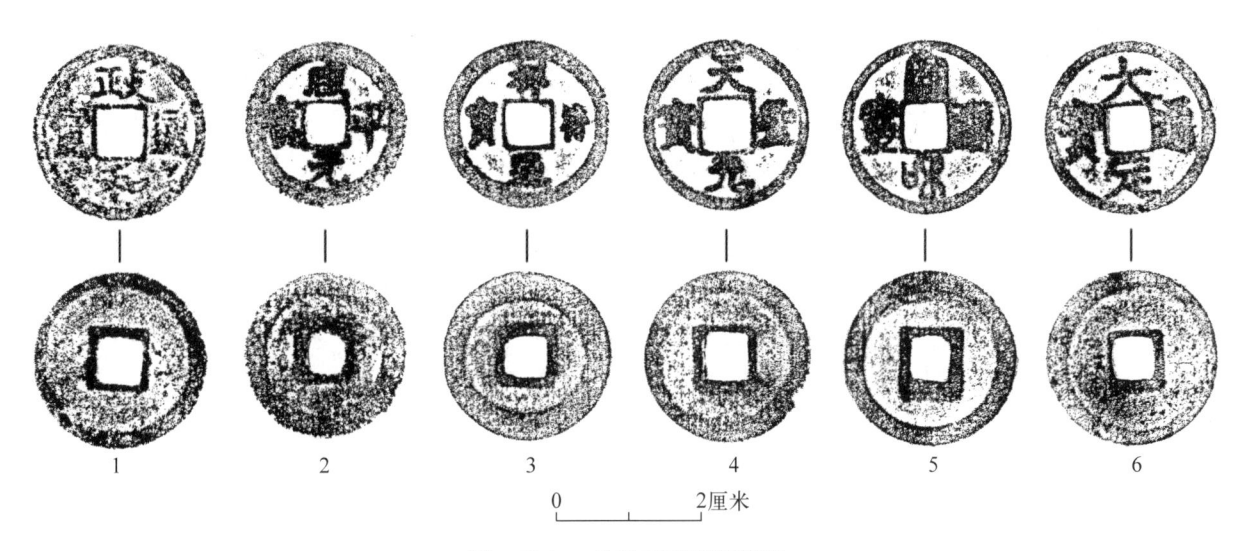

图一〇六　单棺墓葬随葬铜钱
1. 政和通宝（M1：1）　2. 咸平元宝（M9：2-1）　3. 祥符通宝（M9：2-2）　4. 天圣元宝（M9：2-3）
5. 宣和通宝（M9：2-4）　6. 大定通宝（M9：2-5）

M3 位于发掘区的西南部，东邻M2。南北向，方向为20°。平面呈梯形，北部略宽于南部。墓口距地表深0.7米，墓底距地表深1.64米。墓圹南北长2.7、东西宽1-1.2、深0.94米（图一〇七；彩版五二，2）。

棺木已朽。棺长2.12、宽0.64-0.86、残高0.2米。棺内骨架保存较完整，头骨缺失，骨架长1.2米，头北足南。墓主人面向、年龄、性别不详，仰身直肢葬。棺底东南部铺有青灰。周壁较直。内填花土，土质疏松。出土随葬品有铜钱6枚。均平钱、方穿，锈蚀较甚，字迹模糊。

M9 位于发掘区的中北部，东邻M8。南北向，方向为0°。平面长方形。墓口距地表深0.8米，墓底距地表深1.5米。墓圹南北长2.5、东西宽1-1.1、深0.7米（图一〇八；彩版五二，3）。

棺木已朽。棺长1.64、宽0.46-0.64、残高0.3米。棺内骨架保存较差，长1.5米，头北足南，面向上。墓主人为老年男性，仰身直肢葬。周壁较直。内填花土，土质疏松。出土随葬品有铜簪、瓷罐、铜钱。

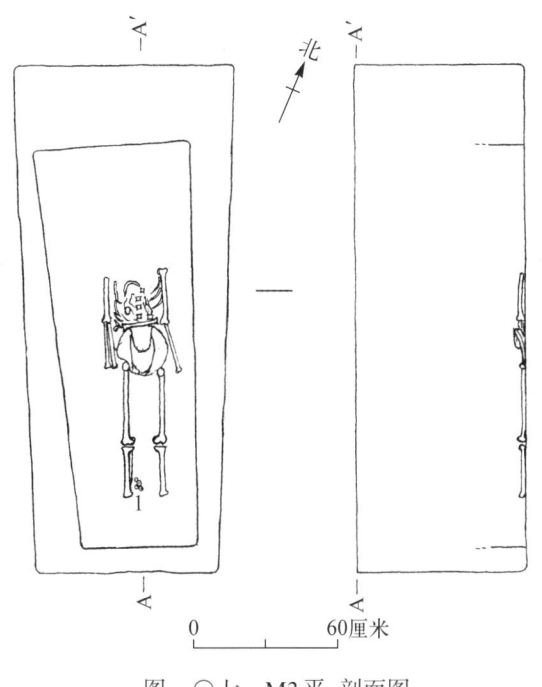

图一〇七　M3平、剖面图
1. 铜钱

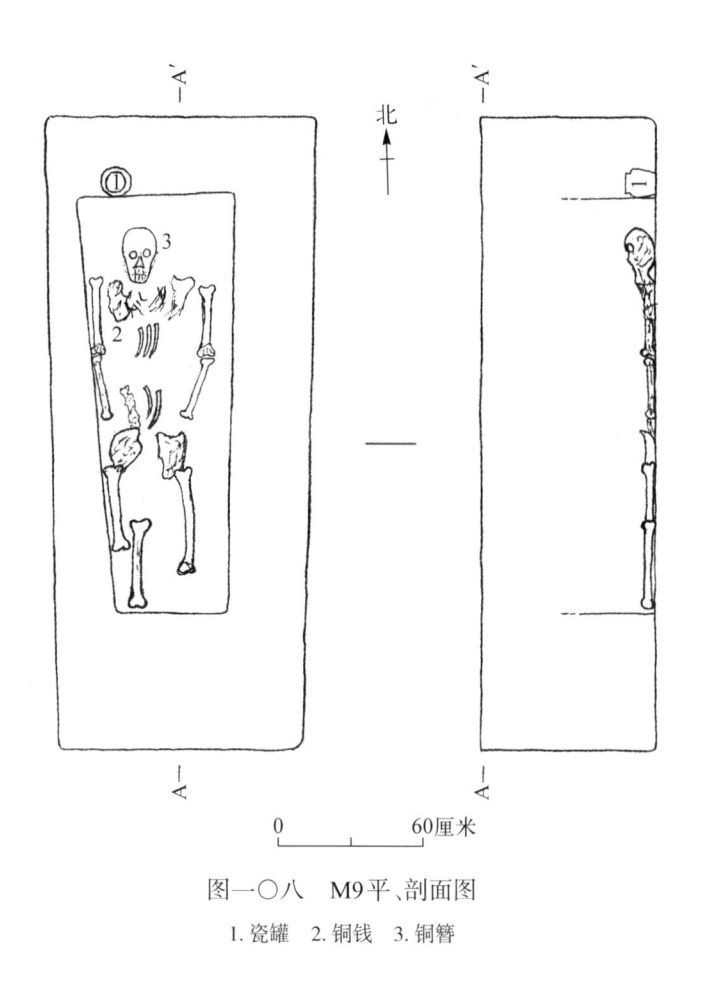

图一〇八　M9平、剖面图
1. 瓷罐　2. 铜钱　3. 铜簪

铜簪1件。M9∶3,顶部作五瓣梅花形,首下饰数道凹弦纹。残长2.5厘米(图一〇五,3;彩版五六,3)。

瓷罐1件。M9∶1,方唇、直口、平沿、短颈、溜肩、鼓腹,下腹壁斜直内收,平底。胎质较细,红褐色,绿色釉,外壁近底处和底部未施釉。素面。轮制。口径9.2厘米、腹径13.2厘米、底径7.2厘米、通高12.6厘米(图一〇五,2;彩版五六,2)。

咸平元宝1枚。M9∶2-1,小平钱,外圆郭,方穿,钱面文为"咸平元宝",真书,右旋读,背面有郭。直径2.27、穿径0.51、郭厚0.08厘米(图一〇六,2)。

祥符通宝1枚。M9∶2-2,小平钱,外圆郭,方穿,钱面文为"祥符通宝",真书,右旋读,光背。直径2.31、穿径0.54、郭厚0.08厘米(图一〇六,3)。

天圣元宝1枚。M9∶2-3,小平钱,外圆郭,方穿,钱面文为"天圣元宝",真书,右旋读,光背。直径2.35、穿径0.64、郭厚0.11厘米(图一〇六,4)。

宣和通宝1枚。M9∶2-4,小平钱,外圆郭,方穿,钱面文为"宣和通宝",篆书,上下左右对读,光背。直径2.41、穿径0.58、郭厚0.1厘米(图一〇六,5)。

大定通宝1枚。M9∶2-5,小平钱,外圆郭,方穿,钱面文为"大定通宝",仿瘦金体书,上下左右对读,光背。直径2.42、穿径0.57、郭厚0.1厘米(图一〇六,6)。

2. 双棺墓,平面呈梯形。

M2 位于发掘区的西南部,东邻M1、西邻M3。南北向,方向为25°。北部略宽于南部。墓口距地表深1.4米,墓底距地表深2.1-2.3米。墓圹南北长2.6、东西宽1.6-1.8、深0.7-0.9米(图一〇九;彩版五三,1)。

棺木已朽。东棺长1.7、宽0.52、残高0.4米。棺内骨架保存较差,头骨缺失。骨架长1.3米,头北足南,面向不详,为成年男性,仰身直肢葬。西棺长1.74、宽0.4-0.54、残高0.2米。棺内骨架保存较完整,长1.58米,为成年女性,仰身直肢葬。头北足南,面向上。棺底铺有青灰,东棺低于西棺0.2米,两棺间距0.14-0.16米。周壁较直。内填花土,土质疏松。出土随葬品有陶罐、铜钱。

陶罐2件。M2:3,圆唇、直口、短颈、圆肩、鼓腹、圈足。施酱黄色釉,内外壁釉有脱落痕迹,外壁施半釉,带流釉。轮制。口径9.6、腹径16.6、底径7.6、高15厘米(图一一〇,1;彩版五七,1)。M2:4,圆唇、直口、短颈、溜肩、鼓腹、圈足。施酱黄色釉,内壁施釉不均匀,外壁施半釉,带流釉。轮制。口径9、腹径15.2、底径7.6、高14.8厘米(图一一〇,2;彩版五七,2)。

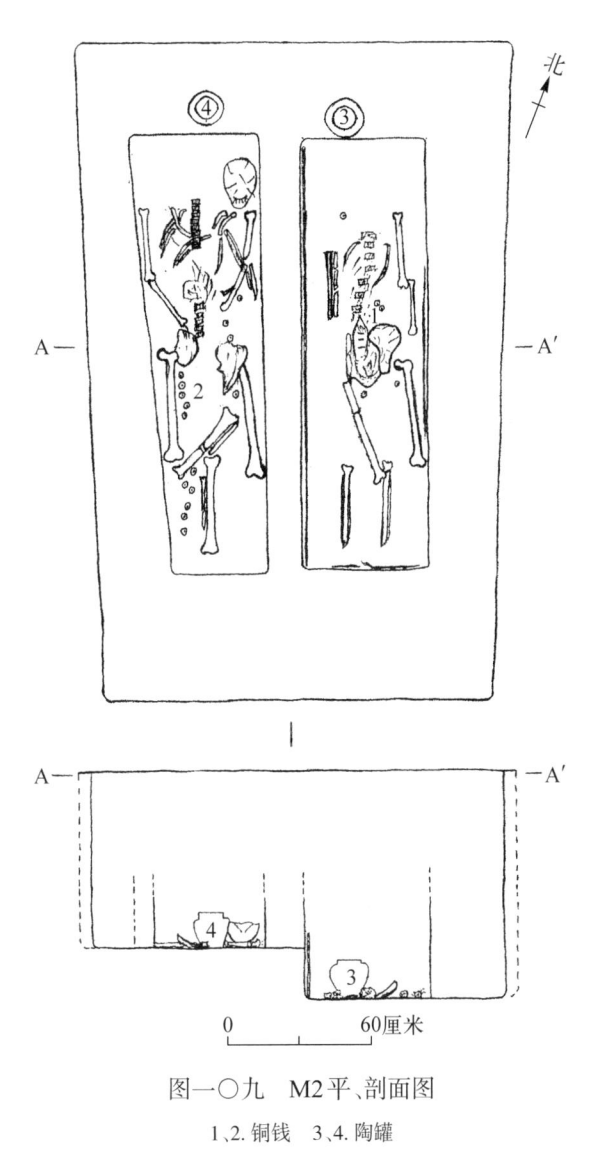

图一〇九 M2平、剖面图
1、2. 铜钱 3、4. 陶罐

咸平元宝1枚。M2:1-1,小平钱,外圆郭,方穿,钱面文为"咸平元宝",真书,右旋读,背面有郭。直径2.36、穿径0.56、郭厚0.08厘米(图一一一,5)。

景德元宝1枚。M2:1-2,小平钱,外圆郭,方穿,钱面文为"景德元宝",真书,右旋读,光背。直径2.36、穿径0.52、郭厚0.08厘米(图一一一,6)。

太平通宝1枚。M2:1-3,小平钱,外圆郭,方穿,钱面文为"太平通宝",上下左右对读,光背。直径2.27、穿径0.54、郭厚0.09厘米(图一一一,2)。

天圣元宝1枚。M2:1-4,小平钱,外圆郭,方穿,钱面文为"天圣元宝",真书,右旋读,光背。直径2.34、穿径0.58、郭厚0.08厘米(图一一一,11)。

皇宋通宝2枚。小平钱,外圆郭,方穿,钱面文为"皇宋通宝",上下左右对读,光背。

图一一〇 M2、M4、M5随葬器物

1、2.陶罐（M2∶3、M2∶4） 3-6.瓷罐（M4∶2、M4∶3、M5∶3、M5∶4）

M2∶1-5，钱面文为篆书，直径2.37、穿径0.57、郭厚0.08厘米（图一一一，14）。M2∶1-6，钱面文为真书，直径2.39、穿径0.57、郭厚0.09厘米（图一一一，15）。

元丰通宝1枚。M2∶1-7，小平钱，外圆郭，方穿，钱面文为"元丰通宝"，篆书，右旋读，光背。直径2.2、穿径0.56、郭厚0.09厘米（图一一一，18）。

至道元宝1枚。M2∶2-1，小平钱，外圆郭，方穿，钱面文为"至道元宝"，草书，右旋读，光背。直径2.44、穿径0.59、郭厚0.07厘米（图一一一，4）。

祥符元宝1枚。M2∶2-2，小平钱，外圆郭，方穿，钱面文为"祥符元宝"，真书，右旋读，光背。直径2.38、穿径0.54、郭厚0.09厘米（图一一一，8）。

天禧通宝1枚。M2∶2-3，小平钱，外圆郭，方穿，钱面文为"天禧通宝"，真书，右旋读，背面有郭。直径2.37、穿径0.62、郭厚0.09厘米（图一一一，10）。

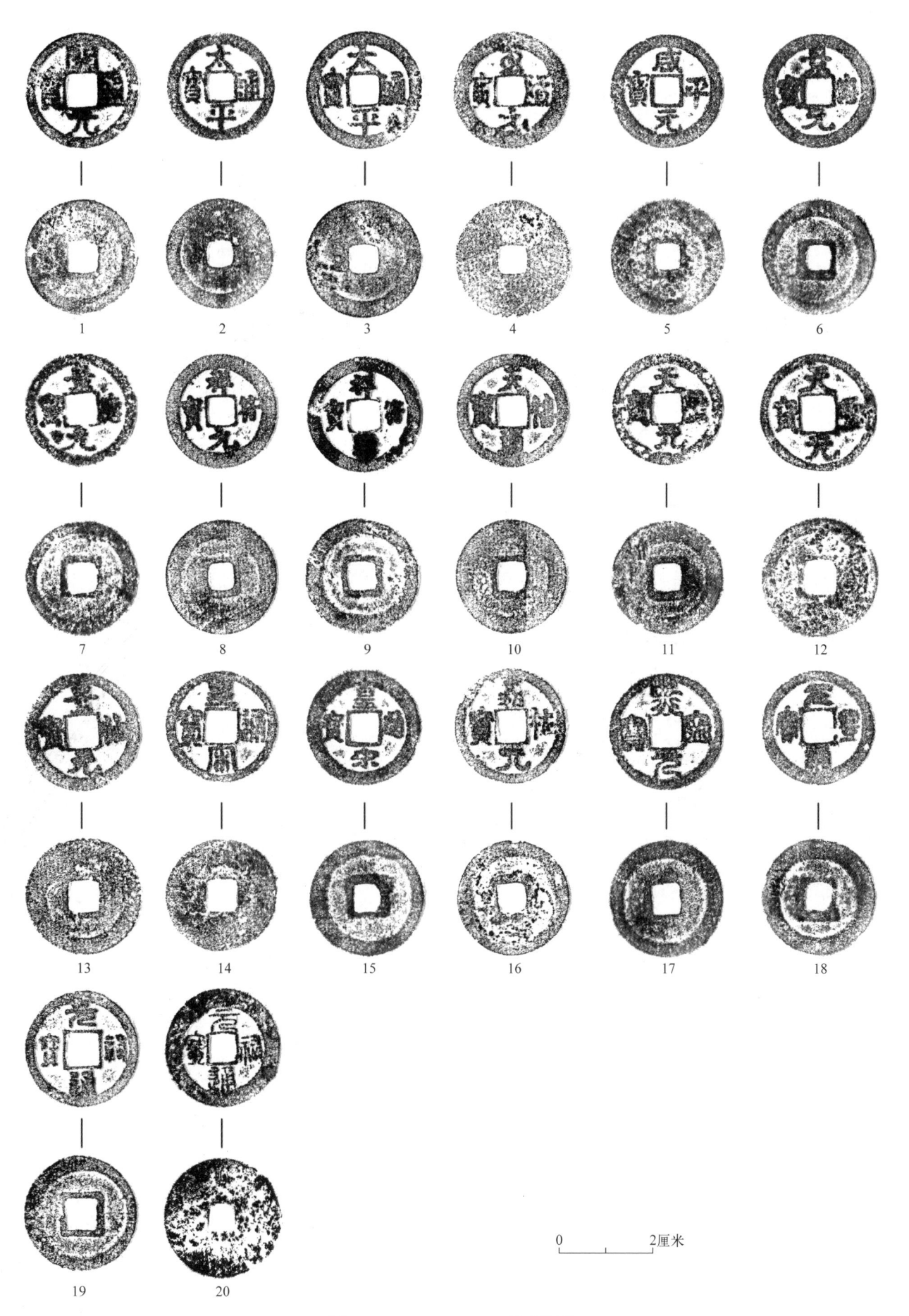

图一一一 M2、M4、M5随葬铜钱

1. 开元通宝(M4∶1-1) 2、3. 太平通宝(M2∶1-3、M5∶1) 4. 至道元宝(M2∶2-1) 5. 咸平元宝(M2∶1-1) 6、7. 景德元宝(M2∶1-2、M5∶2-2) 8、9. 祥符元宝(M2∶2-2、M4∶1-2) 10. 天禧通宝(M2∶2-3) 11、12. 天圣元宝(M2∶1-4、M5∶2-1) 13. 景祐元宝(M2∶2-4) 14、15. 皇宋通宝(M2∶1-5、M2∶1-6) 16. 嘉祐元宝(M2∶2-5) 17. 熙宁元宝(M5∶2-3) 18. 元丰通宝(M2∶1-7) 19、20. 元祐元宝(M2∶2-6、M5∶2-4)

景祐元宝1枚。M2:2-4,小平钱,外圆郭,方穿,钱面文为"景祐元宝",楷书,右旋读,光背。直径2.45、穿径0.65、郭厚0.09厘米(图一一一,13)。

嘉祐元宝1枚。M2:2-5,小平钱,外圆郭,方穿,钱面文为"嘉祐元宝",楷书,右旋读,光背。直径2.37、穿径0.62、郭厚0.1厘米(图一一一,16)。

元祐通宝1枚。M2:2-6,小平钱,外圆郭,方穿,钱面文为"元祐通宝",篆书,右旋读,光背。直径2.39、穿径0.64、郭厚0.12厘米(图一一一,19)。

M4 位于发掘区的西南部,北邻M5。南北向,方向为25°。北部略宽于南部。墓口距地表深0.5米,墓底距地表深1.5米。墓圹南北长3、东西宽1.6-1.8、深1米(图一一二;彩版五三,2)。

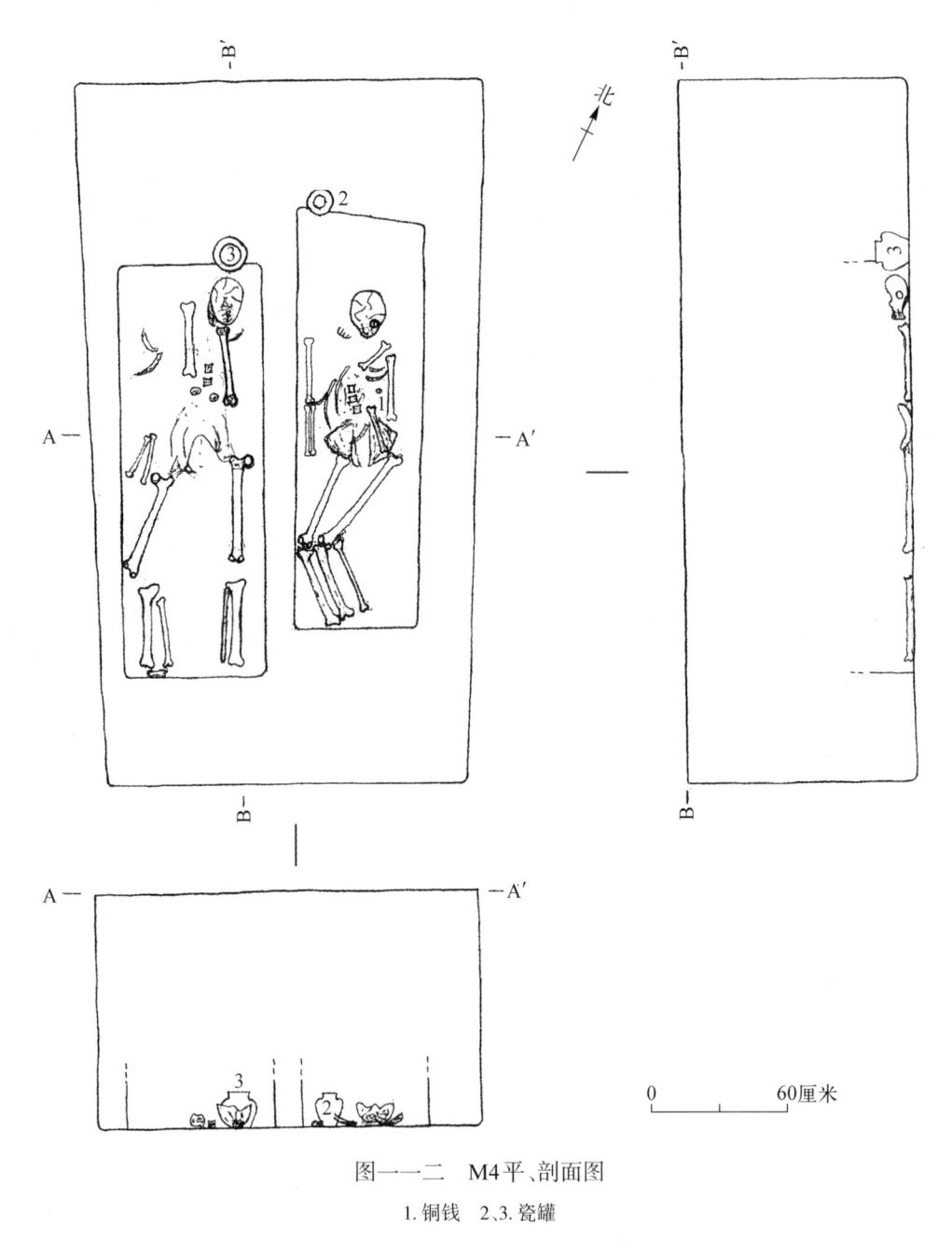

图一一二 M4平、剖面图
1. 铜钱 2、3. 瓷罐

棺木已朽。东棺长1.8、宽0.56、残高0.2米。棺内骨架保存较完整，长1.4米，头北足南，面向上，为老年男性，仰身屈肢葬。西棺长1.76、宽0.64、残高0.2米。棺内骨架保存较完整，长1.64米，头北足南，面向上，为老年女性，仰身直肢葬。棺底铺有青灰，两棺间距0.12-0.16米。周壁较直。内填花土，土质疏松。出土随葬品有瓷罐、铜钱。

瓷罐2件。M4:2，圆唇、敞口、短颈、圆肩、鼓腹、下腹弧收、平底内凹。胎质较粗，红色。黑釉，外壁近底处和底部未施釉。素面。轮制。口径6、腹径13.4、底径6.6、通高13.4厘米（图一一〇,3；彩版五七,3）。M4:3，圆唇、敞口、短束颈、圆肩、鼓腹、平底内凹。胎质较粗，黄色。酱釉，外壁近底处和底部未施釉。素面。轮制。口径10.4、腹径16.8、底径6.8、通高15.4厘米（图一一〇,4；彩版五七,4）。

开元通宝1枚。M4:1-1，小平钱，外圆郭，方穿，钱面文为"开元通宝"，隶书，上下左右对读，光背。直径2.37、穿径0.63、郭厚0.11厘米（图一一一,1）。

祥符元宝1枚。M4:1-2，小平钱，外圆郭，方穿，钱面文为"祥符元宝"，右旋读，光背。直径2.4、穿径0.6、郭厚0.1厘米（图一一一,9）。

M5　位于发掘区的西南部，南邻M4、北邻M6。南北向，方向为20°。北部略宽于南部。墓口距地表深0.5米，墓底距地表深1.54-1.64米。墓圹南北长3.2、东西宽2.8-3、深1.04-1.14米（图一一三；彩版五三,3）。

棺木已朽。东棺长1.94、宽0.4-0.54、残高0.44米。棺内骨架保存较凌乱，长1.54米，头北足南，面向上，为老年男性，仰身直肢葬。西棺长2.06、宽0.52、残高0.34米。棺内骨架保存较凌乱，长1.64米，头北足南，面向上，为老年女性，仰身直肢葬。棺底铺有青灰，两棺间距1.1-1.3米。周壁较直。内填花土，土质疏松。出土随葬品有瓷罐、铜钱。

瓷罐2件。M5:3，方圆唇、直口、平沿、短颈、溜肩、鼓腹、下腹弧收、平底内凹。内外壁施一层酱色釉。轮制，通体遗有轮旋痕。口径9.2、腹径15、底径9.2、高15.4厘米（图一一〇,5；彩版五七,5）。M5:4，圆唇、敞口、束颈、溜肩、鼓腹、下腹弧收、平底内凹。内外壁施酱绿色釉，口沿无釉，外壁施釉不及底。轮制。口径8.6、腹径14.6、底径8.8、高15.6厘米（图一一〇,6；彩版五七,6）。

太平通宝1枚。M5:1，小平钱，外圆郭，方穿，钱面文为"太平通宝"，上下左右对读，光背。直径2.45、穿径0.57、郭厚0.1厘米（图一一一,3）。

天圣元宝1枚。M5:2-1，小平钱，外圆郭，方穿，钱面文为"天圣元宝"，真书，右旋读，光背。直径2.43、穿径0.73、郭厚0.07厘米（图一一一,12）。

景德元宝1枚。M5:2-2，小平钱，外圆郭，方穿，钱面文为"景德元宝"，真书，右旋读，光背。直径2.34、穿径0.64、郭厚0.08厘米（图一一一,7）。

熙宁元宝1枚。M5:2-3，小平钱，外圆郭，方穿，钱面文为"熙宁元宝"，篆书，右旋读，光背。直径2.41、穿径0.64、郭厚0.08厘米（图一一一,17）。

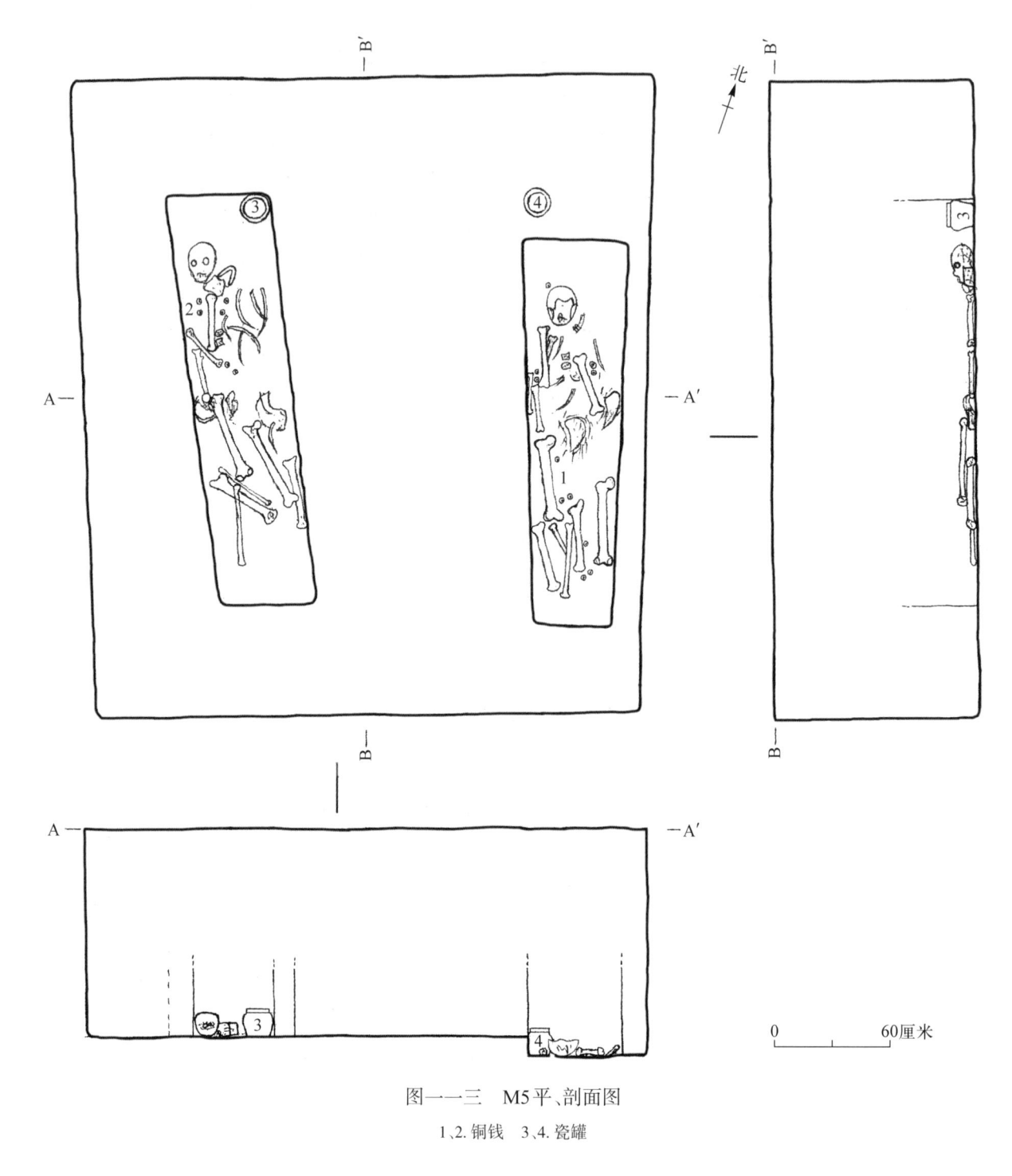

图一一三　M5平、剖面图
1、2.铜钱　3、4.瓷罐

元祐通宝1枚。M5:2-4，小平钱，外圆郭，方穿，钱面文为"元祐通宝"，篆书，右旋读，光背。直径2.47、穿径0.57、郭厚0.1厘米（图一一一，20）。

M6　位于发掘区的西南部，南邻M5。南北向，方向为0°。北部略宽于南部。墓口距地表深0.4米，墓底距地表深1.35-1.6米。墓圹南北长2.6、东西宽2-2.2、深0.95-1.2米（图一一四；彩版五四，1）。

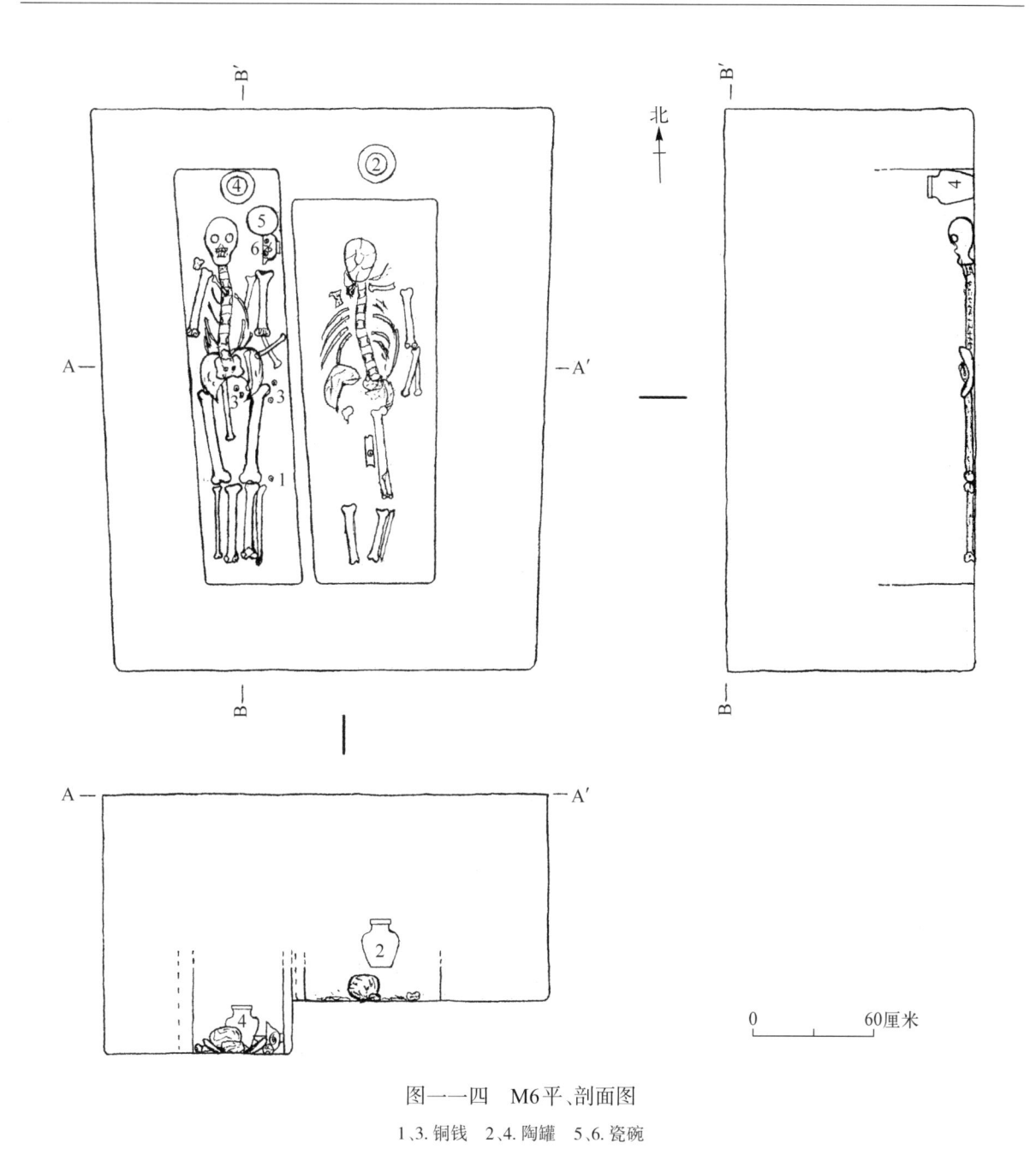

图一一四　M6平、剖面图
1、3. 铜钱　2、4. 陶罐　5、6. 瓷碗

棺木已朽。东棺长1.77、宽0.56—0.68、残高0.16米。棺内骨架保存较完整，长1.5米，头北足南，面向上，为老年男性，仰身直肢葬。西棺长1.92、宽0.46、残高0.4米。棺内骨架保存较整，长1.6米，头北足南，面向上，为老年女性，仰身直肢葬。棺底铺有青灰，两棺间距0.06米。周壁较直。内填花土，土质疏松。出土随葬品有陶罐、瓷碗、铜钱。

陶罐2件。M6∶2，方唇、直口、平沿、高领、束颈、溜肩、鼓腹、下腹弧收、平底内凹。内外壁施一层紫褐色釉浆水。轮制，通体遗有轮旋痕。口径10、腹径18.2、底径9.6、高20.4厘米（图一一五，1；彩版五八，1）。M6∶4，方唇、敞口、平沿、高领微束、溜肩、鼓腹、下腹壁斜直内收、平底内凹。胎质较细,通体施酱色釉。素面。轮制。口径10.6、腹径16.6、底径9、通高20.4厘米(图一一五,2;彩版五八,2)。

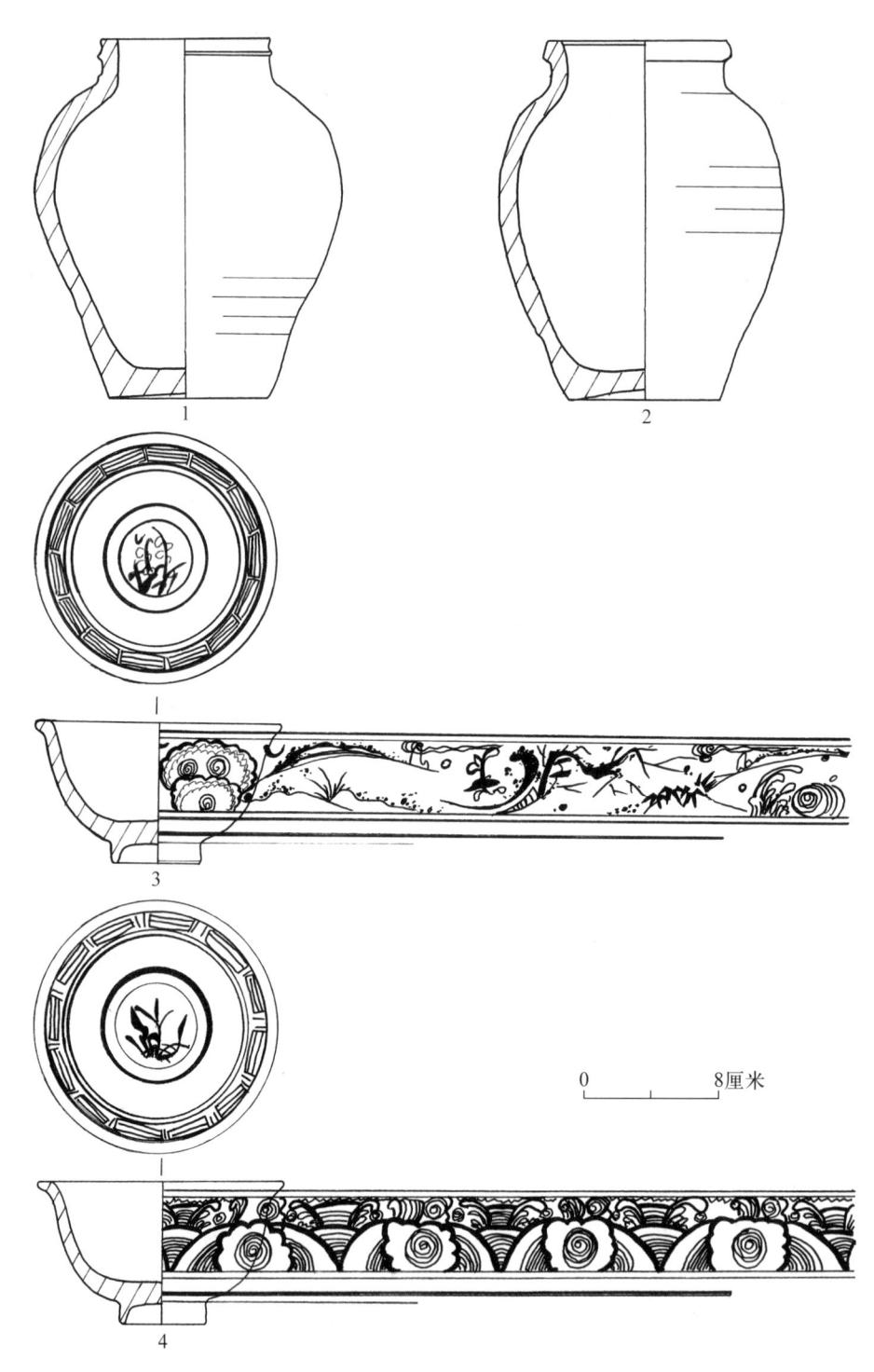

图一一五　M6随葬器物

1、2.陶罐(M6:2、M6:4)　3、4.瓷碗(M6:5、M6:6)

瓷碗2件。M6：5，圆唇、敞口，弧腹，圈足，足底露胎。通体施青白色釉，釉色较为均匀。内口沿饰一周回形纹，内底饰一组花草纹。外壁饰有一周纹饰分为三组：花草、干枝梅；云彩、太阳、山丘；树木、山丘、月牙。青花发灰蓝色。轮制。口径14.6、底径5.2、通高8厘米（图一一五，3；彩版五九，1）。M6：6，圆唇、敞口，弧腹，圈足，足底露胎。通体施青白色釉，釉色较为均匀。内口沿饰有一周回形纹，内底饰一组兰草纹。外壁分为上下两层各分别为四组抽象花纹。青花发灰蓝色。轮制。口径14.6、底径5、通高8厘米（图一一五，4；彩版五九，2）。

嘉祐通宝1枚。M6：3-1，小平钱，外圆郭，方穿，钱面文为"嘉祐通宝"，篆书，上下左右对读，光背。直径2.52、穿径0.72、郭厚0.08厘米（图一一六，2）。

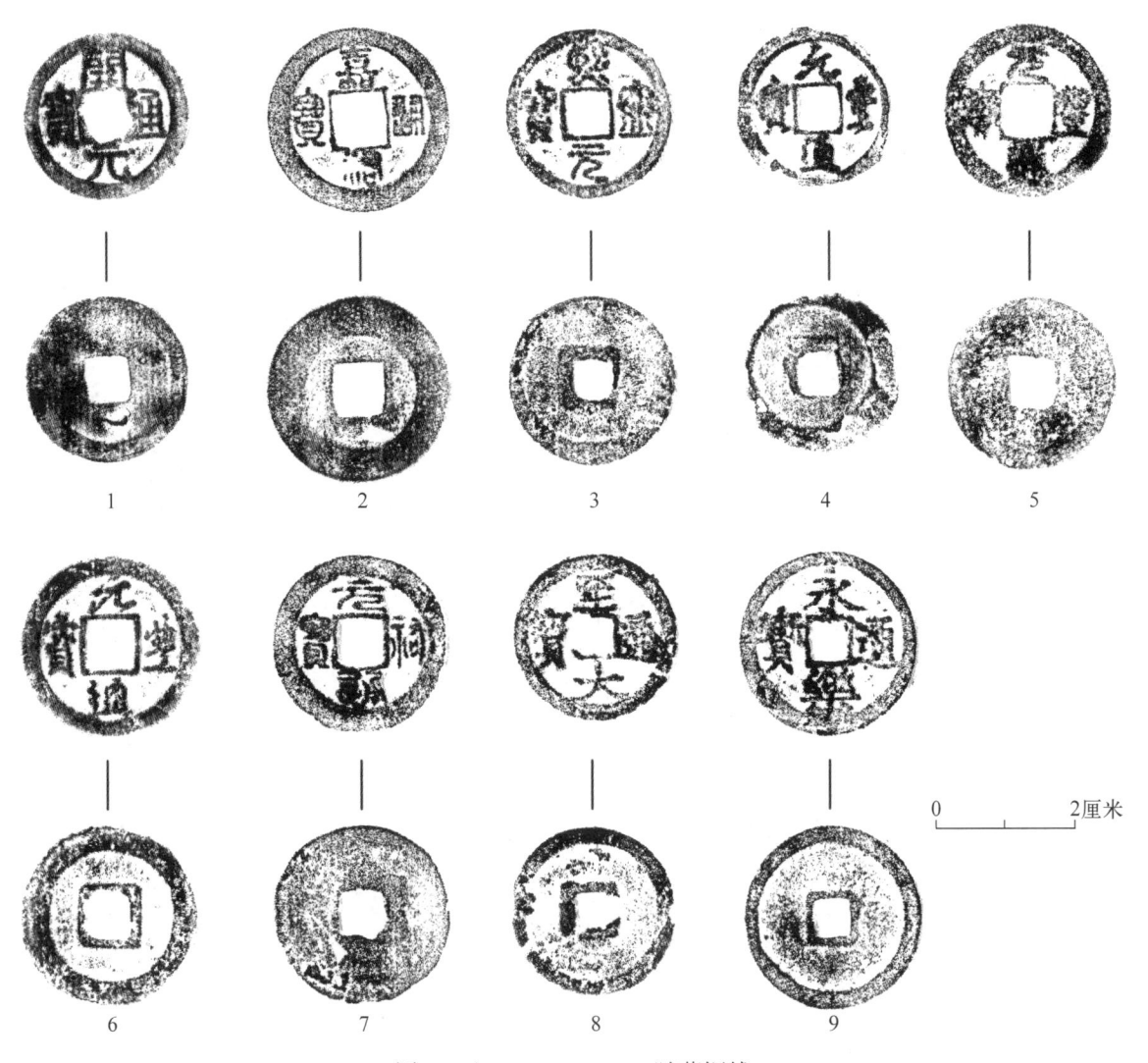

图一一六　M6、M8、M11随葬铜钱

1. 开元通宝（M11：5-1）　2. 嘉祐通宝（M6：3-1）　3. 熙宁元宝（M8：4）　4—6. 元丰通宝（M6：3-2、M8：1、M11：5-2）　7. 元祐通宝（M6：3-3）　8. 至大通宝（M6：3-4）　9. 永乐通宝（M6：3-5）

元丰通宝1枚。M6:3-2，小平钱，外圆郭，方穿，钱面文为"元丰通宝"，行书，右旋读，光背。直径2.2、穿径0.56、郭厚0.09厘米（图一一六，4）。

元祐通宝1枚。M6:3-3，小平钱，外圆郭，方穿，钱面文为"元祐通宝"，篆书，右旋读，光背。直径2.46、穿径0.61、郭厚0.09厘米（图一一六，7）。

至大通宝1枚。M6:3-4，小平钱，外圆郭，方穿，钱面文为"至大通宝"，楷书，上下左右对读，光背。直径2.33、穿径0.46、郭厚0.14厘米（图一一六，8）。

永乐通宝1枚。M6:3-5，小平钱，外圆郭，方穿，钱面文为"永乐通宝"，楷书，上下左右对读，光背。直径2.5、穿径0.5、郭厚0.11厘米（图一一六，9）。

M8 位于发掘区的东北部，东邻M7、西邻M9。南北向，方向为0°。北部略宽于南部。墓口距地表深1米，墓底距地表深1.59~1.7米。墓圹南北长2.4、东西宽1.7~2、深0.59~0.7米（图一一七；彩版五四，2）。

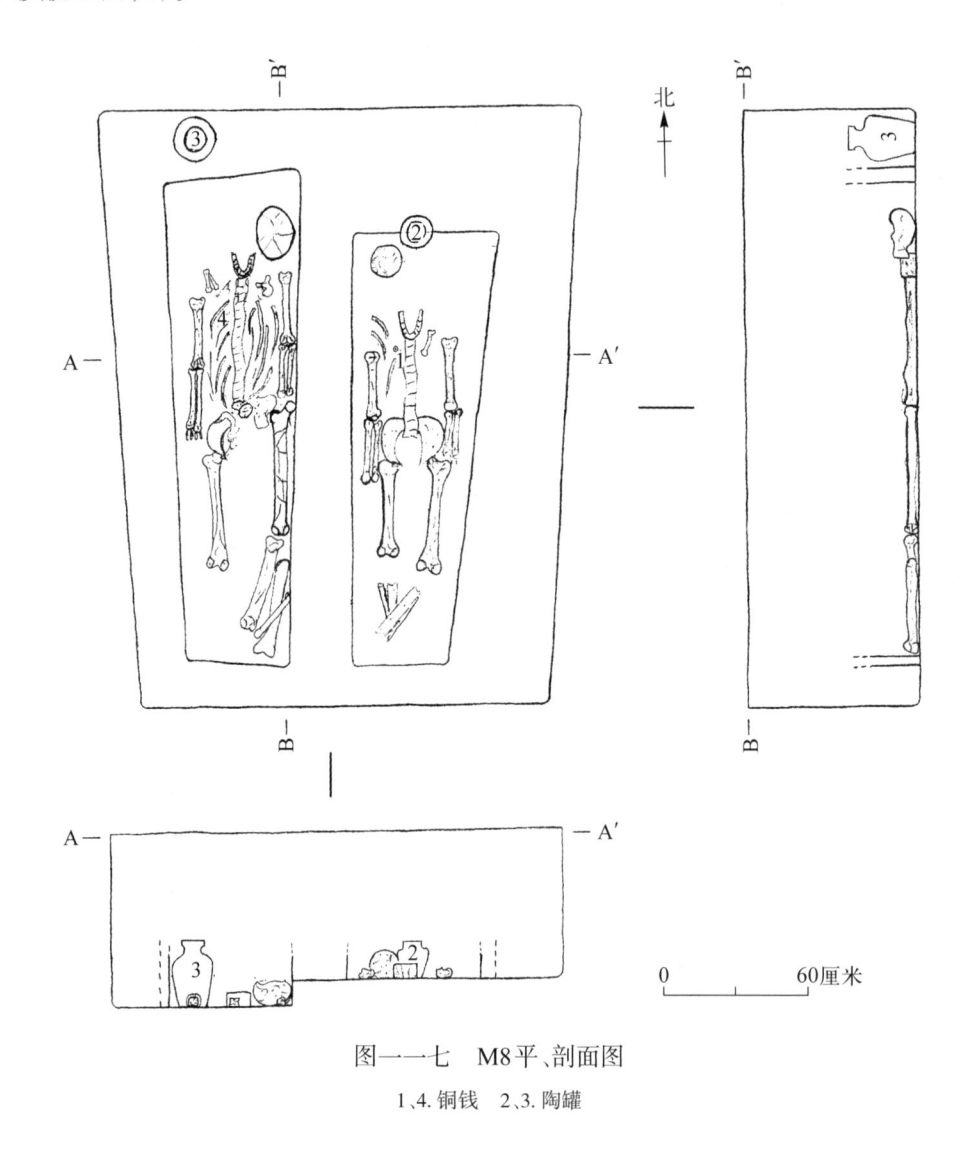

图一一七 M8平、剖面图
1、4.铜钱 2、3.陶罐

棺木已朽。东棺长1.74、宽0.4-0.6、残高0.1米。棺内骨架保存较完整,长1.56米,头北足南,面向西,为老年男性,仰身直肢葬。西棺长1.94、宽0.44-0.58、残高0.2米。棺内骨架保存较完整,长1.8米,头北足南,面向上,为老年女性,仰身直肢葬。两棺间距0.26米。周壁较直。内填花土,土质疏松。出土随葬品有陶罐、铜钱。

陶罐2件。M8:2,方唇、直口、平沿、高领、束颈、溜肩、鼓腹,下腹弧收,平底。内外壁施一层紫褐色釉浆水。轮制,通体遗有轮旋痕。口径7.8、腹径13、底径7.2、高15.6厘米(图一一八,1;彩版五八,3)。M8:3,方唇、直口、高颈微束、圆肩、斜腹、平底内凹。通体施酱釉。轮制。口径9.8、腹径21.6、底径11.4、高27.4厘米(图一一八,2;彩版五八,4)。

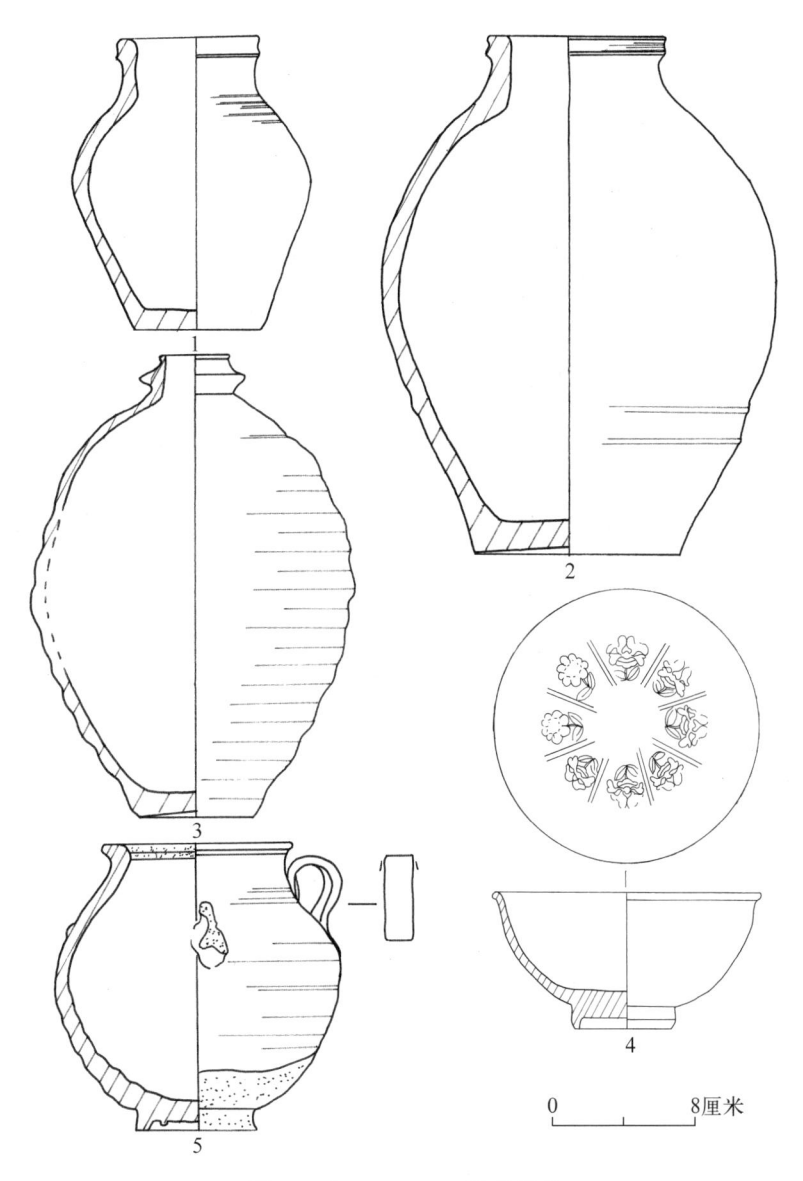

图一一八　M8、M11随葬器物
1、2.陶罐(M8:2、M8:3)　3、5.瓷罐(M11:1、M11:4)　4.瓷碗(M11:2)

元丰通宝1枚。M8：1，小平钱，外圆郭，方穿，钱面文为"元丰通宝"，篆书，右旋读，光背。直径2.39、穿径0.67、郭厚0.09厘米（图一一六，5）。

熙宁元宝1枚。M8：4，小平钱，外圆郭，方穿，钱面文为"熙宁元宝"，篆书，右旋读，光背。直径2.32、穿径0.56、郭厚0.12厘米（图一一六，3）。

M11 位于发掘区的西南部，北邻M4。南北向，方向为0°。北部略窄于南部。墓口距地表深0.64米，墓底距地表深1.7-1.74米。墓圹南北长2.9、东西宽2.5-2.7、深1.06-1.1米（图一一九；彩版五四，3）。

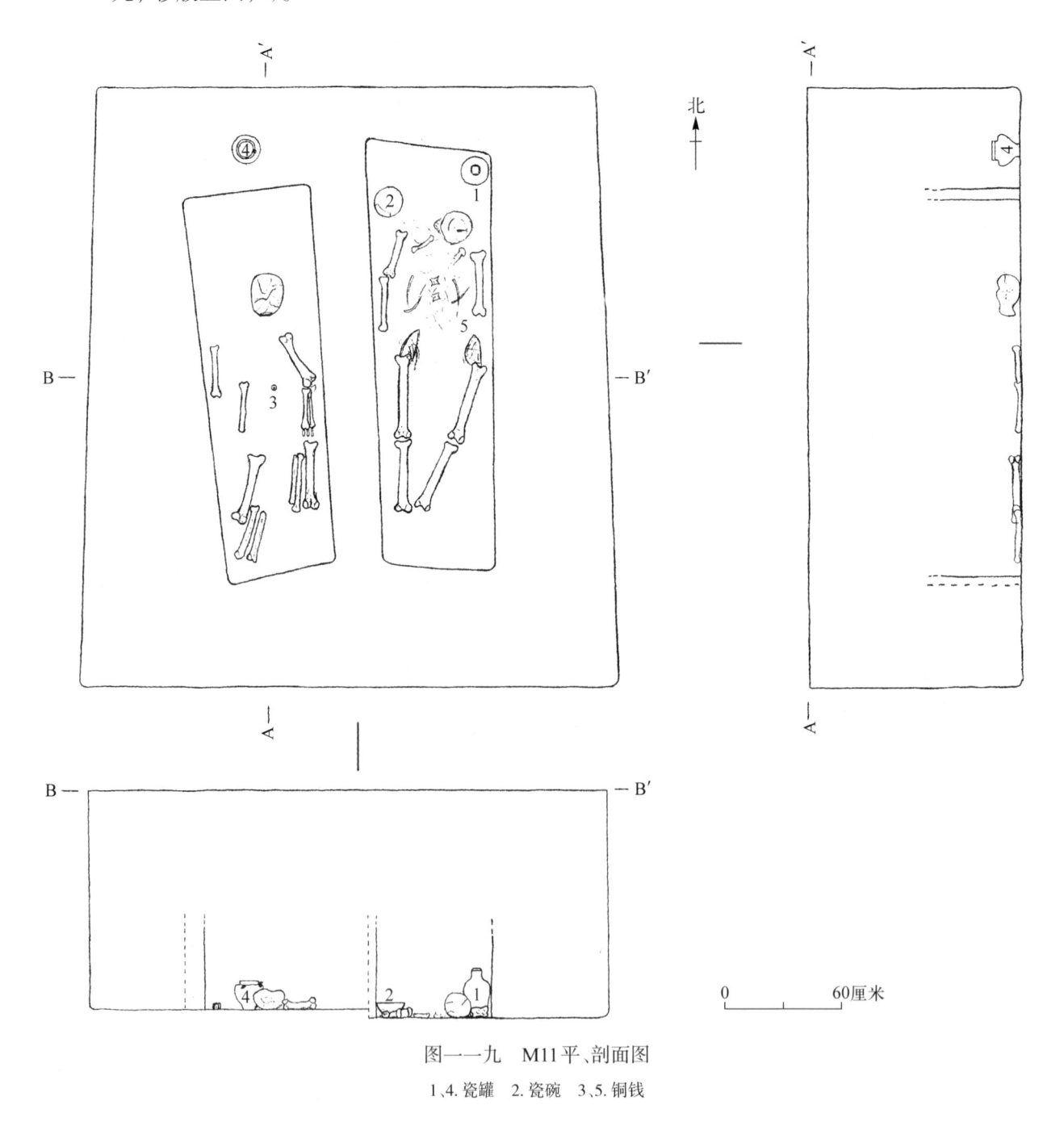

图一一九 M11平、剖面图
1、4. 瓷罐　2. 瓷碗　3、5. 铜钱

棺木已朽。东棺长2.1、宽0.56-0.62、残高0.44米。棺内骨架保存较凌乱,长1.44米,头北足南,面向西,为老年男性,仰身直肢葬。西棺长1.84、宽0.55-0.64、残高0.4米。棺内骨架保存较凌乱,长1.4米,头北足南,面向上,为老年女性,仰身直肢葬。东棺低于西棺0.04米,两棺间距0.22-0.28米。周壁较直。内填花土,土质疏松。出土随葬品有瓷罐、瓷碗、铜钱。

瓷罐2件。M11:1,双唇、直口、束颈、溜肩、鼓腹、小平底。内外壁施一层紫褐色釉浆水。轮制,通体遗有轮旋痕。口径3.8、腹径17.6、底径6.4、高24.4厘米(图一一八,3;彩版六〇,1)。M11:4,圆唇、敛口、平沿、短颈、溜肩、鼓腹、下腹弧收、圈足略外撇。颈、腹处留有一系耳,其余三处残。内外壁施酱釉,口内侧无釉,外壁施釉不及底。轮制。口径10.4、腹径15.6、底径6.6、高15.2厘米(图一一八,5;彩版六〇,3)。

瓷碗1件。M11:2,圆唇、敞口、斜弧腹、圈足。内外壁施绿釉,圈底中心无釉。内部有一圈凸起花纹。轮制。口径14.8、底径5.6、高7.2厘米(图一一八,4;彩版六〇,2)。

开元通宝1枚。M11:5-1,小平钱,外圆郭,方穿,钱面文为"开元通宝",隶书,上下左右对读,光背。直径2.31、穿径0.54、郭厚0.11厘米(图一一六,1)。

元丰通宝1枚。M11:5-2,小平钱,外圆郭,方穿,钱面文为"元丰通宝",行书,右旋读,光背。直径2.5、穿径0.64、郭厚0.13厘米(图一一六,6)。

第四节 小 结

共发掘辽代墓葬2座,明代墓葬9座,出土各类文物19件(不计铜钱)。明代墓葬中,单棺墓计3座,占33.3%;双棺墓6座,占66.7%。墓向全部为南北向,葬式绝大多数为仰身直肢葬。

出土文物中,辽代圆唇敞口斜壁矮圈足瓷碗M7:1属龙泉务窑,与京沪高铁M2:1[1]、龙泉务M1:11[2]等相近,所以M7应为辽代中、晚期,以晚期的可能性偏大。

明代瓷罐(瓶)M1:2与新少年宫M46:2[3]等相近,陶罐M2:3和丽泽墓地M197:1[4]等相近,陶罐M2:4与射击场M97:1[5]等相近,瓷罐M9:1和沙河M23:2[6]等相近,瓷瓶M11:1

---

[1] 《京沪高铁北京段考古发掘报告》,北京市文物研究所:《京沪高铁北京段与北京新少年宫考古发掘报告集》,上海古籍出版社,2014年。
[2] 北京市文物研究所:《北京龙泉务辽金墓葬发掘报告》,科学出版社,2009年。
[3] 《北京市新少年宫考古发掘报告》,北京市文物研究所:《京沪高铁北京段与北京新少年宫考古发掘报告集》,上海古籍出版社,2014年。
[4] 北京市文物研究所:《丽泽墓地——丽泽金融商务区园区规划绿地工程发掘报告》,科学出版社,2016年。
[5] 《北京射击场工程考古发掘报告》,北京市文物局、北京市文物研究所:《北京奥运场馆考古发掘报告》,科学出版社,2007年。
[6] 北京市文物研究所:《昌平沙河——汉、西晋、唐、元、明、清代墓葬发掘报告》,科学出版社,2012年。

与中坞M57∶2①等相近，青花瓷碗M6∶6的纹饰及形态与毛家湾K1∶6206②等相近，青釉瓷碗M11∶2与毛家湾K1∶1317、1718③等相近。

出土的铜钱种类有北宋的政和通宝、宣和通宝、咸平元宝、景德元宝、太平通宝、天圣元宝、皇宋通宝、元丰通宝、至道元宝、祥符元宝、天禧通宝、景祐元宝、嘉祐元宝、嘉祐通宝、元祐通宝、熙宁元宝、至大通宝，唐代的开元通宝，金代的大定通宝，明代的永乐通宝。

结合出土文物及铜钱，这批明代墓葬的年代应为明代早中期，下限约至正德年间。

明代墓葬中出有不少宋代铜钱。明墓中出宋代铜钱的现象较为常见，特别是在北方地区。北京的董四墓村墓④、南苑夏儒墓⑤、新少年宫⑥等就有所发现。有研究者认为，这与明前钱，特别是宋钱铸造数量大，本朝制钱贵于旧钱且对旧钱有限制有关⑦。本次发掘的情况当作如是观。

此次发掘对研究辽代及明代中晚期这一地区的丧葬习俗与墓葬形制提供了新的资料。

---

① 北京市文物研究所：《海淀中坞——北京市南水北调配套工程团城湖调节池工程考古发掘报告》，科学出版社，2017年。
② 北京市文物研究所：《毛家湾明代瓷器坑考古发掘报告》，科学出版社，2007年。
③ 北京市文物研究所：《毛家湾明代瓷器坑考古发掘报告》，科学出版社，2007年。
④ 考古研究所通讯组：《北京西郊董四墓村明墓发掘记——第一号墓》，《文物参考资料》1952年第2期。
⑤ 北京市文物工作队：《北京南苑苇子坑明代墓葬清理简报》，《文物》1964年第11期。
⑥ 《北京市新少年宫考古发掘报告》，北京市文物研究所：《京沪高铁北京段与北京新少年宫考古发掘报告集》，上海古籍出版社，2014年。
⑦ 夏寒：《浅议明墓中的古钱》，《四川文物》2006年第2期。

附表一 C3地块墓葬登记表

单位：米

墓号	方向	墓口（长×宽×深）	墓底（长×宽×深）	深度	葬具	葬式	人骨保存情况	头向及面向	随葬品
M1	280°	2.4×(1.38–1.47)×0.9	2.4×(1.38–1.47)×1.23	0.33	单棺	仰身直肢葬	较差	不详	铜钱2枚
M2	260°	2.6×(1.7–1.8)×1.3	2.6×(1.7–1.8)×1.96	0.66	单棺	仰身直肢葬	一般	头向西，面向上	铜簪1件，铜钱1枚
M3	284°	2.55×(1.62–1.69)×0.8	2.55×(1.62–1.69)×1.06	0.26	单棺	不详	较差	不详	半釉罐1件，铜钱1枚
M4	0°	2.5×(1–1.1)×0.5	2.5×(1–1.1)×1.04	0.54	单棺	仰身直肢葬	较好	头向北，面向东	无
M5	273°	2.5×1.6×0.9	2.5×1.6×2.29	1.39	双棺	仰身直肢葬	北棺较差；南棺较好	皆头向西，面向上	银戒指1件
M6	263°	2.5×(1.6–1.7)×1.1	2.5×(1.6–1.7)×1.5	0.4	双棺	无	无	无	瓷碗（残）1件，铜钱1枚
M7	273°	2.7×(1.6–1.76)×1.3	2.7×(1.6–1.76)×2.06	0.76	双棺	仰身直肢葬	北棺一般，南棺较好	皆头向西，面向上	银耳环1件，铜钱2枚
M8	268°	2.3×(1.76–1.8)×1	2.3×(1.76–1.8)×1.99	0.99	双棺	仰身直肢葬	北棺一般；南棺较差	皆头向西，面向上	铜簪3件，铜扁方1件，白瓷罐2件，铜板1枚，铜钱19枚
M9	354°	2.8×(1.84–1.9)×0.5	2.8×(1.84–1.9)×0.97	0.47	双棺	仰身直肢葬	东棺较差；西棺一般	皆头向北，面向上	半釉罐2件，铜钱2枚
M10	268°	2.8×3.2×1	2.8×3.2×1.97	0.97	四棺	3棺仰身直肢葬；4棺侧身屈肢葬；1、2棺葬式不详	较差	1、3、4棺头向西，面向上；2棺不详	银扳指1件，铜簪1件，铜扣2枚，骨簪1件，半釉罐1件，铜钱5枚
M11	360°	2.4×1.4×1.5	2.4×1.4×2	0.5		无	无	无	银簪3件，半釉罐1件，铜钱8枚
M12	352°	2.3×(1.3–1.6)×1.4	2.3×(1.3–1.6)×2.18	0.78		无	无	无	无
M13	306°	2.7×1.81×0.8	2.7×1.81×1.59	0.79	单棺	无	无	无	铜钱1枚
M14	358°	3×2×0.8	3×2×1.66	0.86		无	无	无	无

附表二　C3地块出土铜钱统计表　　　　　　　　　　单位：厘米

单位	编号	种　类	钱　径	穿　宽	郭　厚	备　注
M1	1-1	乾隆通宝	2.48	0.59	0.12	宝泉
	1-2	嘉庆通宝	2.45	0.5	0.13	宝泉
M3	2	乾隆通宝	2.54	0.45	0.12	宝泉
M6	2	嘉庆通宝	2.43	0.57	0.14	宝泉
M7	1-1	道光通宝	3.31	0.51	0.15	宝泉
M8	1-1	宽永通宝	2.33	0.63	0.08	
	1-2	道光通宝	2.27	0.52	0.14	宝泉
	1-3	光绪通宝	2.24	0.48	0.13	宝泉
	1-4	光绪通宝	2.07	0.47	0.09	宝源
	2-1	铜板	3.26		0.15	
	2-2	十文铜板	2.96		0.14	
	2-3	光绪元宝	3.24		0.17	
	4-1	乾隆通宝	2.51	0.59	0.09	宝浙
	4-2	乾隆通宝	2.33	0.52	0.13	宝泉
	4-3	嘉庆通宝	2.4	0.54	0.11	宝泉
	4-4	同治重宝	2.36	0.6	0.09	上下满文"当十"，左右满文"宝泉"
	4-5	光绪通宝	2.24	0.5	0.12	宝源
M10	2-1	乾隆通宝	2.37	0.56	0.12	宝泉
	2-2	道光通宝	2.3	0.56	0.14	宝泉
	3-1	嘉庆通宝	2.52	0.54	0.13	宝浙
	3-2	嘉庆通宝	2.45	0.51	0.13	宝泉
	3-3	嘉庆通宝	2.26	0.56	0.13	宝源
M13	1	康熙通宝	2.34	0.54	0.09	宝泉

附表三　C4地块墓葬登记表

单位：米

墓号	方向	墓口（长×宽×深）	墓底（长×宽×深）	深度	棺数	葬式	人骨保存情况	头向及面向	性别与年龄	随葬器物	朝代	备注
M1	330°	2.4×1.1×1.2	2.4×1.1×1.9	0.7	搬迁	不详	无	不详	不详	无	清代	
M2	215°	2.74×(1.72–2)×1	2.74×(1.72–2)×1.8	0.8	双棺	皆仰身直肢葬	皆保存较好	皆头向南，面向上	西棺老年女性，东棺老年男性	铜扣1、铜簪1、铜耳钉1、青花瓷罐1、铜钱7	清代	
M3	200°	2.9×3.8×1	2.9×3.8×(1.75–2.3)	0.75–1.3	四棺	A棺不详；B–D棺皆仰身直肢葬	A、D棺皆保存较差；B、C棺皆保存较好	A棺不详；B棺头向南，面向东；C棺头向南，面向南；D棺头向南，面向上	A–C棺皆老年女性；D棺老年男性	银簪1、玉戒指1、铜扣1、铜顶戴1、铜簪1、铜耳钉1、铁棺钉1、鼻烟壶1、骨托盘1、青花瓷罐1、白瓷罐1、铜钱9	清代	
M4	200°	(2.66–2.8)×(2.14–2.6)×1	(2.66–2.8)×(2.14–2.6)×(1.79–2.3)	0.79–1.3	三棺	皆仰身直肢葬	皆保存较差	东棺头向南，面向上；中棺头向南，面向南；西棺头向南，头向东	东棺老年男性；中棺老年女性；西棺老年女性	玉牌4、玉手镯2、玉环2、玉戒指2、玛瑙串珠35、银戒指2、银簪5、铜簪1、铜手镯2、铜耳环1、青花瓷罐1、半釉罐1、陶罐1、铜钱2	清代	
M5	225°	2.5×1.1×1.3	2.5×1.1×1.7	0.4	搬迁	不详	无	不详	不详	无	清代	
M6	215°	(2.41–2.6)×(1.7–1.9)×1	(2.41–2.6)×(1.7–1.9)×2.3	1.3	双棺	皆仰身直肢葬	西棺保存较好；东棺保存较差	西棺头向南，面向上；东棺头向南，面向西	西棺老年男性，东棺老年女性	铜顶戴1、铜扣1、青花瓷罐1、白瓷罐1、铭文砖1、铜钱9	清代	

续表

墓号	方向	墓口（长×宽,深）	墓底（长×宽,深）	深度	棺数	葬式	人骨保存情况	头向及面向	性别与年龄	随葬器物	朝代	备注
M7	190°	(2.82–2.9)×(1.82–2.2)×1	(2.82–2.9)×(1.82–2.2)×2.1	1.1	双棺	皆仰身直肢葬	皆保存较差	皆头向南，面向上	西棺老年女性、东棺老年男性	玉饰2、铜钱13	清代	
M8	285°	2.4×(0.8–1)×0.3	2.4×(0.8–1)×1.25	0.95	单棺	仰身直肢葬	保存较差	头向西，面向东	中年男性	铜钱1	清代	
M9	285°	2.3×(0.86–0.9)×0.12	2.3×(0.86–0.9)×1.12	1	单棺	不详	保存较差	不详	不详	半釉罐1	清代	
M10	250°	2.3×(0.76–0.96)×0.3	2.3×(0.76–0.96)×1	0.7	单棺	仰身直肢葬	保存较差	头向西，面向不详	老年女性	铜簪3	清代	
M11	265°	2.6×(2–2.22)×0.3	2.6×(2–2.22)×1.6	1.3	搬迁	皆不详	北棺无；南棺较差	皆不详	皆不详	铜钱1	清代	
M12	260°	2.6×(1.12–1.2)×0.3	2.6×(1.12–1.2)×1.1	0.8	搬迁	不详	无	不详	不详	无	清代	
M13	265°	2.3×(0.98–1.04)×1	2.3×(0.98–1.04)×1.7	0.7	单室	不详	不详	不详	不详	半釉罐1、铜钱12	汉代	
M14	90°	8.5×(1.4–3.78)×1.5	8.5×(1.4–3.78)×2.97	1.47	单室	不详	无	不详	不详	无	明代	
M15	0°	(1.55–2.05)×(1.86–2.25)×1.2	(1.55–2.05)×(1.86–2.25)×2	0.8	单室	不详	不详	不详	不详	无	清代	
M16	275°	(2.48–2.64)×2.8×1	(2.48–2.64)×2.8×(1.64–1.8)	0.64–0.8	三棺	皆不详	皆保存较差	皆不详	不详	陶罐1、铜钱13	清代	南棺打破中棺
M17	290°	2.5×(1.5–1.8)×0.3	2.5×(1.5–1.8)×(1.4–1.5)	1.1–1.2	双棺	皆不详	皆保存较差	北棺头向西，面向下；南棺头向西，面向东	北棺老年男性、南棺老年女性	铜耳环1、铜钱15	清代	

附表三　C4地块墓葬登记表

续　表

墓号	方向	墓口（长×宽、深）	墓底（长×宽、深）	深度	棺数	葬式	人骨保存情况	头向及面向	性别与年龄	随葬器物	朝代	备注
M18	275°	(2.34–2.43)×(1.74–2)×1	(2.34–2.43)×(1.74–2)×(1.96–1.99)	0.96–0.99	双棺	北棺仰身直肢葬；南棺不详	北棺保存较差；南棺无	北棺头向西，面向不详；南棺不详	皆不详	瓷罐1，半釉罐1	清代	北棺打破南棺
M19	250°	(2.34–2.5)×1.8×1	(2.34–2.5)×1.8×(1.64–1.82)	0.64–0.82	搬迁	皆不详	北棺保存较差；南棺无	皆不详	皆不详	铜钱8	清代	北棺打破南棺
M20	260°	2.55×1.72×1	2.55×1.72×1.68	0.68	双棺	皆不详	北棺保存较差；南棺无	北棺头向西，面向不详；南棺不详	皆不详	铜钱4	清代	
M21	265°	(2.3–2.41)×(1.46–1.81)×1	(2.3–2.4)×(1.46–1.81)×(1.86–1.96)	0.86–0.96	双棺	皆仰身直肢葬	皆保存较差	皆头向西，面向东	皆不详	铜钱8，陶罐1	清代	南棺打破北棺
M22	265°	2.16×(1–1.02)×1	2.16×(1–1.02)×2.04	1.04	搬迁	不详	无	不详	不详	无	清代	
M23	265°	2.65×(0.73–0.89)×1	2.65×(0.73–0.89)×1.48	0.48	搬迁	不详	保存较差	不详	不详	半釉罐1	清代	
M24	275°	2.33×(0.8–0.99)×1	2.33×(0.8–0.99)×2	1	搬迁	不详	保存较差	头向西，面向北	不详	陶罐1	清代	
M25	275°	2.24×(0.88–0.95)×1	2.24×(0.88–0.95)×1.6	0.6	单棺	仰身直肢葬	保存较差	头向西，面向北	中年男性	铜钱1	清代	
M26	285°	2.46×1.72×1	2.46×1.72×1.9	0.9	双棺	北棺不详；南棺仰身直肢葬	北棺保存一般，南棺保存较差	北棺头向西；南棺头向西，面向北	皆不详	铜钱6	清代	
M27	265°	2.64×0.9×1	2.64×0.9×1.66	0.66	单棺	仰身直肢葬	保存较差	头向西，面向北	老年男性	半釉罐1	清代	

续表

墓号	方向	墓口（长×宽、深）	墓底（长×宽、深）	深度	棺数	葬式	人骨保存情况	头向及面向	性别与年龄	随葬器物	朝代	备注
M28	250°	2×(0.6—0.75)×1	2×(0.6—0.75)×1.7	0.7	单棺	仰身直肢葬	保存较差	头向西，面向北	不详	无	清代	
M29	265°	2.3×1.1×1	2.3×1.1×2.4	1.4	单棺	仰身直肢葬	保存较差	头向西，面向东	不详	无	清代	
M30	260°	2.4×(1.51—1.76)×1	2.4×(1.51—1.76)×(1.83—2.04)	0.83—1.04	双棺	北棺仰身直肢葬；南棺不详	皆保存较差	北棺头向西，面向下；南棺头向西，面向不详	皆不详	陶罐1	清代	
M31	230°	2.2×0.99×1	2.2×0.99×2.5	1.5	单棺	仰身直肢葬	保存较差	头向西，面向东北	不详	铜镜1、陶罐1、铜钱1	清代	
M32	260°	2.32×(1.8—1.9)×1	2.32×(1.8—1.9)×2.1	1.1	双棺	皆仰身直肢葬	北棺保存较差；南棺保存较乱	北棺头向西，面向不详；南棺头向西，面向东	皆不详	陶罐1、铜钱17	清代	
M33	275°	2.49×(1.68—1.72)×1	2.49×(1.68—1.72)×1.92	0.92	双棺	皆仰身直肢葬	皆保存较差	皆头向西，面向东	皆不详	半釉罐1	清代	
M34	275°	2.36×(1.74—1.84)×1	2.36×(1.74—1.84)×1.8	0.8	双棺	皆仰身直肢葬	皆保存较差	北棺头向西，面向不详；南棺头向西，面向上	皆不详	铜扣1、瓷罐1、铜钱7	清代	
M35	265°	2.3×(0.96—1)×1	2.3×(0.96—1)×1.78	0.78	单棺	仰身直肢葬	保存较差	头向西，面向南	不详	无	清代	
M36	5°	(2.74—2.8)×(1.63—1.68)×1	(2.74—2.8)×(1.63—1.68)×(2—2.1)	1—1.1	双棺	西棺仰身直肢葬；东棺不详	皆保存较差	皆头向北，面向不详	皆不详	半釉罐1、铜钱5	清代	西棺打破东棺

续表

墓号	方向	墓口（长×宽×深）	墓底（长×宽×深）	深度	棺数	葬式	人骨保存情况	头向及面向	性别与年龄	随葬器物	朝代	备注
M37	5°	2.3×0.96×1	2.3×0.96×1.8	0.8	单棺	仰身直肢葬	保存较差	头向北，面向东	中年男性	半釉罐1、铜钱5	清代	
M38	95°	2.5×(1.72–1.8)×1	2.5×(1.72–1.8)×(1.69–1.8)	0.69–0.8	双棺	北棺不详；南棺仰身直肢葬	皆保存较差	北棺头向东，面向西北；南棺头向东，面向西	皆不详	无	清代	
M39	85°	2.33×(1.4–1.56)×1	2.33×(1.4–1.56)×1.92	0.92	双棺	皆不详	皆保存极差	北棺头向东，面向不详；南棺头向东，面向不详	皆不详	无	清代	
M40	230°	(1.13–1.37)×1.28×1	(1.13–1.37)×1.28×1.52	0.52	砖室	不详	无	不详	不详	无	清代	
M41	250°	2.8×(1.76–1.8)×1	2.8×(1.76–1.8)×2.6	1.6	搬迁	皆不详	皆保存极差	皆不详	皆不详	半釉罐1、瓷罐1	清代	
M42	280°	2.7×(2.32–2.34)×1	2.7×(2.32–2.34)×1.7	0.7	搬迁	不详	无	不详	不详	无	清代	
M43	265°	2.4×1.2×1	2.4×1.2×1.8	0.8	搬迁	不详	保存较差	不详	不详	铜簪3	清代	

附表四　C4地块出土铜钱统计表　　　　　　　　　　　　　　　　　　　　　　　　　　单位：厘米

单位	编号	种类	钱径	穿径	郭厚	备注
M2	3-1	乾隆通宝	2.55	0.52	0.1	宝源
	3-2	嘉庆通宝	2.6	0.5	0.1	宝泉
M3	1-1	宽永通宝	2.45	0.6	0.1	
	4	康熙通宝	2.65	0.52	0.1	背穿左为满文"宁"，右为汉字"宁"
	9	宣德通宝	2.5	0.5	0.1	
	15-1	康熙通宝	2.72	0.52	0.1	背穿左为满文"蓟"，右为汉字"蓟"
M4	19-1	乾隆通宝	2.35	0.6	0.12	宝源
M6	2-1	道光通宝	2.25	0.5	0.15	宝泉
	5-1	嘉庆通宝	2.4	0.5	0.1	宝源
	7-1	道光通宝	2.2	0.51	0.15	宝泉
M7	1-1	天启通宝	2.65	0.52	0.12	背穿上为汉字"工"
	1-2	崇祯通宝	2.6	0.5	0.12	
	2-1	祥符通宝	2.5	0.6	0.1	
	2-2	元丰通宝	2.45	0.62	0.1	
	2-3	洪武通宝	2.38	0.52	0.15	
M8	1	崇祯通宝	2.3	0.5	0.1	
M11	1	祥符通宝	2.45	0.62	0.1	
M13	2-1	淳化元宝	2.4	0.55	0.1	
	2-2	咸平元宝	2.45	0.6	0.1	
	2-3	景德元宝	2.4	0.6	0.1	
	2-4	祥符元宝	2.4	0.55	0.1	
	2-5	元祐通宝	2.4	0.6	0.1	
	2-6	大观通宝	2.4	0.6	0.1	
	2-7	政和通宝	2.45	0.55	0.1	
	2-8	政和通宝	2.4	0.6	0.05	
	2-9	万历通宝	2.5	0.5	0.1	
	2-10	泰昌通宝	2.5	0.45	0.1	

附表四 C4地块出土铜钱统计表

续 表

单位	编号	种 类	钱 径	穿 径	郭 厚	备 注
M16	2-1	康熙通宝	2.6	0.55	0.1	宝泉
	2-2	雍正通宝	2.65	0.5	0.1	宝泉
	2-3	乾隆通宝	2.55	0.52	0.1	宝源
	3-1	康熙通宝	2.4	0.5	0.1	宝泉
	3-2	雍正通宝	2.6	0.55	0.1	宝源
	3-3	乾隆通宝	2.55	0.48	0.1	宝泉
M17	1-1	乾隆通宝	2.3	0.5	0.1	宝泉
	3-1	乾隆通宝	2.2	0.55	0.12	
M19	1-1	祥符元宝	2.5	0.6	0.1	
	1-2	熙宁元宝	2.4	0.65	0.1	
M20	1-1	开元通宝	2.35	0.6	0.1	
M21	1-1	开元通宝	2.45	0.62	0.12	
M25	1	嘉靖通宝	2.45	0.5	0.1	
M26	2-1	宣德通宝	2.45	0.45	0.1	
	2-2	弘治通宝	2.42	0.45	0.1	
	2-3	嘉靖通宝	2.5	0.52	0.1	
M32	1-1	祥符通宝	2.25	0.6	0.1	
	1-2	洪武通宝	2.4	0.5	0.15	
	2-1	太平通宝	2.4	0.52	0.08	
	2-2	祥符元宝	2.45	0.5	0.15	
	2-3	嘉祐元宝	2.45	0.6	0.1	
	2-4	正隆元宝	2.3	0.5	0.1	
M34	2-1	嘉庆通宝	2.45	0.55	0.15	宝泉
	3-1	太平通宝	2.4	0.55	0.1	
M36	1-1	嘉靖通宝	2.5	0.5	0.15	
M37	2-1	弘治通宝	2.45	0.55	0.15	
	2-2	天启通宝	2.6	0.55	0.12	背穿上为汉字"户"
	2-3	崇祯通宝	2.5	0.55	0.1	

单位：米

附表五　D1地块墓葬登记表

墓号	方向	墓口（长×宽×深）	墓底（长×宽×深）	深度	葬式	人骨保存情况	头向及面向	随葬品	朝代
M1	20°	2.3×1.3×1.2	2.3×1.3×1.5	0.3	仰身直肢葬	保存较差	头北足南，面向上	瓷罐1，铜钱1	明代
M2	25°	2.6×(1.6–1.8)×1.4	2.6×(1.6–1.8)×(2.1–2.3)	0.7–0.9	仰身直肢葬	皆保存较差	东棺头北足南，面向不详；西棺头北足南，面向上	陶罐2，铜钱13	明代
M3	20°	2.7×(1–1.2)×0.7	2.7×(1–1.2)×1.64	0.94	仰身直肢葬	保存较差	头北足南，面向不详	铜钱6	明代
M4	25°	3×(1.6–1.8)×0.5	3×(1.6–1.8)×1.5	1	东棺仰身屈肢葬；西棺仰身直肢葬	皆保存较差	皆头北足南，面向上	瓷罐2，铜钱2	明代
M5	20°	3.2×(2.8–3)×0.5	3.2×(2.8–3)×(1.54–1.64)	1.04–1.14	皆仰身直肢葬	皆保存较差	皆头北足南，面向上	瓷罐2，铜钱5	明代
M6	0°	2.6×(2–2.2)×0.4	2.6×(2–2.2)×(1.35–1.6)	0.95–1.2	皆仰身直肢葬	皆保存完整	皆头北足南，面向上	陶罐2，瓷碗2，铜钱5	明代
M7	25°	1.1×1.32×0.4	1.1×1.32×0.64	0.24	无	无	无	瓷碗1	辽金
M8	0°	2.4×(1.7–2)×1	2.4×(1.7–2)×(1.59–1.7)	0.59–0.7	皆仰身直肢葬	皆保存较差	东棺头北足南，面向西；西棺头北足南，面向上	瓷罐2，铜钱2	明代
M9	0°	2.5×(1–1.1)×0.8	2.5×(1–1.1)×1.5	0.7	仰身直肢葬	保存较差	头北足南，面向上	瓷罐1，铜钱5，铜簪1	明代
M10	10°	7.2×(0.45–4.4)×0.7	7.2×(0.45–4.4)×2.36	1.66	无	无	无	铜钱2	辽金
M11	0°	2.9×(2.5–2.7)×0.64	2.9×(2.5–2.7)×(1.7–1.74)	1.06–1.1	皆仰身直肢葬	皆保存较差	东棺头北足南，面向西；西棺头北足南，面向上	瓷罐2，瓷碗1，铜钱2	明代

附表六　D1地块出土铜钱统计表　　　　　　　　　　　　　　　　　　　单位：厘米

单位	编号	种类	钱径	穿径	郭厚	备注
M1	1	政和通宝	2.43	0.62	0.1	
M2	1-1	咸平元宝	2.36	0.56	0.08	
	1-2	景德元宝	2.36	0.52	0.08	
	1-3	太平通宝	2.27	0.54	0.09	
	1-4	天圣元宝	2.34	0.58	0.08	
	1-5	皇宋通宝	2.37	0.57	0.08	
	1-6	皇宋通宝	2.39	0.57	0.09	
	1-7	元丰通宝	2.2	0.56	0.09	
	2-1	至道元宝	2.44	0.59	0.07	
	2-2	祥符元宝	2.38	0.54	0.09	
	2-3	天禧通宝	2.37	0.62	0.09	
	2-4	景祐元宝	2.45	0.65	0.09	
	2-5	嘉祐元宝	2.37	0.62	0.1	
	2-6	元祐通宝	2.39	0.64	0.12	
M4	1-1	开元通宝	2.37	0.63	0.11	
	1-2	祥符元宝	2.4	0.6	0.1	
M5	1	太平通宝	2.45	0.57	0.1	
	2-1	天圣元宝	2.43	0.73	0.07	
	2-2	景德元宝	2.34	0.64	0.08	
	2-3	熙宁元宝	2.41	0.64	0.08	
	2-4	元祐通宝	2.47	0.57	0.1	
M6	3-1	嘉祐通宝	2.52	0.72	0.08	
	3-2	元丰通宝	2.2	0.56	0.09	
	3-3	元祐通宝	2.46	0.61	0.09	
	3-4	至大通宝	2.33	0.46	0.14	
	3-5	永乐通宝	2.5	0.5	0.11	
M8	1	元丰通宝	2.39	0.67	0.09	
	4	熙宁元宝	2.32	0.56	0.12	

续表

单位	编号	种 类	钱 径	穿 径	郭 厚	备 注
M9	2-1	咸平元宝	2.27	0.51	0.08	
	2-2	祥符通宝	2.31	0.54	0.08	
	2-3	天圣元宝	2.35	0.64	0.11	
	2-4	宣和通宝	2.41	0.58	0.1	
	2-5	大定通宝	2.42	0.57	0.1	
M11	5-1	开元通宝	2.31	0.54	0.11	
	5-2	元丰通宝	2.5	0.64	0.13	

编 后 记

这是我的"救火"系列之九,也是通州文化旅游区的第二本考古报告,还是通州区的第四本部报告。这部报告的诞生殊实不易。2023年的春季,正值北京市考古研究院成立的第二年,单位大整合后,向什么方向发展?如何发展?各种积压欠账、新老矛盾、人际关系、现实问题一下子都迸发出来。千钧重担压在肩,让人夜夜不能寐。每当焦灼没有办法的时候,我就沉下心思去整理报告,从中体会片刻安静与安心,酝酿默默忍耐的力量。此部报告就是这段心路历程的见证。写给未来的自己,2023年无悔。

感谢刘风亮同志在发掘期间的协调,感谢赵福生先生对报告评审出版的宝贵意见,感谢李永强先生对有关瓷器部分内容的审核,感谢北京艺术博物馆李廣先生对铜钱部分内容的审核。感谢上海古籍出版社宋佳女士为之付出的艰辛。

郭京宁

2023.5

彩 版

C3 地块考古发掘报告

彩版一

1. A 型 M1（第 11 页）

2. B 型 M2（第 12 页）

3. B 型 M3（第 12 页）

4. B 型 M4（第 14 页）

单棺墓葬

彩版二　　　　　　　　C3地块考古发掘报告

1. 双棺A型M5（第14页）

2. 双棺A型M8（第17页）

3. 双棺A型M9（第18页）

4. 双棺B型M7（第20页）

5. 四棺M10（第22页）

双棺、四棺墓葬

C3地块考古发掘报告

彩版三

1. A型 M13（第25页）

2. A型 M14（第26页）

3. B型 M6（第27页）

4. B型 M12（第27页）

5. C型 M11（第29页）

搬迁墓葬

彩版四　　　　　　C3地块考古发掘报告

1. 铜簪 M2:1（第12页） 　　　　2. 半釉罐 M3:1（第14页）

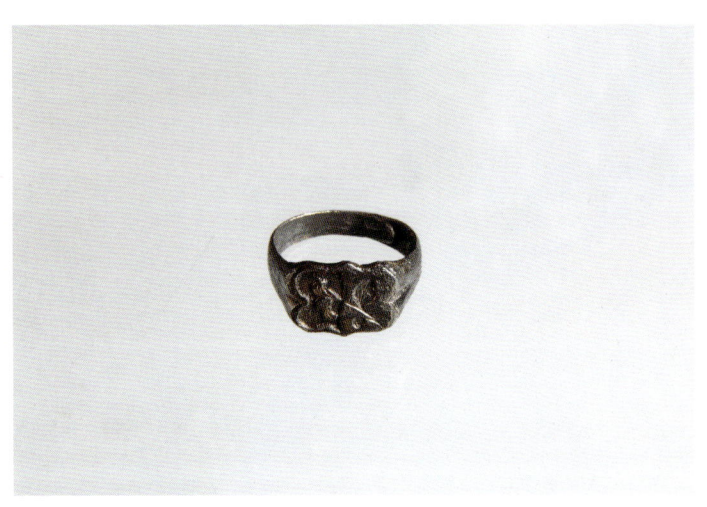

3. 银戒指 M5:1（第16页） 　　　　4. 铜簪 M8:3-2（第18页）

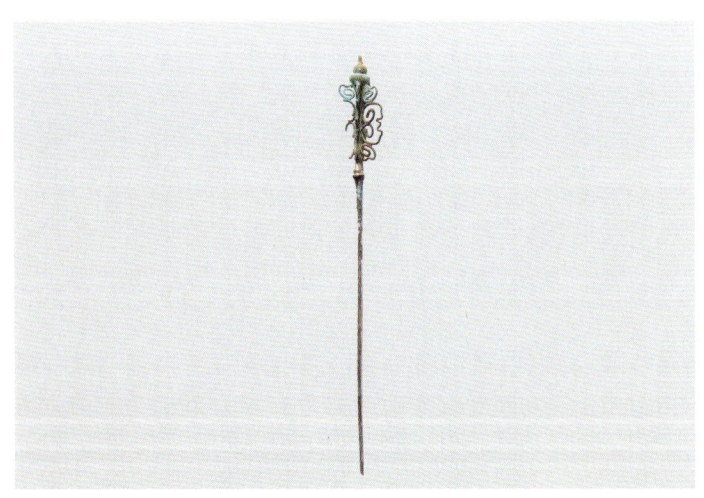

5. 铜簪 M8:3-1（第18页） 　　　　6. 铜扁方 M8:5（第18页）

单、双棺墓葬随葬器物

C3地块考古发掘报告

彩版五

1. 白瓷罐 M8：6（第17页）

2. 白瓷罐 M8：7（第17页）

3. 半釉罐 M9：2（第20页）

4. 半釉罐 M9：3（第20页）

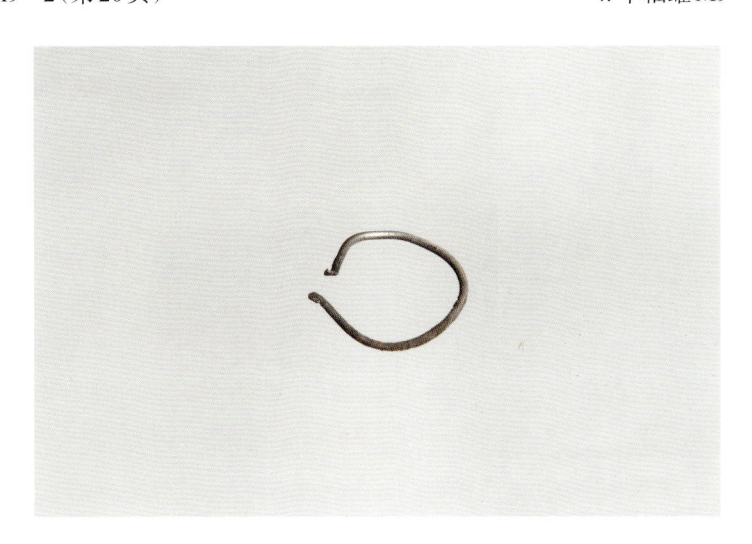

5. 银耳环 M7：3（第22页）

双棺墓葬随葬器物

彩版六　　　　　　C3地块考古发掘报告

1. 铜簪 M10∶1-1（第22页）

2. 骨簪 M10∶1-2（第22页）

3. 铜扣 M10∶5（第22页）

4. 银扳指 M10∶6（第22页）

5. 半釉罐 M10∶7（第22页）

四棺墓葬随葬器物

C3地块考古发掘报告

彩版七

1. 瓷碗底 M6：1（第27页）

2. 半釉罐 M11：2（第29页）

3. 银簪 M11：3-1（第29页）

4. 银簪 M11：3-2（第29页）

5. 银簪 M11：3-3（第29页）

搬迁墓葬随葬器物

彩版八　　　　　C4地块考古发掘报告

1. 勘探前地表（第31页）

2. 勘探现场（第31页）

勘探现场

C4地块考古发掘报告

彩版九

1. 现场布方（第31页）

2. 发掘现场（第31页）

工作现场

彩版一〇　　　**C4地块考古发掘报告**

M14（第32页）

汉代墓葬M14

C4地块考古发掘报告 彩版——

1. M15全景（第34页）

2. M15墓底（第34页）

明代墓葬M15

彩版一二　　　C4地块考古发掘报告

1. M9（第35页）

2. M13（第35页）

3. M25（第39页）

4. M27（第39页）

清代单棺A型墓葬（一）

C4地块考古发掘报告

彩版一三

1. M29（第40页）

2. M31（第40页）

3. M35（第42页）

4. M37（第42页）

清代单棺A型墓葬（二）

彩版一四　　　　　　C4地块考古发掘报告

1. M8（第43页）

2. M10（第43页） 　　　　　　3. M28（第46页）

清代单棺B型墓葬

C4地块考古发掘报告 彩版一五

1. M20（第46页）

2. M26（第46页）

3. M32（第49页）

清代双棺A型墓葬（一）

彩版一六　　　　　C4地块考古发掘报告

1. M33（第51页）

2. M34（第51页） 　　　　3. M38（第53页）

清代双棺A型墓葬（二）

C4 地块考古发掘报告　　　　　　彩版一七

1. M7（第53页）

2. M17（第55页）

3. M30（第58页）

4. M39（第58页）

清代双棺 B 型墓葬

1. M2（第59页）

2. M18（第65页）

清代双棺C型墓葬（一）

C4地块考古发掘报告　　　　　　　　　　彩版一九

1. M6（第61页）

2. 铭文石 M6 : 8（第65页）

3. M21（第66页）

4. M36（第67页）

清代双棺C型墓葬（二）

彩版二〇　　　　　C4地块考古发掘报告

1. M4（第68页）

2. M4局部（第68页）

3. M16（第75页）

清代三棺墓葬

C4 地块考古发掘报告 彩版二一

1. M3（第 78 页）

2. M3 随葬器物（第 78 页）

清代四棺墓葬

彩版二二　　　　　　C4地块考古发掘报告

1. M1（第82页）

2. M5（第82页）

清代搬迁单棺墓葬（一）

C4地块考古发掘报告

彩版二三

1. M12（第83页）

2. M22（第83页）

3. M23（第83页）

清代搬迁单棺墓葬（二）

彩版二四　　　　　C4地块考古发掘报告

1. M24（第84页）

2. M43（第84页）

清代搬迁单棺墓葬（三）

C4 地块考古发掘报告

彩版二五

1. M11（第 87 页）

2. M19（第 88 页） 　　　　3. M41（第 89 页）

清代搬迁双棺墓葬

1. 搬迁双棺 M42（第91页）

2. 砖室墓 M40（第91页）

清代墓葬

C4地块考古发掘报告　　　　　　　彩版二七

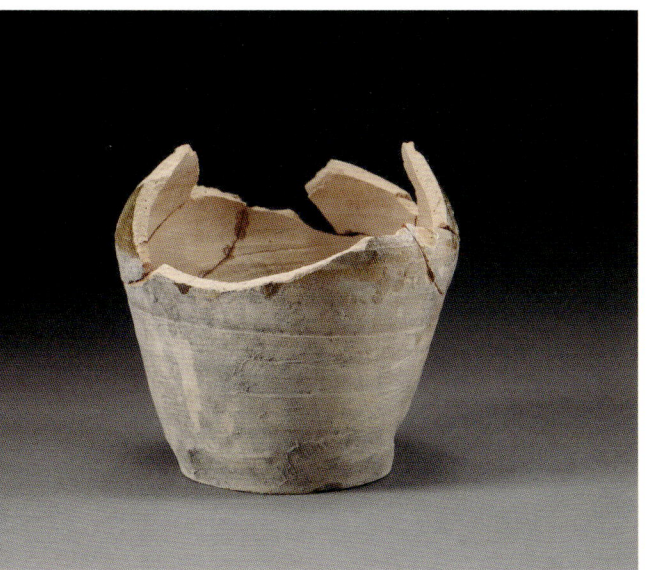

1. 半釉罐 M9∶1（第35页）　　　　　2. 半釉罐 M13∶1（第36页）

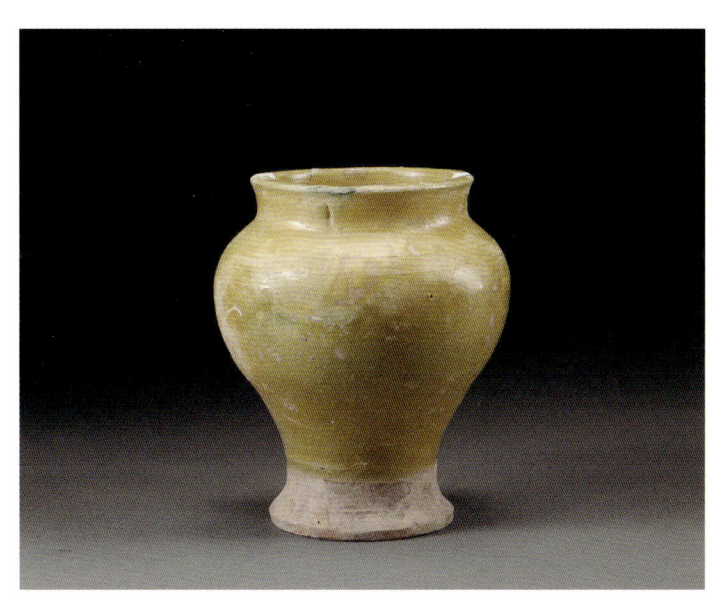

3. 半釉罐 M27∶1（第40页）

清代单棺Ａ型墓葬随葬器物（一）

彩版二八　　　C4地块考古发掘报告

1. 铜镜 M31：1（第41页）

2. 陶罐 M31：2（第41页）

3. 半釉罐 M37：1（第42页）

清代单棺A型墓葬随葬器物（二）

C4地块考古发掘报告　　　　　　　彩版二九

1. 铜簪 M10：1（第44页） 　　　　2. 铜簪 M10：2（第44页）

3. 铜簪 M10：3（第44页）

清代单棺B型墓葬随葬器物

彩版三〇　　　C4地块考古发掘报告

1. 陶罐 M32：3（第49页）

2. 瓷罐 M33：1（第51页）

3. 瓷罐 M34：1（第52页）

4. 铜扣 M34：4（第52页）

清代双棺A型墓葬随葬器物

C4地块考古发掘报告

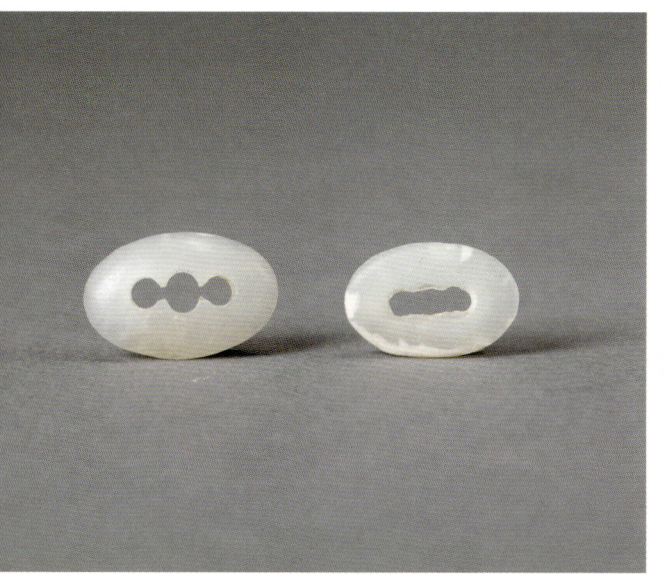

彩版三一

1. 玉饰 M7∶3（第54页）

2. 银耳环 M17∶2（第57页）

3. 陶罐 M30∶1（第58页）

清代双棺B型墓葬随葬器物

彩版三二　　　　C4地块考古发掘报告

1. 铜扣 M2：2（第59页）

2. 铜簪 M2：4（第60页）

3. 铜耳钉 M2：5（第60页）

4. 铜顶戴 M6：1（第63页）

清代双棺C型墓葬随葬器物（一）

C4地块考古发掘报告

彩版三三

1. 青花瓷罐 M2:6（第61页）

2. 青花瓷罐 M6:3（第64页）

清代双棺C型墓葬随葬器物（二）

彩版三四　　　　　　　　**C4地块考古发掘报告**

1. 铜扣 M6∶4（第63页）　　　　　　2. 白瓷罐 M6∶6（第64页）

3. 瓷罐 M18∶1（第65页）

清代双棺C型墓葬随葬器物（三）

C4地块考古发掘报告

彩版三五

1. 半釉罐 M18∶2（第66页）

2. 陶罐 M21∶2（第67页）

3. 半釉罐 M36∶2（第68页）

清代双棺C型墓葬随葬器物（四）

1. 玉牌 M4∶1-1（第70页）

2. 玻璃牌 M4∶1-2（第70页）

3. 玻璃牌 M4∶1-3（第71页）

C4地块考古发掘报告

彩版三七

1. 玻璃牌 M4：1-4（第71页）

2. 银戒指 M4：2（第74页）

3. 玉戒指 M4：3（第71页）

清代三棺墓葬随葬器物（二）

彩版三八　　　　　　　　C4地块考古发掘报告

1. 铜手镯 M4∶4（第75页） 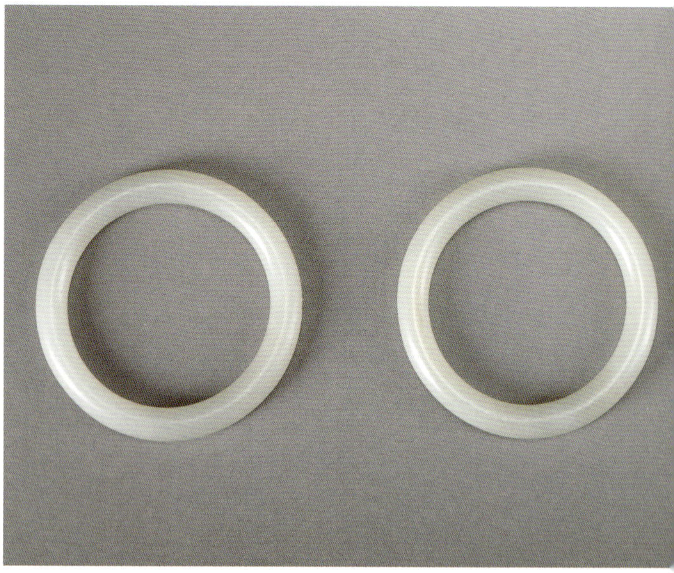　　　　　　　2. 玉手镯 M4∶5（第71页）

3. 串珠 M4∶6（第71页）

清代三棺墓葬随葬器物（三）

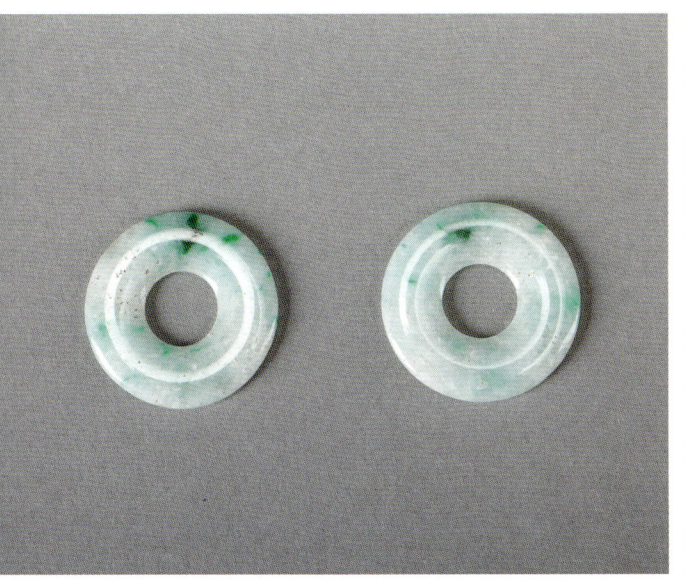

C4地块考古发掘报告　　　彩版三九

1. 玉环 M4：7（第71页）

2. 铜耳环 M4：8（第75页）

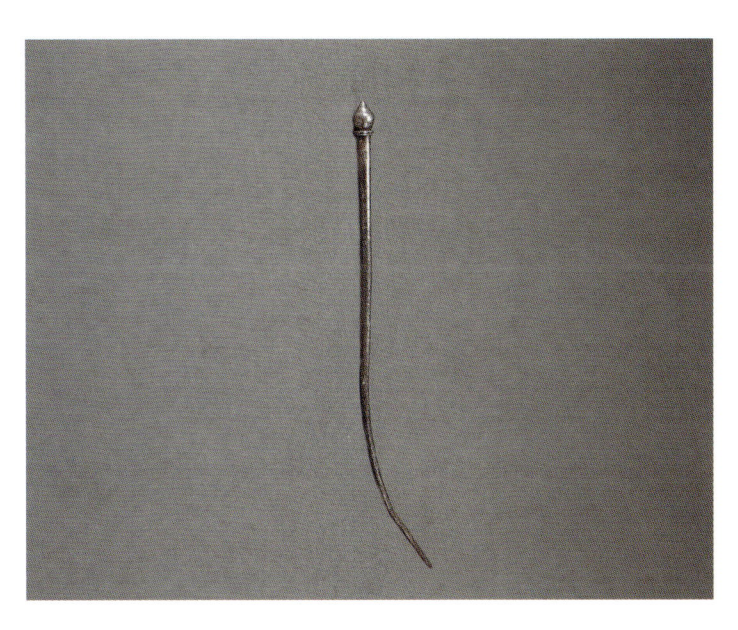

3. 银簪 M4：9（第71页）

清代三棺墓葬随葬器物（四）

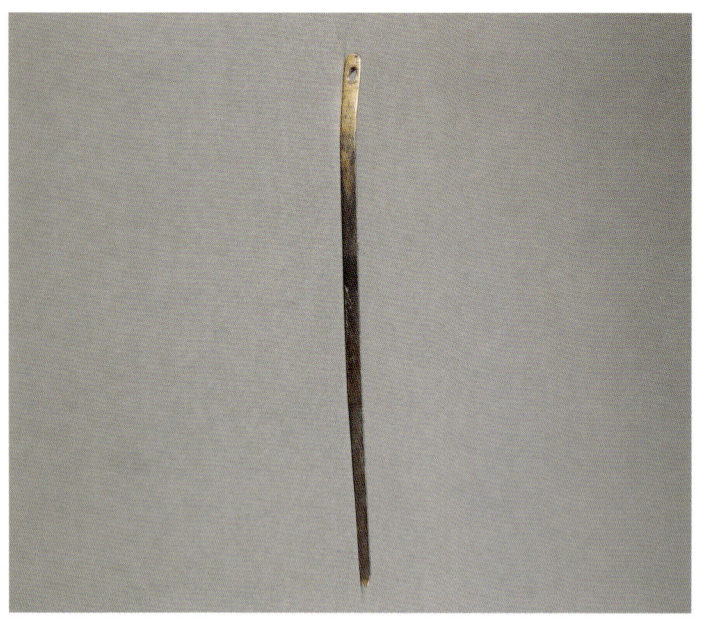

彩版四〇　　　　C4地块考古发掘报告

1. 银簪 M4：10（第71页）

2. 银簪 M4：11（第71页）

3. 银簪 M4：12（第71页）

清代三棺墓葬随葬器物（五）

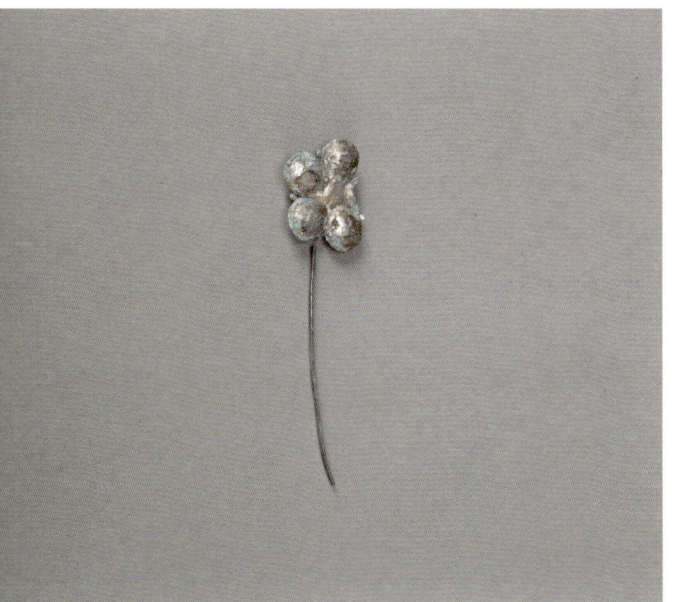

C4地块考古发掘报告　　　　彩版四一

1. 铜簪 M4∶13（第75页）

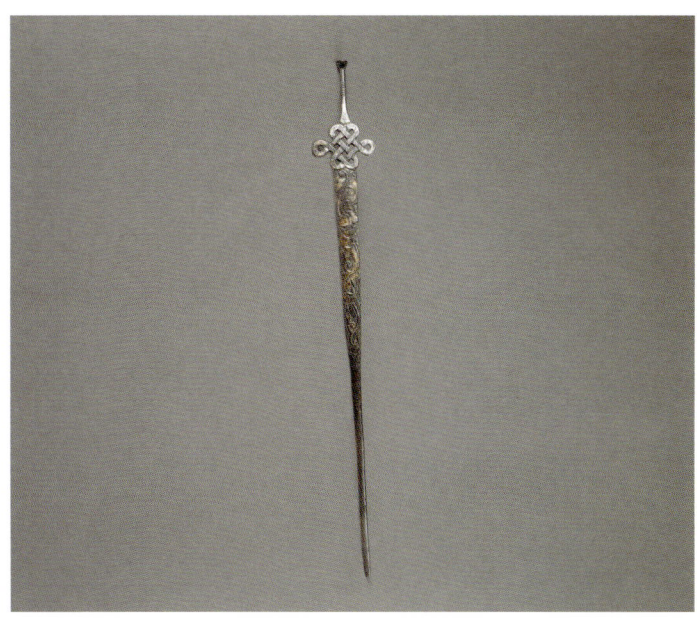

2. 银簪 M4∶14（第74页）

3. 银押发 M4∶15（第74页）

清代三棺墓葬随葬器物（六）

彩版四二　　　C4地块考古发掘报告

1. 青花瓷罐 M4∶16（第75页）

2. 陶罐 M4∶17（第75页）

3. 半釉罐 M4∶18（第75页）

4. 半釉罐 M16∶1（第75页）

清代三棺墓葬随葬器物（七）

C4地块考古发掘报告

彩版四三

1. 银簪 M3∶2（第80页）

2. 铜扣 M3∶3（第80页）

3. 铜顶戴 M3∶5（第80页）

清代四棺墓葬随葬器物（一）

彩版四四　　**C4地块考古发掘报告**

1. 铁棺钉 M3∶6（第80页）

2. 鼻烟壶 M3∶7（第80页）

3. 骨托盘 M3∶8（第80页）

清代四棺墓葬随葬器物（二）

C4地块考古发掘报告 彩版四五

1. 玉戒指 M3：10（第80页）

2. 铜簪 M3：13（第80页）

3. 铜耳钉 M3：14（第80页）

清代四棺墓葬随葬器物（三）

1. 青花瓷罐 M3∶11（第80页）

2. 白瓷罐 M3∶12（第80页）

清代叼棺墓葬随葬器物（四）

C4地块考古发掘报告

彩版四七

1. 半釉罐 M23：1（第84页）

2. 陶罐 M24：1（第84页）

3. 铜簪 M43：1（第85页）

清代搬迁单棺墓葬随葬器物（一）

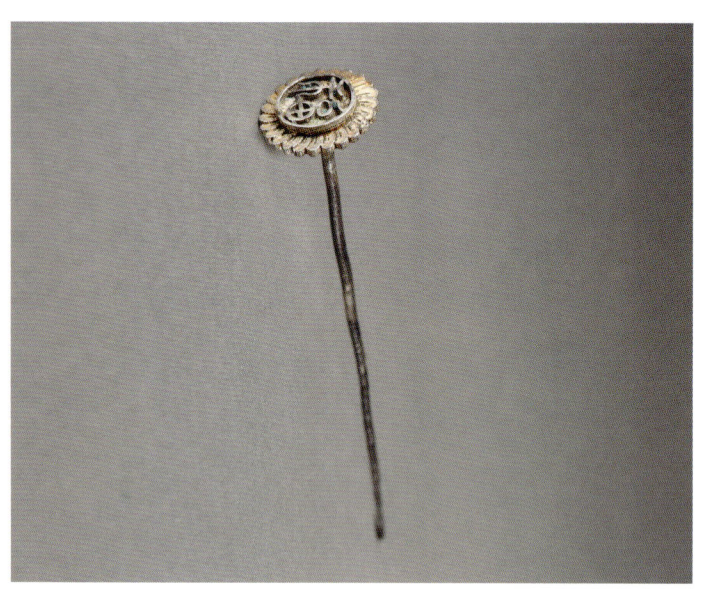

1. 铜簪 M43∶2（第87页）

2. 铜簪背面 M43∶2（第87页）

3. 铜簪 M43∶3（第87页）

清代搬迁单棺墓葬随葬器物（二）

C4地块考古发掘报告

彩版四九

1. 半釉罐 M41∶1（第90页）

2. 瓷罐 M41∶2（第90页）

清代搬迁双棺墓葬随葬器物

彩版五〇　　D1地块考古发掘报告

1. 发掘现场（第96页）

2. 发掘区局部（第96页）

工作现场

D1 地块考古发掘报告　　　　　　　彩版五一

1. M7（第99页）

2. M10（第99页）

辽金墓葬

彩版五二　　　　　D1地块考古发掘报告

1. M1（第101页）

2. M3（第103页）

3. M9（第103页）

明代单棺墓葬

D1地块考古发掘报告　　　　　　　　　　彩版五三

1. M2（第105页） 　　　　　　　　　　2. M4（第108页）

3. M5（第109页）

明代双棺墓葬（一）

彩版五四　　　　　　D1地块考古发掘报告

1. M6（第110页）

2. M8（第114页）

3. M11（第116页）

明代双棺墓葬（二）

D1地块考古发掘报告

彩版五五

1. 白瓷碗 M7:1（第99页）

2. M7墓砖（第99页）

3. M10墓砖（第101页）

辽金墓葬随葬器物

彩版五六　　D1地块考古发掘报告

1. 瓷罐 M1∶2（第101页）　　2. 瓷罐 M9∶1（第104页）

3. 铜簪 M9∶3（第104页）

明代单棺墓葬随葬器物

D1地块考古发掘报告　　　　　　　　　　　彩版五七

1. 陶罐 M2:3（第105页）	2. 陶罐 M2:4（第105页）
3. 瓷罐 M4:2（第109页）	4. 瓷罐 M4:3（第109页）
5. 瓷罐 M5:3（第109页）	6. 瓷罐 M5:4（第109页）

明代双棺墓葬随葬器物（一）

彩版五八　　　D1地块考古发掘报告

1. 陶罐 M6：2（第111页）

2. 陶罐 M6：4（第112页）

3. 陶罐 M8：2（第115页）

4. 陶罐 M8：3（第115页）

明代双棺墓葬随葬器物（二）

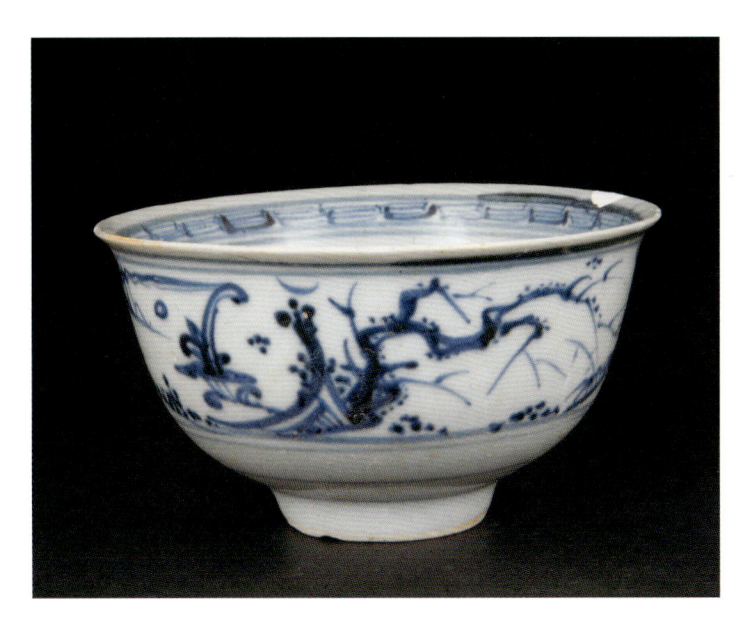

1. 瓷碗 M6∶5（第113页）

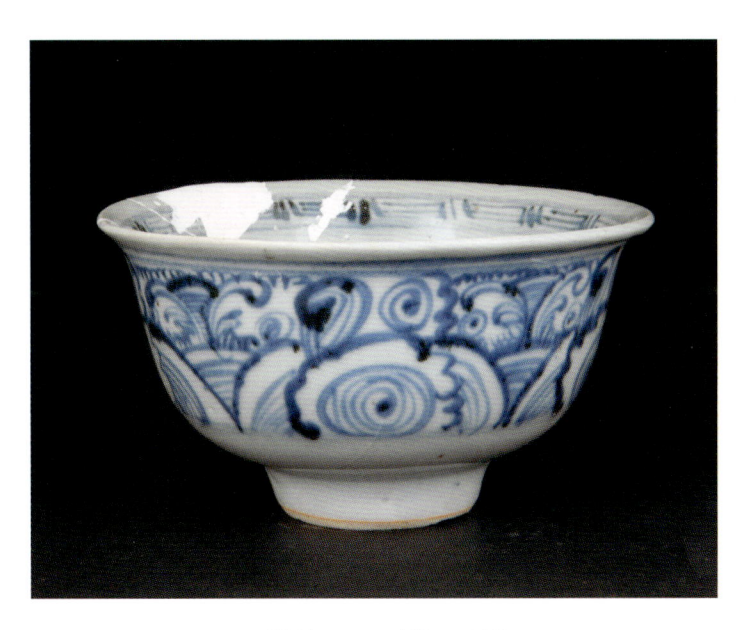

2. 瓷碗 M6∶6（第113页）

明代双棺墓葬随葬器物（三）

彩版六〇　　　D1地块考古发掘报告

1. 瓷罐 M11:1（第117页）

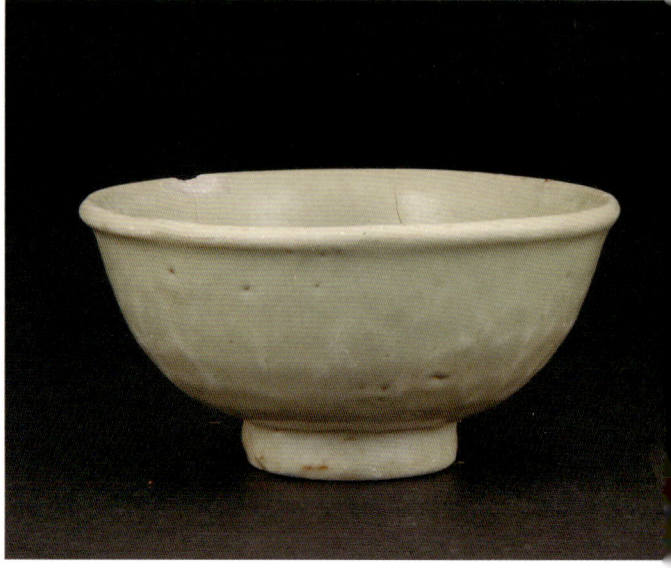

2. 瓷碗 M11:2（第117页）

3. 瓷罐 M11:4（第117页）

明代双棺墓葬随葬器物（四）